国家社科基金后期资助项目
出版说明

　　后期资助项目是国家社科基金设立的一类重要项目,旨在鼓励广大社科研究者潜心治学,支持基础研究多出优秀成果。它是经过严格评审,从接近完成的科研成果中遴选立项的。为扩大后期资助项目的影响,更好地推动学术发展,促进成果转化,全国哲学社会科学工作办公室按照"统一设计、统一标识、统一版式、形成系列"的总体要求,组织出版国家社科基金后期资助项目成果。

全国哲学社会科学工作办公室

国家社科基金
GUOJIA SHEKE JJIN HOUQI ZIZHU XIANGMU
后期资助项目

中国藏粮于地战略实施研究

Research on the Implementation of
China's Food Crop Production Strategy Based
on Farmland Management

马松林　著

上海三联书店

摘　　要

2015 年党中央提出了"藏粮于地、藏粮于技"战略，将耕地保护和利用上升到国家战略高度。2019 年中央一号文件强调要推动"藏粮于地、藏粮于技"落实落地。党的二十大报告再次强调牢牢守住十八亿亩耕地红线。2023 年中央一号文件提出"强化藏粮于地、藏粮于技的物质基础"。当前深入贯彻、落实"藏粮于地、藏粮于技"战略对于夯实国家粮食安全根基、建设农业强国、推进中国式农业现代化建设具有重要意义。

全书共十章，重点阐述"藏粮于地"战略实施问题，同时兼顾"藏粮于技"战略问题，从不同角度和层面系统研究了中国实施藏粮于地战略过程涉及到的一系列基本命题。

第一章，绪论。主要阐述本书的研究背景、研究意义、文献述评、研究思路等内容。中国藏粮于地战略实施的主要背景包括改革开放以来我国耕地面积整体呈现波动中下降态势、新时代我国坚守 18 亿亩耕地红线存在诸多优势和风险、全面建成小康社会对食物消费提出了更高要求、我国参与国际粮食合作机遇和挑战并存等。实施藏粮于地战略，是新时代贯彻国家粮食安全观的有效途径，是习近平新时代中国特色社会主义思想的重要内容，是新时代推进乡村振兴的可靠保障，是促进农村一二三产业融合的坚强基石。目前关于"藏粮于地"的研究，在内涵、对策、经验等方面取得一定成果，但在理论基础、量化评价等方面存在不足。

第二章，实施藏粮于地战略的理论基础。本书主要从"藏"的方式、"藏"的主体、"粮"的内涵等方面明确"藏粮于地"的内涵。实施藏粮于地战略的相关理论包括可持续发展理论、国际虚拟耕地进口理论、粮食安全理论、习近平总书记关于粮食安全的重要论述等等。中国实施藏粮于地战略的指导思想主要包括牢牢坚守 18 亿亩耕地红线，逐步形成耕地数量、质量与生态"三位一体"的保护新格局，以农业科技为支撑等内容。中国实施藏粮于地战略的基本原则包括要坚持耕地数量与耕地质量有机统一、绿色发展与科技创新相互支持等原则。

第三章,实施藏粮于地战略的多元协同研究。通过内涵和指标比较,主要阐述实施藏粮于地战略与国家粮食安全战略、深化农业供给侧结构性改革、提升农业现代化水平、推进乡村振兴战略之间的协同关系。

第四章,实施藏粮于地战略的主要步骤和远景谋划。到2035年,通过"三步走"实现藏粮于地战略基本目标。党的十九大报告和二十大报告均指出,到21世纪中叶分"两步走"实现社会主义现代化强国。

第五章,实施藏粮于地战略的政策演进。主要从中央一号文件、耕地占补平衡政策、耕地保护政策、国土资源保护政策等方面展开分析。

第六章,实施藏粮于地战略的经验总结。全国实施藏粮于地战略的主要经验,在国内耕地保护持续推进、农业生产条件得到极大改善、生态保护成效显著、农业综合产出能力显著提升、农业防灾抗灾减灾能力进一步增强等七个方面。我国部分地区实施藏粮于地战略的典型经验包括黑龙江的黑土地模式、江苏的休耕轮作模式、河南的科技支撑模式等。

第七章,实施藏粮于地战略的绩效评价。藏粮于地绩效评价体系由国内耕地保护、农业生产条件、生态保护、国外资源利用等七方面组成,分为全国和地区两个评价层次。研究结果表明,"十三五"时期各地区藏粮于地绩效存在较大差异。黑龙江、山东、河南、江苏等粮食主产区藏粮于地绩效处于较高水平,青海、海南、北京、上海、西藏、宁夏等地区藏粮于地绩效处于较低水平。各地区藏粮于地的经济、社会、生态效益存在较大差异。

第八章,实施藏粮于地战略的影响因素及路径分析。在分析中国实施藏粮于地战略环境的基础上,基于潜力、韧性、回旋余地分析框架,分析了中国实施藏粮于地战略成效的影响因素及路径。我国实施藏粮于地的潜力比较大,具体包括耕地资源利用潜力大、耕地质量提升潜力大等;我国实施藏粮于地战略的韧性强,主要表现在化解农业经济风险的能力强、防御农业自然灾害的力量强等方面;我国实施藏粮于地战略的回旋余地广,主要表现在提升农业科技进步的空间广、实施藏粮于地战略的对策广等方面。基于问卷数据和结构方程模型的研究表明,增强藏粮于地的韧性、挖掘藏粮于地的潜力、拓宽藏粮于地的回旋余地,可以提高藏粮于地的成效;耕地数量和质量、种植结构等因素,对耕地利用成效有重要影响,这些因素之间存在路径依赖。

第九章,实施藏粮于地战略的国际经验借鉴。美国市场主导的耕地利用模式、日本生态农业为主的耕地保护模式、韩国政策引导的耕地保护模式等经验表明,要不断完善法律制度,坚持科技创新,制定合理的土地规划等等。

　　第十章,实施藏粮于地战略的政策建议。新发展理念下实施藏粮于地战略的发展思路,包括依靠创新增强藏粮于地的实施效果、凭借协调促进耕地占与补辩证发展、强化绿色提高生态水平和产出质量等。实施藏粮于地战略的路径选择包括妥善保护和利用国内耕地、有序开发国内耕地后备资源、适当进口国际虚拟耕地等。实施藏粮于地战略的体制机制创新,包括坚守耕地红线与严守生态红线相结合、坚守耕地红线与控制城镇边界相结合等。特殊情况下实施藏粮于地战略的政策建议,包括协调好疫情防控与农业生产的关系、排除国际干扰稳步推进藏粮于地战略实施等。

前　言

改革开放以来,我国耕地保护和利用取得了显著成效,但也面临耕地数量减少、耕地质量整体不高、农产品供需结构局部失衡等问题。2015 年党中央提出了"藏粮于地、藏粮于技"战略,将耕地保护和利用上升到国家战略高度。"藏粮于地、藏粮于技"战略是对我国"以我为主、立足国内、确保产能、适度进口、科技支撑"的国家粮食安全新战略的有力支撑。习近平总书记在不同场合多次强调"藏粮于地、藏粮于技"战略的重要性。

2017 年 10 月党的十九大确立了习近平新时代中国特色社会主义思想,2022 年 10 月党的二十大再次强调"全方位夯实粮食安全根基""牢牢守住十八亿亩耕地红线"。新时代,系统研究实施藏粮于地战略面临的一系列重大问题,对于夯实国家粮食安全基础、实施乡村振兴战略、实现农业现代化、推动农业农村优先发展具有重要意义。

近些年来,本项目研究团队以应用经济学为重点,结合其他学科研究方法持续跟踪"藏粮于地"相关研究,完成省级和地厅级多项相关研究成果。随着资料收集和研究成果增多,团队研究成员一致认为,不能简单、片面地研究"藏粮于地"问题,迫切需要系统研究与"藏粮于地"有关的理论基础、战略协同、实施路径等一系列重大问题。研究团队全体成员反复论证,经过艰辛努力,终于成稿。

本书包括十章内容。第一至五章侧重理论分析。第一章,绪论,主要包括选题背景、研究意义、文献述评、研究思路和研究内容等。第二章,藏粮于地战略的理论基础,包括内涵解析、相关理论等。第三章,实施藏粮于地的多元协同研究,包括藏粮于地战略与国家粮食安全新战略的耦合机理、实施藏粮于地战略与深化农业供给侧结构性改革、实施藏粮于地战略与提升农业现代化水平、实施藏粮于地战略与推进乡村振兴战略等。第四章,实施藏粮于地战略的主要步骤和远景谋划。到 2035 年,通过"三步走"实现藏粮于地战略基本目标,并进行远景谋划。第五章,实施藏粮于地战略的政策演进,从中央一号文件、耕地占补平衡政策、农业部耕地保护政策、国土资源保护政策等方面展开分析。第六至九章侧重实践分析。第六章，实施藏粮于地战略的经验总结，具体包括全国实施藏粮于地战略的基本经验，以及黑龙江、江苏等地的典型经验。第七章，实施藏粮于地战略的绩效评价，主要阐述实施藏粮于地战略的绩效评价体系。评价指标由国内耕地保护、农业生产条件等方面组成。第八章，实施藏粮于地战略的影响因素及路径分析。内容包括实施藏粮于地战略的 SWOT 分析，基于潜力、韧性与回旋余地框架实施藏粮于地战略的影响因素及路径分析。第九章，发达国家和地区藏粮于地的经验借鉴。主要包括美国市场主导的耕地保护模式、日本生态农业为主的耕地保护模式等内容。第十章，政策建议分析。一般情况下实施藏粮于地战略的政策建议，包括新发展理念下实施藏粮于地战略的发展思路、实施藏粮于地战略的路径选择、实施藏粮于地战略的体制机制创新等；特殊情况下实施藏粮于地战略的政策建议，包括全球疫情冲击、全球粮食危机背景下实施藏粮于地战略的政策选择。

本书的主要意义：一是选题立意新颖。目前从全国层面研究藏粮于地战略的相关专著比较少见，本书系统研究了中国藏粮于地战略实施问题。二是调查研究深入。本研究团队设计了完整的调查方案，开展了大量调查，掌握了丰富的一手资料和数据，实现了定性分析与定量研究相结合。三是政策建议务实。本书提出的政策建议具有较强的系统性和可操作性。例如本书提出的藏粮于地绩效评价体系，可以用于中央和地方政府藏粮于地战略实施成效评价，评价方法科学、便捷、有效，在时间和空间上均具有可比性。

本书的突出特色：一是研究视角独特。"藏粮于地、藏粮于技"是我国重要国家战略。"藏粮于地"与"藏粮于技"密不可分，互为支撑。为使研究更加聚焦、更加深入，专门研究中国藏粮于地战略的实施问题，藏粮于技战略专题研究可以另外单独成书。二是研究方法和内容上实现了学科交叉融合。研究过程中采用了线上调研与线下走访相结合、文本挖掘等方法，及时监测藏粮于地战略舆情走向。相关研究涉及微观经济学、宏观经济学、农业经济学、土地经济学、制度经济学、国际经济学等多个经济学分支，也涉及战略管理、质性研究等其他学科的研究理论和方法。三是紧紧结合中国国情实际。藏粮于地上升到国家战略虽然时间不长，但我国保护耕地的实践比较久远。本书紧紧围绕我国国情实际，从我国居民食物消费需求增长到我国耕地面积持续变动，从粮食进口到国内粮食生产，从藏粮于地到乡村振兴战略实施，所有研究均从实践中来，又回到实践中去。所提政策建议基于我国各地区耕地实际情况，力求所提建议具有较强的可操作性。

本书的创新之处:一是从选题角度看,本项目系统回答了新时代我国实施藏粮于地战略需要明确的一系列理论和实践问题。藏粮于地战略提出和实施已经将近 8 年,但目前关于系统研究藏粮于地战略实施的专著不多,本书愿意抛砖引玉,率先开展探索性研究。二是从研究框架看,本书从理论基础、战略实践、战略协同和实施方略四个方面研究中国藏粮于地战略的实施问题,从宏观到微观、从抽象到具体逐渐将藏粮于地战略的实施落到实处,丰富了藏粮于地战略研究的内容。三是从研究方法看,将传统的经济计量方法与大数据分析有机结合起来。通过文本挖掘方法,分析了 2004—2022 年中央一号文件的高频词。运用 Python 软件对藏粮于地战略的舆情进行定期监测,通过网络问卷量化分析公众对藏粮于地战略的认识,为藏粮于地战略的实施提供决策依据。

本书的学术价值:从学术价值上讲,本成果有利于科学性地、创新性地拓展中国藏粮于地战略的理论和政策研究。本成果能够深化对中国藏粮于地战略内涵的理解,解析中国藏粮于地战略的理论基础,透视藏粮于地战略与国家粮食安全新战略、乡村振兴战略等其他战略之间的协同关系,探索藏粮于地战略实施的基本路径、评价体系、体制机制,具有一定的开拓性。从应用价值讲,能够为中央和地方政府实施藏粮于地战略提供政策支持。本成果提出的藏粮于地战略绩效评价体系、实施路径等政策建议,可以确保我国藏粮于地战略得到有效实施和落实。

尽管作者已经竭尽全力,但受限于知识结构、知识积累及团队研究水平,本书难免挂一漏万,在研究的深度、广度等诸多方面难免存在不足,敬请专家不吝赐教。

目　　录

第一章 绪论

本章主要阐述选题背景、研究意义、文献述评、研究方法和主要创新等内容,描述全书的基本分析框架和撰写思路。

第一节 选题背景和研究意义

一、选题背景

改革开放四十多年来,我国耕地保护和利用取得了显著成效,但也面临耕地数量减少、耕地质量整体不高、农产品供需结构局部失衡等诸多问题。2015 年党中央提出了"藏粮于地、藏粮于技"战略,将耕地保护和利用上升到国家战略高度。

2017 年 10 月,党的十九大确立了习近平新时代中国特色社会主义思想。中国特色社会主义建设进入新时代,我国社会主要矛盾转变为人民日益增长的美好生活需要和不平衡不充分的发展之间的矛盾。[①] 2019 年中央一号文件强调要推动"藏粮于地、藏粮于技"落实落地。2020 年,我国全面建成小康社会。2022 年 10 月,党的二十大召开。习近平总书记在党的二十大报告中指出,"全方位夯实粮食安全根基","牢牢守住十八亿亩耕地红线","确保中国人的饭碗牢牢端在自己手中"。[②] 党的二十大报告再次强调牢牢守住十八亿亩耕地红线,意义重大。守住耕地红线就是坚守国家粮食安全根基,是全面建成社会主义现代化强国的重要基础。

新时代如何深入贯彻"藏粮于地、藏粮于技"战略?如何认识我国耕地

---

① 资料来源:习近平.决胜全面建成小康社会 夺取新时代中国特色社会主义伟大胜利——在中国共产党第十九次全国代表大会上的报告.人民出版社,2017.

② 资料来源:二十大报告(实录全文).搜狐网,2022 - 10 - 16. http://news. sohu. com/a/593119246_120094090.

保护和利用面临的新机遇和新挑战？实施藏粮于地战略需要回答哪些理论和实践问题？实施藏粮于地战略如何适应全面建成小康社会的要求？……

本书从中国耕地保护和利用面临的现实问题出发，回答了中国实施藏粮于地战略过程中需要明确和解决的一系列基本理论和实践问题。本书研究成果具体包括中国实施藏粮于地战略的理论基础、内涵解析、重大意义、国内外典型经验、绩效评价、远景谋划、路径选择等内容。全书共十章，从不同角度和层面系统研究了中国实施藏粮于地战略过程涉及到的一系列基本命题。

改革开放以来，我国耕地保护和利用积累了丰富经验，也存在诸多挑战。国内外粮食供需形势仍然处于紧平衡状态。

（一）改革开放以来我国耕地面积整体呈现波动中下降态势

改革开放以来我国耕地面积整体呈现波动中下降态势，反映了工业化、城镇化发展与耕地保护之间的矛盾。

我国改革开放在政治、经济、文化和社会发展等方面取得了巨大成就，举世瞩目。但是在工业化和城镇化进程中，我国耕地面积呈现下降态势，不利于国家粮食安全。

1949 年至 1977 年，我国耕地面积经历了先增后降的过程。新中国成立初期，土地政策极大提高了农民种地积极性，开荒面积增加较多。这一时期耕地面积减少与当时耕地农业税交税政策、耕地转用、统计误差等多种因素有关。

1978 年至 1995 年，我国耕地面积呈现持续下降的特征。这与我国改革开放后，加速实现工业化和城镇化进程有密切关系，城镇建设占用耕地增速较快。这一时期，我国新增耕地面积和开荒面积都有所增加，但逐年减少，同时建设用地需求增长迅速。

1996 年至今，受益于耕地占补平衡制度，我国耕地面积有所增加，基本保持稳定，表现出阶段性先增后降的特征。分区域看，改革开放四十多年来，东部地区耕地面积大幅减少，中部地区耕地面积小幅减少，西部地区耕地面积有所增加。从耕地条件看，2001 年时，东部地区灌溉耕地面积要高于中部和西部地区；到 2017 年第三次农业普查时，中部地区灌溉耕地面积最多，中部和西部地区灌溉耕地面积均高于东部地区。随着卫星遥感技术的利用，我国耕地面积的测量更为准确。

改革开放以后，我国耕地面积减少的主要影响因素是建设用地挤占耕地。工业化和城镇化是我国耕地减少的关键因素。工业化和城镇化对耕地的占用有其合理的一面，但也有不合理的一面。客观地看，改革开放以后，新增建设用地在我国工业化和城镇化进程中起到了积极作用,有力地推动了我国经济的快速增长。

适当占用耕地,提高耕地的使用效益,推进了工业化和城镇化进程;但过度占用耕地,会影响国家粮食安全,危及社会稳定。

(二) 新时代我国坚守 18 亿亩耕地红线存在诸多优势和风险

新时代我国坚守 18 亿亩耕地红线存在诸多优势,主要表现在:

一是国家高度重视。18 亿亩耕地红线自提出以来,得到国家积极、有效的执行。2017 年 1 月,中共中央、国务院下发《关于加强耕地保护和改进占补平衡的意见》,强化耕地占补平衡管理。2018 年 1 月,中央一号文件再次强调"深入实施藏粮于地、藏粮于技战略,严守耕地红线"。2018 年 1 月,国务院印发《省级政府耕地保护责任目标考核办法》(国办发〔2018〕2 号),落实省级政府耕地保护责任。2022 年中央一号文件强调粮食安全党政同责,夯实粮食安全基础。

二是农业科技进步贡献率持续提高,提高了粮食单产水平。在耕地面积下降的情况下,受粮食政策改进、粮食生产科技的积极推动等因素影响,我国粮食产量从 1978 年的 30476.5 万吨增加到 2020 年的 66949.2 万吨,增加了 1.2 倍;谷物单产水平从 1995 年的 4659 公斤/公顷,提高到 2020 年的 6296 公斤/公顷,提高了 35%。[①]

三是粮食进口在一定程度上缓解了国内粮食生产压力。改革开放以来,我国粮食进口逐年增长。尤其是大豆进口,逐渐超过国内大豆产量,高度依赖进口。国内大豆消费需求增长迅速是我国大豆进口的主要因素。2021 年,我国大豆进口量为 9652 万吨,有效保障了国内大豆消费需求。

今后,我国坚守 18 亿亩耕地红线面临的风险,主要表现在:

一是国内粮食消费需求刚性增长,粮食供求仍保持紧平衡。随着我国全面建成小康社会,居民消费结构逐渐升级,更加注重消费的质量。人均口粮消费虽然有所降低,但是,居民对肉禽蛋奶类食品消费增长迅速,饲料用粮需求旺盛。为满足居民消费升级的需求,粮食供给侧结构改革必须积极推进。

二是城镇化进程中,建设用地需求仍然较为旺盛,耕地保护压力较大。根据国家统计局的数据,2021 年,我国城镇化率为 64.72%[②],与发达国家平

---

① 数据来源:《2021 中国统计年鉴》.

② 数据来源:国家统计局《2021 年国民经济和社会发展统计公报》. http://www. stats. gov. cn/tjsj/zxfb/202202/t20220227_1827960. html.

均80%的城镇化水平还有一定差距。今后,我国城镇化还将持续推进,建设用地需求仍然会持续上升。

三是人口众多与耕地数量质量不足之间存在矛盾。今后一段时期,我国仍会维持较大的人口规模,粮食等食物消费需求仍呈现刚性增长的特点。庞大的人口数量加上快速升级的食物消费需求,给我国耕地带来较大压力。从地区分布看,中西部与东部地区耕地分布不均衡。农作物产出整体数量充足与局部数量质量不足之间存在矛盾。东部地区经济发达,耕地面积有限;中西部地区耕地资源丰富,开放潜力也较大。从耕地质量看,各地区耕地质量差异较大,农作物产出数量和质量存在较大差距。从粮食种植的角度看,农民人均粮食种植面积更低。在相当长一段时期内,我国人多地少的矛盾将会一直存在。

从长期看,2035年基本建成社会主义现代化需要加强耕地保护和利用。农业现代化是我国四个现代化中的短板。保护耕地是实现农业现代化的基本保障,必须从长计议,科学、合理保护和利用耕地。

（三）全面建成小康社会对食物消费提出了更高要求

2020年,我国全面建成小康社会。这意味着中国特色社会主义建设进入一个新的阶段,人民生活水平达到一个新的高度。全面建成小康社会对食物消费提出了更高要求,但当前人民小康消费结构快速升级与农业种植结构调整滞后之间形成矛盾。

长期以来,我国农业种植结构调整相对滞后,仍然以传统的主粮为主,重视数量,高质量农产品供给不足。这一方面导致国内农产品质量不高、价格缺乏竞争力,另一方面导致进口农产品增加。党中央和国务院适时提出农业供给侧结构性改革,为解决人民小康消费结构快速升级与农业种植结构调整滞后之间的矛盾提供了一个很好的解决思路和方案。2016年中央一号文件《关于深入推进农业供给侧结构性改革加快培育农业农村发展新动能的若干意见》提出优化产品结构,并提出质量兴农战略。质量兴农战略突出"优质、安全、绿色"导向,完全满足小康型消费结构的目标和要求。2022年中央一号文件强调实施大豆和油料产能提升工程,保障食用油供给。

小康型消费结构意味着我国居民食物消费更加注重安全、质量和营养,更加注重主食与肉禽蛋奶类食品的搭配。小康型消费结构对我国农业产业结构提出了更高的要求,对实施藏粮于地战略提出了更高的要求。新时代,实施藏粮于地战略,要坚持绿色发展,增加高质量农产品供给。

高质量发展、绿色发展将成为今后耕地保护和利用的基本要求。单纯的农产品数量增加已经无法适应小康型消费结构的要求。当前,我国农产品供给还无法完全达到高质量发展和绿色发展的要求,还有很大的提升空间。必须改变传统农业发展方式,发展绿色农业,真正实现藏粮于地。

在党的十六大提出全面建设小康社会奋斗目标的基础上,党的十八届五中全会通过的《中共中央关于制定国民经济和社会发展第十三个五年规划的建议》提出全面建成小康社会新的目标要求。在人民生活方面的新目标要求是"人民生活水平和质量普遍提高"。这包括中等收入人口比重上升、农村贫困人口脱贫等内容。党的二十大报告强调"扎实推进共同富裕"。人民生活水平和质量的普遍提高,离不开藏粮于地战略的有效实施,离不开对耕地资源的妥善保护和利用。

根据国家统计局小康研究课题组提供的全国人民生活小康水平的基本标准,食物消费方面的主要指标包括人均蛋白质摄入量(小康标准值为75克)、恩格尔系数(小康标准值为50%)等。具体指标见表1.1。

表1.1 全国人民生活小康水平的基本标准

指标类型	指 标 名 称		指标临界值		
		单位	80 年	小康值	权数
一、经济水平	1. 人均国内生产总值	元	778	2500	14
二、物质生活					48
收入	2. 人均收入水平				16
	(1) 城镇人均可支配收入	元	974	2400	6
	(2) 农民人均纯入	元	315	1200	10
居住	3. 人均居住水平				12
	(1) 城镇人均使用面积		5.5	12	5
	(2) 农村人均钢砖木结构住房面积		4.5	15	7
营养	4. 人均蛋白质摄入量	克	50	75	6
交通	5. 城乡交通状况				8
	(1) 城市每万人拥有铺路面积		2.8	8	3
	(2) 农村通公路行政村比重	%	50	85	5
结构	6. 恩格尔系数	%	60	50	5
三、人口素质					14
文化	7. 成人识字率	%	68	85	6

指标类型	指 标 名 称	指标临界值			
		单位	80 年	小康值	权数
健康	8. 人均预期寿命	岁	68	70	4
	9. 婴儿死亡率	‰	34.7	31	4
四、精神生活					10
	10. 教育娱乐支出比重	%	3	11	5
	11. 电视机普及率	%	11.9	100	5
五、生活环境					14
	12. 森林覆盖率	%	12	15	7
	13. 农村初级卫生保健基本合格以上县百分比①	%		100	7
总计	共 16 项分指标				100

注:表中价值量指标均按 1990 年价格计算。此标准为原国家计划委员会与国家统计局联合提出并征求 12 个部委意见后,于 1995 年 1 月修改完成。
资料来源:国家统计局小康研究课题组提供,中国网,2002 - 12 - 30。

　　小康生活的食物消费是以食物营养价值为参照标准,讲究吃的质量和应用价值。当前,我国居民蛋白质摄入来源,植物性食物包括谷物、大豆等,动物性食物包括蛋类、奶类、鱼、瘦肉等。我国居民饮食中植物性食物比重较大,随着我国居民生活水平的提高,大豆和食用植物油的消费快速上升。国内大豆产量有限,大豆消费旺盛,这是我国大豆进口激增的重要原因。实施藏粮于地战略,要注重调整农业生产结构,重视我国居民的蛋白质摄入需求。

　　恩格尔系数反映食物支出与总支出的比例关系。根据商务部统计数据,2018 年全国居民恩格尔系数为 28.4%,已经超出小康标准值的要求。①

　　总之,随着我国逐渐全面建成小康社会,居民食物消费结构升级,对实施藏粮于地战略的经济效益和社会效益提出了更高的要求。

(四) 我国参与国际粮食合作机遇和挑战并存

　　党的二十大报告指出,要"推动共建'一带一路'高质量发展,维护多元稳定的国际经济格局和经贸关系"。单一的粮食进口受国际市场波动影响

----

　　① 　资料来源:商务部. 消费升级,恩格尔系数进一步降低. 新华网,2019 - 1 - 25.

较大,存在较多局限。积极参与国际粮源建设,参与国际粮食合作潜力巨大。

改革开放以来,我国农业对外投资取得了显著成绩。2020 年农林牧渔业对外投资额,受全球新冠疫情影响,与 2019 年相比有所下降,但仍达到了107864 万美元①。

新时代,我国开展国际粮食合作的机遇主要表现在:

一是依托"一带一路"倡议,积极开展国际粮食合作。"一带一路"倡议为我国开展国际粮食合作奠定了良好的政治、经济环境。我国与"一带一路"国家有悠久的交往历史,贸易往来频繁。俄罗斯、哈萨克斯坦等"一带一路"国家,粮食产量高、出口有优势、耕地资源丰富,是我国开展国际粮食合作的最佳伙伴。

在"一带一路"建设带动下,国际粮食合作潜力进一步展现出来。2017年,农业部、国家发改委、商务部、外交部等部门联合发布了《共同推进"一带一路"建设农业合作的愿景与行动》。② 合作原则包括坚持政策协同、坚持市场运作、坚持政府服务、坚持绿色共享、坚持互利合作等,合作的重点包括农业政策、农业科技交流、农产品贸易、农业投资等方面,合作机制包括强化多边合作机制作用、共建境外农业合作园区等。这一愿景和行动为我国开展国际粮食合作奠定了良好的政策基础和环境基础,有力推动了我国国际粮食合作发展。

二是借助自贸区建设,积极开展国际粮食合作。我国建设的自贸区已经有二十多个。充分利用自贸区的有利条件,开展国际粮食合作。例如,中国—东盟自贸区建设极大促进了我国与东盟国家的经济往来。泰国、越南、巴基斯坦等国家是全球重要的稻米出口大国。我国可以依托中国—东盟自贸区平台,积极开展国际稻米合作,参与国际稻米生产。

三是国际粮食投资发展平稳,有利于开展国际粮食合作。当前全球经济、贸易发展不稳定,贸易保护盛行,但国际粮食投资发展平稳。农业类跨国公司在粮食领域的投资表现积极。在这一背景,加大国际粮食投资和合作,有助于我国借助国际耕地资源解决国内耕地紧张问题。

新时代,我国国际粮食合作的挑战主要表现在:

一是东道国政治经济不稳定。一些国家政权更迭、国内动乱、经济严重

---

① 数据来源:《2021 中国统计年鉴》.

② 资料来源:农业部等. 共同推进"一带一路"建设农业合作的愿景与行动. 农业部网站,2017 - 11 - 23.

通货膨胀等因素,容易给国际粮食合作带来变数,造成损失。俄乌冲突给国际粮食市场带来不确定因素。

二是第三方政治干预容易给国际粮食合作带来不确定性风险。美国奉行"美国优先"战略,视我国为战略竞争对手,处处打压,可能给我国国际粮食合作带来不利影响。

三是国际国内多数农作物价格倒挂,农产品生产和流通易受到冲击。改革开放以来,国际国内农作物价格倒挂的矛盾在多数农产品上持续存在。由于我国土地经营规模小,农业人口众多,农业生产经营比较分散,农产品成本较高。与国际市场相比,我国多数农产品价格偏高。以广东市场为例,2019 年 1 月 14 日,产地在湘赣粤、等级为标一的优质米,常平价格为每吨 4720—5080 元;等级为 5%破碎的巴基斯坦米,常平价格为每吨 3680 元。[1]

价格是市场经济的核心。积极扭转国内外价格倒挂现象,是推动农业发展、提升我国农业国际竞争力的重要途径。2017 年中央一号文件强调发展适度规模经营,深化粮食等重要农产品价格形成机制。2018 年中央一号文件强调深化农产品收储制度和价格形成机制改革。从长期看,解决国际国内农作物价格倒挂之间的矛盾,必须大力发展农业经济,通过土地流转等方式发展适度规模经营,理顺农产品价格体制,降低农产品生产和流通成本,提升农业现代化水平。

总之,当前和今后一段时期,我国实施藏粮于地战略,加强耕地保护和利用,既有优势和机遇,也面临诸多风险和挑战,亟待系统研究藏粮于地战略实施的一系列理论和实践问题。

二、研究意义

2018 年是我国改革开放四十周年,2019 年是新中国成立 70 周年,2020 年我国全面建成小康社会,2035 年我国基本建成社会主义现代化,到 21 世纪中叶我国将建成富强、民主、文明、和谐、美丽的社会主义现代化强国。在上述背景下,科学保护和利用耕地,是确保我国粮食安全的重要物质基础,是实现我国农业现代化的重要资源保障。因此,切实、有效地实施藏粮于地战略显得格外重要。

(一) 实施藏粮于地战略是新时代贯彻国家粮食安全观的有效途径

党和国家一直高度重视"藏粮于地"战略问题。2015 年 11 月,《中共中

---

[1] 资料来源:华南口岸主要粮食品种价格(2019.1.14).华南粮网,2019 - 1 - 14.

央关于制定国民经济和社会发展第十三个五年规划的建议》中正式提出"藏粮于地、藏粮于技战略"。① 2016 年 3 月,《十三五规划纲要》指出,"坚持最严格的耕地保护制度,坚守耕地红线,实施藏粮于地、藏粮于技的战略,提高粮食产能,确保谷物基本自给、口粮绝对安全"。②

2017 年 11 月,党的十九大召开,提出了习近平新时代中国特色社会主义思想。十九大报告强调要"确保国家粮食安全,把中国人的饭碗牢牢端在自己手中",要"严格保护耕地,扩大轮作休耕试点"。③

2018 年 1 月发布的中央一号文件,再次强调"深入实施藏粮于地、藏粮于技战略"。④

中央和国家上述文件密集出台,说明党和国家对藏粮于地、藏粮于技战略高度重视,积极夯实我国耕地保护和利用、国家粮食安全的基础。实施藏粮于地战略是新时代贯彻国家粮食安全观的有效途径。

(二) 实施藏粮于地战略是习近平新时代中国特色社会主义思想的重要内容

习近平总书记多次强调藏粮于地思想和观点。

2015 年 5 月,习近平就耕地保护工作作出重要指示时指出,"耕地是我国最为宝贵的资源。我国人多地少的基本国情,决定了我们必须把关系十几亿人吃饭大事的耕地保护好,绝不能有闪失",要"像保护大熊猫一样保护耕地"。⑤

2015 年 12 月,习近平在中央经济工作会议上指出,"落实藏粮于地、藏粮于技战略"。⑥ 2016 年 3 月 8 日,习近平参加湖南代表团审议时强调,要以科技为支撑走内涵式现代农业发展道路,实现藏粮于地、藏粮于技。⑦ 2017 年 12 月 28 日,习近平总书记在中央农村工作会议上指出:"民为国基,谷为民命。解决好十几亿人口的吃饭问题,始终是关系国计民生的一个重大问题。"2018 年 4 月,习近平总书记在国家南繁科研育种基地(海南)视察时强调,十几亿人口要吃饭,这是我国最大的国情,要下决心把我国种业搞

① 资料来源:中共中央关于制定国民经济和社会发展第十三个五年规划的建议. 新华网, 2015 - 11 - 3.

② 资料来源:"十三五"规划纲要. 新华网,2016 - 3 - 18.

③ 资料来源:习近平在中国共产党第十九次全国代表大会上的报告. 人民网,2017 - 10 - 28.

④ 资料来源:中共中央 国务院关于实施乡村振兴战略的意见. 新华网,2018 - 2 - 4.

⑤ 资料来源:李金芳. 今日议题:像保护大熊猫一样保护耕地. 人民论坛网,2015 - 5 - 28.

⑥ 资料来源:中央经济工作会议在北京举行 习近平、李克强作重要讲话. 新华网,2015 - 12 - 21.

⑦ 资料来源:习近平"藏粮于地、藏粮于技"传递啥新理念? 中国新闻网,2016 - 3 - 9.

上去,抓紧培育具有自主知识产权的优良品种,从源头上保障国家粮食安全。① 2020 年 12 月,习近平总书记指出"稳住农业基本盘、守好'三农'基础"。②

2022 年党的二十大进一步强调了粮食安全和耕地保护的重要性。藏粮于地战略是习近平总书记关于"三农"问题的重要论述,也是习近平新时代中国特色社会主义思想的重要内容。

(三)实施藏粮于地战略是新时代推进乡村振兴的可靠保障

乡村振兴战略是党的十九大提出的一项重大战略,是关系全面建设社会主义现代化国家的全局性、历史性任务,是新时代"三农"工作总抓手。③ 2018 年中央一号文件提出分两个阶段实现乡村振兴战略目标,并强调"深入实施藏粮于地、藏粮于技战略"。《乡村振兴战略规划(2018—2022 年)》要求通过实施藏粮于地、藏粮于技战略,提高农业综合生产能力。

藏粮于地战略为新时代推进乡村振兴提供了基本的耕地资源保障。藏粮于地战略实现要求严格保护耕地,严守耕地红线,保护现有耕地资源。通过持续加强永久基本农田和高标准农田建设,维护耕地数量、提高耕地质量。

耕地是农民从事农业生产活动的基础,也是农民获得农产品收入的来源。实施藏粮于地战略,维护了农民的耕地权益和收入来源,为推进乡村振兴奠定了坚实基础。

藏粮于地战略为新时代推进乡村振兴提供了可靠的农业综合生产能力。藏粮于地战略的核心是提高农业综合生产能力,最终确保重要农产品有效供给和粮食安全。重要农产品有效供给意味着农业必须实现高质量发展,提高绿色农产品供给能力。

总之,实施藏粮于地战略,为乡村振兴提供耕地资源和农业综合生产能力保障,是新时代推进乡村振兴的可靠保障。

(四)实施藏粮于地战略是促进农村一二三产业融合的坚强基石

实施藏粮于地战略,在农产品生产、消费等方面成为促进农村一二三产业融合的坚强基石。

实施藏粮于地战略,保护和提高了农业综合生产能力,为农村一二三产业融合发展提供了生产基础。农业综合生产能力提高,为农村一二三产业

---

① 资料来源:习近平为何一再强调"饭碗"问题. 中国新闻网,2018 - 4 - 16.
② 资料来源:习近平. 论"三农"工作. 中央文献出版社,2022.
③ 资料来源:习近平. 把乡村振兴战略作为新时代"三农"工作总抓手. 人民网,2018 - 09 - 23.

融合发展提供了农产品供给保障,也提高了农产品从田园到餐桌的快速、高效转化。2016 年 1 月,国务院发布《关于推进农村一二三产业融合发展的指导意见》提出要延伸农业产业链,构建企业与农户的利益链接机制,这为提高藏粮于地的经济效益提供了渠道。

农业综合生产能力是高质量农产品的主要来源,也是农村一二三产业融合发展材料来源。粮食生产为粮食流通、储藏、加工提供了原料,三产融合使粮食一二三产业成为有机整体,为粮食产业经济发展增添活力。

实施藏粮于地战略,适时调整农业生产结构,为农村一二三产业融合发展提供了消费基础。市场经济条件下供给与需求相互影响。在农村一二三产业融合发展过程中,我国居民食物消费需求变化会及时传递到农业生产环节。实施藏粮于地战略,适时调整农业生产结构,是主动适应市场消费需求的表现,也是提高藏粮于地战略实施效果的客观要求。调整农业生产结构,增强绿色农产品有效供给,既是实施藏粮于地战略的要求,也是新时代我国居民食物消费结构升级的客观要求。

2017 年 9 月,国务院下发了《关于加快推进农业供给侧结构性改革大力发展粮食产业经济的意见》,通过农业供给侧结构性改革,促进粮食产业经济发展,提高农民收入、促进农民就业,提高农业经济效益。

适时调整农业生产结构,是提高藏粮于地经济效益的客观要求,也是促进农村一二三产业融合发展的重要方式。适时调整农业生产结构,将实施藏粮于地战略、农村一二三产业融合发展有机链接起来。

第二节　文献述评

关于我国藏粮于地战略的研究,主要涉及藏粮于地的内涵、实现路径、实施建议等方面。这主要是因为 2015 年 11 月,藏粮于地战略在《中共中央关于制定国民经济和社会发展第十三个五年规划的建议》中正式提出,并上升为国家战略。

一、藏粮于地内涵研究

早期与"藏粮于地"比较接近的概念有"藏粮于土""藏粮于田"。

"藏粮于地"概念的形成经历了一个长期的过程,与当时我国粮食生产、收储状况有密切的关系。具体演变过程见表 1.2。

表 1.2　"藏粮于地"概念的形成过程

主题词	最早出现时间	相关研究者	主题词检索到的学术文献数量（篇）
藏粮于土	2000	封志明、李香莲（2000）；周健民（2004）；龚子同、陈鸿昭、张甘霖等（2004）；李春生（2006）等。	2
藏粮于田	2004	杨正礼、卫鸿（2004）；杨正礼、梅旭荣（2005）；宋海风、刘应宗（2017）；周镕基、皮修平、吴思斌等（2018）等。	9
藏粮于地	2004	许经勇（2004）；王华春、唐任伍和赵春学（2004）；唐华俊（2005）等	340

注：在中国知网进行主题词检索，检索时间 2022‑10‑4。

封志明、李香莲（2000）较早使用"藏粮于土"这一术语，并认为"藏粮于土"主要是为了提高土地的综合生产能力，从根本上解决"藏粮于库"引发的问题。[①] 周健民（2004）认为"藏粮于土"可以确保耕地的数量和质量。[②] 龚子同、陈鸿昭、张甘霖等（2004）认为"藏粮于土"可以保障长期的粮食安全。[③] 李春生（2006）构建了藏粮于土灰色系统关联、预测、控制模型。[④]

杨正礼、卫鸿（2004）研究了"藏粮于田"战略的客观需要和必要性，认为"藏粮于田"战略是我国粮食安全的基础保障。[⑤] 杨正礼、梅旭荣（2005）论述了我国粮食安全的三大关联战略，即"以我为主""藏粮于田"与"农田生态保育"战略。[⑥] 宋海风、刘应宗（2017）从"藏粮于田"视角研究了粮食主产区小麦生态效率及降污潜力。[⑦] 周镕基、皮修平、吴思斌等（2018）以湖南为例，从"藏粮于田"视角研究农业生产外部性环境价值评估问题。

许经勇（2004）认为粮食安全的基础在"地里"，要实现"藏粮于库""藏粮于地"与"藏粮于技"相结合。[⑧] 王华春、唐任伍和赵春学（2004）认为通过实

---

① 封志明，李香莲. 耕地与粮食安全战略：藏粮于土，提高中国土地资源的综合生产能力. 地理学与国土研究，2000(8).
② 周健民. 加强我国粮食安全保障能力建设的思考. 中国科学院院刊，2004，19(1).
③ 龚子同，陈鸿昭，张甘霖等. 中国土壤资源特点与粮食安全问题. 生态环境，2005，14(5).
④ 李春生. 藏粮于土灰色系统实证分析. 中国土地资源战略与区域协调发展研究. 气象出版社，2006.
⑤ 杨正礼，卫鸿. 我国粮食安全的基础在于"藏粮于田". 科技导报，2004(9).
⑥ 杨正礼，梅旭荣. 试论中国粮食安全的三大关联战略. 农业现代化研究，2005(3).
⑦ 宋海风，刘应宗. 粮食主产区小麦生态效率及降污潜力研究. 干旱区资源与环境，2017(7).
⑧ 许经勇. 新体制下的我国粮食安全路径. 南通师范学院学报(哲学社会科学版)，2004，20(4).

行严格的土地保护制度,实行"藏粮于地",才可以保障粮食供给。①

关于"藏粮于地"的内涵,诸多学者发表了看法。"藏粮于地"内涵相关研究的观点,主要有以下几种:

唐华俊(2005)认为,"藏粮于地"或称"藏粮于土",是指通过提高耕地质量和土地生产力,实现粮食生产稳产高产。②

谢卫国(2005)认为"藏粮于地"主要包括三层含义。一是政府根据实际单产水平,合理确定粮食种植面积安全线,安全线指标是动态的;二是通过加强耕地地力建设,提高耕地的粮食生产能力,在需要时单位面积能充分利用相关要素生产出足够量的粮食;三是要划定基本农田保护区,保障耕地数量和质量,在粮食供给困难时,可以随时调整耕地发展粮食生产。③

程传兴(2015)④,郝晓燕、亢霞、袁舟航(2022)⑤等学者认为,"藏粮于地"的核心是提高粮食生产能力、提升土地的可持续生产能力。

李贺军、刘笑然、唐庆会(2006)认为,"藏粮于地"是指在粮食供过于求时,采取休耕或轮耕一部分土地来减少粮食生产数量,在粮食紧缺时又将这些土地迅速用于生产粮食,通过耕地的增加或减少来维持粮食供求大体平衡。⑥

陈印军、易小燕、陈金强等(2016)认为"藏粮于地"是指通过提高耕地综合生产能力,实现粮食生产稳产高产,在粮食相对充足的情况下,可以通过加大粮—经(含瓜菜)轮作比例,将部分粮食生产用地用于种植经济作物,增加农民收入;或通过粮—豆、粮—草轮作与休耕的方式,给予过度利用的耕地休养生息的机会,以提升耕地地力。⑦

焦国栋、廖富洲、张廷银等(2016)认为"藏粮于地"的主要含义,一是要坚守耕地红线,"像保护大熊猫一样保护耕地",确保耕地数量不减少,保有足够的粮食种植面积;二是要通过不断提高耕地质量和土地生产力,实现粮食生产稳产高产,保障土地的可持续生产能力。⑧

---

① 王华春,唐任伍,赵春学.实施最严格土地管理制度的一种解释——基于中国粮食供求新趋势的分析.社会科学辑刊,2004(3).

② 唐华俊.积极实施"藏粮于地"战略.农村工作通讯,2005(5).

③ 谢卫国.耕地保护与粮食安全——"藏粮于地".湖南日报,2005-5-18.

④ 程传兴.藏粮于地与藏粮于技:新常态下的河南粮食生产安全战略.河南日报,2015-12-11.

⑤ 郝晓燕,亢霞,袁舟航.实施"藏粮于地、藏粮于技"的内涵逻辑与政策建议.山西农业大学学报(社会科学版),2022(05).

⑥ 李贺军,刘笑然,唐庆会."藏粮于库、藏粮于地、藏粮于科技"有机结合的研究.中国粮食经济,2007(3).

⑦ 陈印军,易小燕,陈金强等.藏粮于地战略与路径选择.中国农业资源与区划,2016(12).

⑧ 焦国栋,廖富洲,张廷银等.藏粮于地、藏粮于技,厚植河南新优势.河南日报,2016-3-11.

郧文聚(2016)认为"藏粮于地"是指通过科学的土地休耕等多种耕地保护与养护措施,轮流反复地休耕,提高耕地质量和土地生产力,最终实现中国未来耕地资源可持续利用,实现粮食生产稳产高产。

胡存智(2016)认为"藏粮于地"应有三层含义:一是确保具有粮食生产能力的耕地面积,确保18亿亩耕地具有可持续的粮食生产能力,这些生产能力可以不用但不可以减少。二是同等面积的耕地要生产更多粮食,也就是保护和提升耕地的质量,不能使耕地生产能力减退或受到破坏。三是藏粮于地并非指实物形态的粮食,而是提高耕地粮食生产能力的保障。[①] 贺汉魂(2017)认为"藏粮于地"强调通过提高耕地质量和土地生产力,实现粮食稳产高产,确保粮食安全。[②]

将上述观点进行归纳总结,可以看出"藏粮于地"的内涵要包括以下内容:

"藏粮于地"的核心和目的是保障粮食的可持续生产能力,稳定粮食供应。

"藏粮于地"的基本条件是保护耕地的数量和提高耕地的质量。通过坚守18亿亩耕地红线,确保我国粮食安全所需要的最基本的耕地数量。通过科技进步和创新,不断提升耕地质量。

藏粮于地与耕地保护、耕地利用等概念既有一定的区别,又存在密切联系。耕地保护,一般指采取法律、政策、经济等各种措施保护耕地的数量、质量和生态环境。《中华人民共和国土地管理法》(2019年修订),《黑龙江省耕地保护条例》(2021年修订)等法律、条例内容涉及耕地保护的内容,主要是保持耕地数量、提升耕地质量、改善耕地生态环境。耕地利用,这一概念侧重基于耕地用途充分发挥耕地的作用,一般指发挥耕地的功能和作用,包括生产功能、生活功能和生态功能等功能。《全国土地利用总体规划纲要(2006—2020年)》根据各地资源条件、土地利用现状、经济社会发展阶段和区域发展战略定位的差异,把全国划分为九个土地利用区,明确各区域土地利用管理的重点,指导各区域土地利用调控。耕地"非农化""非粮化"有悖耕地的正常用途,在当前国内外粮食安全紧平衡的条件下受到严格限制。尚能飞、唐世凯、汤利(2022)基于耕地的生产功能、生活功能和生态功能分析我国主要地区耕地利用的时空转型。[③]

---

① 王茵娟. 如何实现"藏粮于地". 人民政协报,2016-3-17,第005版.
② 贺汉魂.农地公有:"藏粮于地""藏粮于技"的制度保障——重读马克思土地所有制思想. 当代经济研究,2017(2).
③ 尚能飞,唐世凯,汤利. 中国31个省(区、市)21世纪以来耕地利用转型时空演变分析. 西南农业学报. https://kns. cnki. net/kcms/detail/51. 1213. S. 20220926. 0956. 022. html.

从耕地保护、耕地利用的内涵分析可知,藏粮于地包含有耕地保护、耕地利用的因素,但藏粮于地更注重稳定和提升农业综合生产能力。藏粮于地,侧重耕地的生产功能,但也为耕地的生活和生态功能提供了一定支持。藏粮于地,同样高度重视耕地保护。因此,藏粮于地包含耕地保护和耕地利用的因素,但内容比二者更为丰富。藏粮于地战略实施的目的,不仅仅是耕地保护,也不是简单的耕地利用,而是基于保障我国今后中长期粮食安全考虑,稳定和提升农业综合生产能力。在藏粮于地战略中,耕地保护是基本条件,耕地利用更为聚焦于农业生产。

备粮以需,本质上是通过储备一定规模的粮食满足日常和应急粮食需求,侧重解决短期的粮食供求问题。藏粮于地,侧重农业综合生产能力的长期建设和提升。藏粮于地与备粮以需哪个更安全的问题,本质上是如何处理粮食供需的短期矛盾和长期矛盾问题。备粮以需,做好粮食储备,主要解决短期内的粮食供需问题;藏粮于地,主要注重构建中长期的农业综合生产能力,为长期的粮食供应提供保障。

二、藏粮于地实施对策研究

从2015年11月中央提出"藏粮于地、藏粮于技"战略至今,关于"藏粮于地、藏粮于技"的研究逐渐升温。藏粮于地实施对策研究涌现一系列成果。

李国龙(2015)认为,探索耕地轮作休耕制度,要着眼"藏粮于地",要以保障国家粮食安全为前提,精准识别资源趋紧田、环境恶化田和产能过剩田,要对农民进行适当补贴。[①] 段军(2015)认为"藏粮于地"需强化严管用地、节地爱地、科学挖潜三个用地意识。[②] 曾衍德(2015)分析了加强耕地质量建设的重要性、思路、目标和技术路径;加强耕地质量建设,实现"藏粮于地"。[③] 杨磊、郧文聚(2015)认为建设生态良田就是"藏粮于地",认为粮食安全不能只靠"买",核心在粮食生产。[④]

关于如何实施"藏粮于地"战略,主要观点包括保护耕地、提高耕地质量、推广轮作休耕、农业结构调整等。焦国栋、廖富洲、张廷银等(2016)分析了"藏粮于地"战略面临的问题和挑战,提出的"藏粮于地"的路径选择包括

① 李国龙. 试点轮作休耕要着眼"藏粮于地". 农民日报,2015 - 11 - 25,第003版.
② 段军. "藏粮于地"需强化三个用地意识. 中国国土资源报,2015 - 11 - 26,第002版.
③ 曾衍德. 加强耕地质量建设,实现"藏粮于地". 中国农技推广,2015(9).
④ 杨磊,郧文聚. 建设生态良田就是"藏粮于地". 中国国土资源报,2015 - 2 - 10,第003版.

强化耕地管护、强化耕地建设等。① 杭大鹏(2016)分析了我国耕地质量的地位和作用、发展现状与问题,认为要通过强化耕地质量建设,实施"藏粮于地"战略。② 滕友仁、孙高明、陆叶(2016)分析了盐城市实施"藏粮于地、藏粮于技"战略的基础、目标、体系和支持保障。③ 王建(2016)分析了黑龙江通过推进农业减化肥、减化学农药、减化学除草剂来推进"藏粮于地"战略的经验做法。

贺汉魂(2017)研究马克思土地理论后认为,农地公有是"藏粮于地""藏粮于技"的根本制度保障。胡承霖(2017)论述了"藏粮于地、藏粮于技"的战略意义和有效措施。④ 杜国明、梁常安、李宁宁(2022)提出建立国家耕地战略储备制度。梁鑫源、金晓斌、韩博等(2022)认为实施"藏粮于地、藏粮于技"战略,可从行为主体、行为对象、行为载体与行为媒介等四个方面展开,重点关注主体行为、粮食系统、耕地资源、技术体系等不同领域。⑤

三、藏粮于地实施经验研究

2018 年至今,关于藏粮于地战略的经验总结日益丰富。沈仁芳、王超、孙波(2018)认为我国耕地存在数量不足、整体质量偏低等问题,实施"藏粮于地、藏粮于技"战略提升我国耕地质量的途径包括高产田的稳产保育、中低产田的地力提升、后备耕地资源的补充等。⑥ 赵锦儒(2018)总结了辽宁省铁岭县保护黑土地、夯实"藏粮于地"基础的经验做法。具体包括构建组织领导机制,强化实施主体创新、实施方式创新、强化资金渠道创新等。⑦ 颜廷武(2019)认为以耕地产能保育夯实藏粮于地战略,以种业科技创新引领藏粮于技战略。⑧ 方言(2020)认为藏粮于地、藏粮于技是我国粮食生产经验的升华,是着眼于未来的战略考虑。⑨ "藏粮于地、藏粮于技"战略实施可分为行为主体、行为对象、行为载体与行为媒介四个内容,分别聚焦于主体行为、

---

① 陈印军,易小燕,陈金强等. 藏粮于地战略与路径选择. 中国农业资源与区划,2016(12).

② 杭大鹏. 强化耕地质量建设,实施"藏粮于地"战略. 中国农技推广,2016(2).

③ 滕友仁,孙高明,陆叶. 盐城市实施"藏粮于地、藏粮于技"战略思考. 中国农业信息,2016(7).

④ 胡承霖. 试论"藏粮于地、藏粮于技"的战略意义. 农村工作通讯,2017(3).

⑤ 梁鑫源,金晓斌,韩博等. 新时期"藏粮于地、藏粮于技"战略解析与路径探索. 中国农业资源与区划,2022,43(04).

⑥ 沈仁芳,王超,孙波. "藏粮于地、藏粮于技"战略实施中的土壤科学与技术问题. 中国科学院院刊,2018,33(2).

⑦ 赵锦儒. 加强黑土地保护. 夯实藏粮于地基础. 现代农业,2018(2).

⑧ 颜廷武. 深入实施藏粮于地、藏粮于技战略. 湖北日报,2019－02－07(003).

⑨ 方言. 藏粮于地、藏粮于技　夯实国家粮食安全基础. 中国粮食经济,2020(06).

粮食系统、耕地资源、技术体系等不同领域。[1] 牟锦毅等（2021）总结了四川"藏粮于地、藏粮于技"的政策建议和实践经验。[2] 朱新健（2022）[3]、耿文博和朱梦笛（2022）[4]总结了江苏部分地区落实藏粮于地的经验做法，包括推进高标准农田建设、提高防涝抗旱能力等。

四、已有文献评价

目前的研究，在藏粮于地战略的内涵、重要意义、路径选择等方面取得了较为丰富的成果。这为本书提供了前期研究参照，启发了本书的写作思路。

图1.1，目前藏粮于地研究集中在粮食安全、藏粮于技、耕地保护、粮食产能等领域。

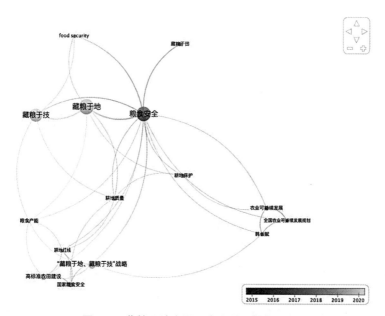

图 1.1 藏粮于地主题研究文献可视化图示

资料来源：2022 年 10 月 2 日运用 VOSviewer 软件根据中国知网文献数据生成。

① 梁鑫源，金晓斌，韩博，孙瑞，李寒冰，张晓琳，林金煌. 新时期"藏粮于地、藏粮于技"战略解析与路径探索. 中国农业资源与区划.
② 牟锦毅. 四川"藏粮于地 藏粮于技"战略研究报告. 中国农业科学技术出版社，2021.
③ 朱新健. 建好高标准农田 赋能乡村振兴——"藏粮于地、藏粮于技"战略实践篇. 江苏农业科学，2022，50(13).
④ 耿文博，朱梦笛. 藏粮于地 高标准建设更多高产稳产"吨粮田". 江苏经济报，2022 - 04 - 13(A02).

目前研究存在的不足主要表现在：一是关于我国藏粮于地战略的理论基础、问题尚未得到深入、系统、全面的研究，今后需要加强；二是藏粮于地战略实施的成效，尚未进行系统的量化评价研究；三是藏粮于地方面深入基层的调查研究比较少。本书力图弥补现有研究不足，在藏粮于地战略实施的理论基础、实施路径、成效评价等方面有所突破。

第三节　研究思路、方法和内容

"藏粮于地、藏粮于技"战略中，"藏粮于地"战略与"藏粮于技"战略是相辅相成的。考虑到研究聚焦等因素，本书重点研究"藏粮于地"战略，兼顾"藏粮于技"战略。

一、本书的研究思路

本书的研究思路，从总体研究视角选择和具体研究思路两个方面阐述。

（一）总体研究视角选择

2013 年 12 月，中央经济工作会议提出"以我为主、立足国内、确保产能、适度进口、科技支撑"的国家粮食安全战略。2014 年的中央一号文件对该战略进行了进一步的阐述和强调。

2015 年 10 月，党的十八届五中全会《中共中央关于制定国民经济和社会发展第十三个五年规划的建议》正式提出"藏粮于地、藏粮于技"战略。2016 年 3 月，我国"十三五"规划纲要中谈到提高粮食生产能力保障水平时，进一步明确实施"藏粮于地、藏粮于技"战略。2017、2018、2019 年中央一号文件，均强调了"藏粮于地、藏粮于技"战略的重要性。2022 年党的二十大报告再次强调"牢牢守住十八亿亩耕地红线""强化农业科技和装备支撑"，高度重视粮食安全问题。

从以上文件可以看出，"藏粮于地、藏粮于技"战略中，"藏粮于地"战略与"藏粮于技"战略是相辅相成的。但从撰写和研究的角度看，本书重点研究"藏粮于地"战略，兼顾"藏粮于技"战略。这主要基于以下两点考虑：

一是从二者关系看，"藏粮于地"是根基，"藏粮于技"是手段。抓住"藏粮于地"这个根基，就抓住了解决我国粮食安全保障体系的核心和关键。国家粮食安全战略中，"以我为主、立足国内、确保产能"均与"藏粮于地"息息相关。没有土地，农业科技也无从依附和发力。

图 1.2 简单地展示了"藏粮于地、藏粮于技"战略与国家粮食安全战略

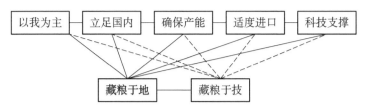

图 1.2 "藏粮于地、藏粮于技"战略与国家粮食安全观的关系

之间的关系。"以我为主、立足国内、确保产能、适度进口、科技支撑"的国家粮食安全观,是当前新形势下我国粮食安全保障体系的重要内容。藏粮于地战略和藏粮于技战略是对国家粮食安全战略的具体支撑和有力保障。

图中的实线是本书的研究视角,即侧重研究"藏粮于地"战略,兼顾"藏粮于技"对"藏粮于地"的积极作用。图中虚线表示"藏粮于技"与国家粮食安全观之间客观上仍存在密切联系,但本书未重点关注,涉及藏粮于技时包含在藏粮于地相关内容中。

二是为了突出研究重点和研究主线,本书聚焦于"藏粮于地"战略研究。本书研究侧重从经济学角度研究"藏粮于地"战略问题,"藏粮于技"研究在一定程度上超出了经济学研究范畴。从研究精力分配上讲,聚焦于"藏粮于地"战略,可以使研究更深入、论证更充分。

因此,本书的研究思路是,在把握国家粮食安全观的基础上,聚焦"藏粮于地"战略研究,兼顾"藏粮于技"战略研究。更进一步讲,本书重点研究"藏粮于地"战略的实施路径问题。至于藏粮于地战略与国家粮食安全观的关系,本书第二章有专门论述。

(二) 具体研究思路

本书具体研究思路见图 1.3。

首先,研究我国藏粮于地战略的理论基础。在剖析藏粮于地战略内涵的基础上,分析实施藏粮于地战略的重大意义、实施藏粮于地战略与国家粮食安全新战略之间的耦合机理等内容。

然后,从政策演进、主要实践和典型经验等方面全面总结我国藏粮于地战略实施的实践历程。在此基础上对我国藏粮于地绩效进行评价,通过SWOT 分析研究我国实施藏粮于地战略的基本环境和策略选择。

其次,探索藏粮于地战略与其他大政方针的协同关系。重点分析了实施藏粮于地战略与农业供给侧结构性改革、农业现代化、乡村振兴战略之间的关系。

最后,在前面研究基础上,提出今后实施藏粮于地战略的政策建议。具

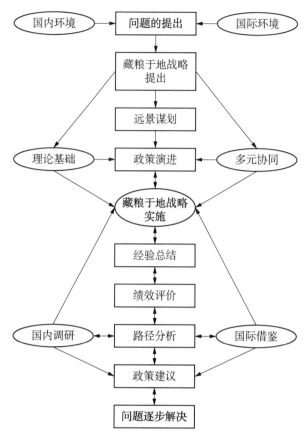

图 1.3　本书的研究逻辑框架

体包括一般情况下和特殊情况下实施藏粮于地战略的政策建议。

二、研究方法和主要创新

主要采用计量建模、线上调研与线下调研相结合等方法。

（一）本书的研究方法

本书运用定性分析与定量分析相结合、线上调研与线下实地走访相结合、理论分析与实证分析相结合等方法，系统分析我国藏粮于地战略实施中的相关问题。具体研究方法如下：

文本挖掘方法。在本书研究中，定性分析不是简单的逻辑推理，而是借用文本挖掘方法对大量的政策文件、学术文献等文本资料进行量化分析。本书第五章，运用文本挖掘方法，分析了 2004—2022 年中央一号文件关于耕地保护、耕地利用等方面的文本统计特征。

计量建模方法。运用 SPSS 软件进行计量建模。例如,本书第七章对藏粮于地战略实施绩效进行了计量建模和量化评价,第八章对实施藏粮于地战略的潜力、韧性和回旋余地进行了量化分析。

线上调研与线下走访。本书采用线上收集和线下实地走访的方式收集了大量藏粮于地战略实施的典型案例。运用线上调研的方法,系统分析了我国社会公众对藏粮于地战略的认知情况,这体现在本书第八章。

利用大数据技术开展交叉研究。借助大数据分析技术,本书研究了藏粮于地战略的舆情走向。借助 Python 软件获取互联网实时数据,定期分析我国藏粮于地战略的舆情变动情况,这体现在本书第五章。

(二) 主要创新

在充分吸收已有研究成果的基础上,本书的创新主要表现在以下几个方面:

从选题角度看,本研究系统回答了新时代我国实施藏粮于地战略需要明确的一系列理论和实践问题。藏粮于地战略提出和实施多年,但目前暂未看到关于系统研究藏粮于地战略实施的专著,本研究愿意抛砖引玉,率先开展探索性研究。

从研究框架看,本研究从理论基础、战略实践、战略协同和实施方略四个方面研究中国藏粮于地战略的实施问题,从宏观到微观、从抽象到具体逐渐将藏粮于地战略的实施落到实处,丰富了藏粮于地战略研究的内容。

从研究方法看,本研究将传统的经济计量方法与大数据分析有机结合起来。通过文本挖掘方法,分析了 2004—2022 年中央一号文件的高频词。运用 Python 软件对藏粮于地战略的舆情进行定期监测,通过网络问卷量化分析公众对藏粮于地战略的认识,为藏粮于地战略的实施提供决策依据。

三、本书的研究内容

本书技术路线图见图 1.4。全书按照提出问题、理论分析、实证分析、得出结论四个部分逐步阐述本书的观点。各部分内容与各章节内容基本对应。

全书内容包括十章。

第一至五章侧重理论分析。第一章,绪论。本章主要包括选题背景、研究意义、研究思路和研究内容等。

第二章,实施藏粮于地战略的理论基础。主要包括藏粮于地的内涵解析,实施藏粮于地战略的相关理论、指导思想等。

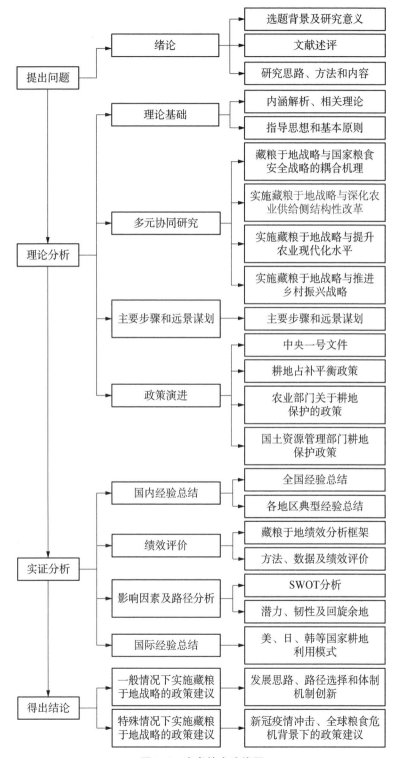

图 1.4 本书技术路线图

第三章,实施藏粮于地的多元协同研究。主要包括藏粮于地战略与国家粮食安全新战略的耦合机理、实施藏粮于地战略与深化农业供给侧结构性改革、实施藏粮于地战略与提升农业现代化水平、实施藏粮于地战略与推进乡村振兴战略等。

第四章,实施藏粮于地战略的主要步骤和远景谋划。到2035年,通过"三步走"实现藏粮于地战略基本目标,并进行远景谋划。

第五章,实施藏粮于地战略的政策演进。从中央一号文件、耕地占补平衡政策、农业部耕地保护政策、国土资源保护政策等方面展开分析。

第六至九章侧重实践分析。第六章,实施藏粮于地战略的经验总结。具体包括全国实施藏粮于地战略的基本经验,以及黑龙江、江苏等地区的典型经验。

第七章,实施藏粮于地战略的绩效评价。主要阐述实施藏粮于地战略的绩效评价体系。评价指标由国内耕地保护、农业生产条件等方面组成。

第八章,实施藏粮于地战略的影响因素及路径分析。内容包括实施藏粮于地战略的SWOT分析,基于潜力、韧性与回旋余地框架实施藏粮于地战略的影响因素及路径分析。

第九章,发达国家和地区藏粮于地的经验借鉴。主要包括美国市场主导的耕地保护模式、日本生态农业为主的耕地保护模式等内容。

第十章,侧重政策建议分析。一般情况下实施藏粮于地战略的政策建议,包括新发展理念下实施藏粮于地战略的发展思路、实施藏粮于地战略的路径选择、实施藏粮于地战略的体制机制创新等。特殊情况下实施藏粮于地战略的政策建议,包括全球疫情冲击、全球粮食危机等背景下实施藏粮于地战略的政策选择。

第二章　实施藏粮于地战略的理论基础

本章主要解析实施藏粮于地战略的理论基础。主要包括内涵解析，实施藏粮于地战略的相关理论基础、指导思想和基本原则等。

第一节　藏粮于地战略的内涵解析

本节主要阐述藏粮于地战略的内涵、"藏"的方式和主体、"粮"的内涵、"地"的内涵等内容。

一、藏粮于地战略内涵的梳理

（一）"藏粮于地"概念的内涵

2017年10月，党的十九大报告提出了习近平新时代中国特色社会主义思想。新时代我国社会的主要矛盾发生了深刻变化，我国改革开放也发展到了一个崭新的阶段。2022年10月党的二十大报告对新时代我国社会主要矛盾再次进行了阐述。

基于上述考虑，在习近平新时代中国特色社会主义思想的指引下，按照"创新、协调、绿色、开放、共享"的新理念要求，结合"以我为主、立足国内、确保产能、适当进口、科技支撑"国家粮食安全战略的要求和我国发展实际，新时代我国藏粮于地战略包括以下内涵：

一是实施藏粮于地战略，要以国内耕地资源利用为主，坚持自力更生。充分利用国内现有耕地资源，积极开发耕地后备资源，重点保障国内耕地的农业综合生产能力。国内耕地资源的农业综合可持续生产能力是我国粮食安全最可靠、最安全、最重要的基石。

二是实施藏粮于地战略，要根据国内粮食消费结构适当进口粮食。在立足国内、坚持自力更生的基础上，适当进口粮食，不过度进口，也不杜绝粮食进口。适当进口粮食，是提高我国粮食供给能力的有效手段。

三是实施藏粮于地战略,要坚持绿色发展和高质量发展,保证粮食产品的高质量。依靠农业科技进步,积极改善耕地质量,防止农业用水、用地被污染,改善农业生态环境,为粮食绿色生产创造条件。

四是实施藏粮于地战略,要适当通过国际农业合作,租种国外闲置耕地资源,拓宽粮食进口的渠道。单纯的粮食进口,受国际粮食供给能力、政治、航运等因素影响较大。国际农业合作是藏粮于地战略在国际上的延伸,是我国粮食综合生产能力的有效补充。

综上所述,本书对藏粮于地战略的内涵界定如下:

藏粮于地战略是指,通过科技创新、制度保障等途径,以国内耕地资源保护和利用为主,确保国内粮食可持续生产能力;同时通过进口和国际农业合作,适当借助国际耕地资源进口补充国内粮食生产缺口。

该内涵充分体现了统筹利用国内、国际两个市场的要求和发展思路,贯彻了新发展理念,在更为开放、更为广阔的空间上全面、深入贯彻藏粮于地战略。该内涵中,"地"的含义更为丰富多样。

(二)藏粮于地战略内涵的比较分析

本书文献述评中总结了已有的关于藏粮于地的观点。这些学者关于"藏粮于地"内涵的研究,有以下共同点:

一是都准确把握住了"藏粮于地"的核心和基本条件。相关学者都强调了"藏粮于地"关键在于通过保护耕地数量、提高耕地质量,最终保障粮食生产能力。

二是对于"藏粮于地"的讨论,主要着眼于国内的耕地资源保护和利用,未涉及国际耕地资源利用。

三是上述研究文献的时间多数在十九大召开之前。这些研究尚未吸收十九大报告的精神。

本书归纳了前期已有成果和本书研究成果在藏粮于地战略内涵方面的相同点和不同点。具体见表2.1。

表2.1　藏粮于地战略内涵比较

时间界限	2017 年底以前	2018 年及以后
相关研究者	封志明、李香莲(2000);唐华俊(2005);谢卫国(2005);李贺军、刘笑然、唐庆会(2006);陈印军、易小燕、陈金强等(2016);胡存智(2016);郧文聚(2016)等	本书研究视角

时间界限	2017 年底以前	2018 年及以后
"粮"的范围	传统粮食范畴	大粮食范畴
"地"的范围	国内耕地	国内耕地和国外耕地
研究背景	2018 年以前： 改革开放历经近 40 年；耕地占补平衡实施多年；粮食由整体供给短缺向整体供求平衡、局部短缺转变等等。	新时代： 我国社会主要矛盾发生变化；在习近平新时代中国特色社会主义思想指引下即将全面建成小康社会等等。
研究视角	强调国内耕地保护和利用，注重国内粮食可持续生产能力。	强调国内和国外耕地统筹利用，以国内耕地为主，以国际耕地利用为辅。
实施路径	相同点：都强调依靠农业科技，通过保护耕地数量、提升耕地质量，保持农业综合生产能力，重视休耕、轮换种植的作用。	
	国内实施：充分保护和利用现有耕地，开放耕地后备资源等。	国内实施、国际实施相结合：不仅利用国内耕地资源，同时积极通过粮食进口和国外种植合作等方式利用国际耕地资源。注重战略实施的整体性、系统性等。

资料来源：作者根据中国知网文献整理。

　　表 2.1 从概念内涵、研究背景、研究视角、实施路径等方面总结了 2018 年之前和之后藏粮于地战略旧内涵和新内涵之间的异同点。本书将围绕藏粮于地战略内涵，从多个角度展开深入、系统地研究我国藏粮于地战略实施问题。

二、藏粮于地战略中"藏"的方式和主体

　　藏粮于地战略中，"藏"的方式和"藏"的主体需要明确其内涵。

（一）"藏"的方式

　　藏粮于地战略中，"藏"的方式对农业综合生产能力有重要影响。"藏"的方式本质上是农作物种植的耕作方式、技术等问题。根据我国生产实践和相关研究归纳，藏粮于地战略中"藏"的方式大致有以下几种：

　　一是复种、套种。在耕地面积有限的情况下，复种、套种提高了单位土地的产出，挖掘了耕地的生产潜力。复种、套种受地域、气候等因素影响较大，但在特定区域内，复种、套种具有一定的稳定性。总体看，南方复种指数较高，北方复种指数较低。

二是轮作、休耕,恢复耕地生产能力。轮作、休耕着眼于耕地地力的长期保护和动态变化。轮作、休耕让耕地得以休养生息,保护了耕地的生产能力。随着藏粮于地战略的实施,轮作、休耕制度将逐渐推广。

三是依靠科技进步提高农作物育种水平、耕地质量,最终提高农作物单产水平。在我国耕地面积减少,耕地质量总体不高的背景下,充分发挥农业科技作用,对于提高农作物单产具有重要意义。改革开放四十年来,我国粮食单产水平大幅提高,为粮食生产和粮食安全作出了巨大贡献。

四是改善生态环境,发展绿色农业,保障农业生产能力可持续。过量使用化肥、农药,水资源匮乏,水土污染,环境污染等因素导致农业生态环境恶化,不利于农业可持续发展,不符合藏粮于地战略的要求。

总之,藏粮于地战略中,"藏"的方式更依赖于种植习惯和农业科技的进步。改善"藏"的方式,也可以提高耕地的综合生产能力。

(二)"藏"的主体

藏粮于地战略中,"藏"的经营主体是农业生产经营者。耕地的保护和利用,农业技术在农业生产中的应用,都依赖农业生产经营者的劳动实践。

农民是我国农业经营主体的核心组成部分。当前我国仍然以家庭经营为主,传统小农户在我国农业经营主体中占多数。

新型职业农民,是农民群体中的优秀代表,是耕地保护和利用的重要力量。当前积极培育新型职业农民,加强新型职业农民队伍建设,其目的是提高我国农民的整体素质,推动农民的现代化、职业化,最终实现农业现代化。

我国农业经营主体包括农业经营户、农业合作社、规模农业经营户等。根据我国第三次农业普查数据,2016 年,我国农业经营主体中,共有 204 万个农业经营单位,共有 31422 万农业生产经营人员。2016 年末,在工商部门注册的农民合作社总数 179 万个;共有 20743 万农业经营户,其中,398 万规模农业经营户。①

新型农业经营主体是积极保护和高效利用耕地的新生力量,是藏粮于地战略实施的重要主体,是"藏"的重要主体。一般认为,新型农业经营主体包括家庭农场、农业合作社、种养大户、农业产业化龙头企业等。2017 年 5月,中共中央、国务院《关于加快构建政策体系培育新型农业经营主体的意见》指出,通过完善财税政策、完善基础设施建设等政策措施,积极引导新型农业经营主体健康发展。

---

① 　资料来源:国家统计局.第三次全国农业普查主要数据公报(第一号).国家统计局网站,2017－12－14.

藏粮于地战略中,"藏"的管理主体是各级政府,尤其是各级政府土地管理部门。建设用地的审批、耕地资源的利用等重要问题与各级政府土地管理部门密切相关。各级政府对耕地管理要负起首要责任。2018 年 1 月,国务院印发《省级政府耕地保护责任目标考核办法》,进一步完善了省级人民政府耕地保护责任目标考核制度。该制度的考核目标包括耕地占补平衡、高标准农田建设等,五年为一个规划周期,考核方法包括实行年度自查、期中检查、期末考核等,根据考核结果有奖有罚。[①]

三、藏粮于地战略中"粮"的内涵

随着新时代到来,我国即将全面建成小康社会,居民饮食结构发生了深刻变化。藏粮于地战略中,"粮"的内涵需要进一步拓展。

(一) 传统粮食的内涵

传统意义上的粮食,主要包括谷物、薯类和豆类。这个概念是国家统计局的统计口径。

根据《国家统计局关于 2021 年粮食产量的公告》,谷物主要包括稻谷、小麦、玉米、大麦、高粱、荞麦和燕麦等。2021 年,我国粮食产量68285.1 万吨。其中,谷物产量63276.1 万吨,占 2021 年我国粮食总产量的 93%。

根据中国统计年鉴的指标解释,薯类包括甘薯和马铃薯,不包括芋头和木薯。薯类以马铃薯为主。豆类主要以大豆为主,还包括绿豆、红小豆等。根据《中国农业年鉴》(2016)的数据,2015 年,我国豆类产量 1589.80 万吨。其中,大豆产量 1178.50 万吨,占 2015 年豆类总产量的 74%;绿豆 70.50 万吨,占 2015 年豆类总产量的 4%;红小豆 23.65 万吨,占 2015 年豆类总产量的 2%。

(二) 大粮食观

改革开放四十年来,我国居民饮食结构发生了巨大变化,逐渐从"吃得饱"向"吃得好""吃得健康"转变。因此,随着居民生活水平的提高,人均口粮消费逐渐下降,肉禽蛋奶类、水果类食物消费比重日益上升。非粮食食物消费在一定程度上对粮食消费形成一定替代,这在客观上减轻了口粮消费需求。

---

① 资料来源:国务院.国务院办公厅关于印发《省级政府耕地保护责任目标考核办法》的通知.中央门户网站,2018 - 1 - 18.

表 2.2　不同年份我国城乡居民人均食物消费比较

食物\年份	地区	1985	1990	2000	2016	2020
粮食（原粮）	城镇	134.76	130.72	82.31	111.9	120.2
	农村	257	262.08	249.49	157.2	168.4
食用植物油	城镇	5.76	6.4	8.16	10.6	9.5
	农村	4.04（食油）	3.54	5.45	9.3	10.2
肉类（猪肉和牛羊肉）	城镇	19.32	21.74	20.06	24.7	27.4
	农村	10.97	11.34	14.63	22.7	21.4
禽类	城镇	3.24	3.42	5.44	10.2	13.0
	农村	1.03	1.25	2.85	7.9	12.4

资料来源:1986 年、2021 年《中国统计年鉴》。单位:千克。

1980 年,我国职工家庭每人每月粮食消费量为 24.24 斤、食用植物油 0.80 斤、猪肉 2.82 斤、牛羊肉 0.28 斤、鲜蛋 0.87 斤。[①] 这可以折合为每人每年消费粮食 145.44 千克、食用植物油 4.8 千克、猪肉 16.92 千克、牛羊肉 1.68 千克、鲜蛋 5.22 千克。

从表 2.2 可以看出,改革开放以来,我国城乡居民食物消费虽然有一定差异,但是与改革开放初期比,我国城镇和农村居民的消费水平显著提高。这主要表现为,人均粮食消费开始稳步下降,肉禽蛋奶类食物消费快速上升。

1999 年的中国统计年鉴中,奶类尚未正式成为统计条目。这说明当时奶类消费在我国城乡居民中的消费规模不大,尚未引起重视。

根据《中国居民膳食指南》(2016)的建议,涉及粮食消费方面的内容主要是:一是食物多样化,以谷类为主。每天摄入的全谷物和杂豆类 50—150 克,薯类 50—150 克。薯类可以代替部分主食。二是多吃蔬菜、奶类和大豆。三是适量吃鱼、禽、蛋和瘦肉。

从上述推荐的食物构成看,谷类消费虽然仍然是重要基础,但是我国居民膳食多元化趋势成为保持健康的客观要求。关注国家粮食安全,要从营养、健康的角度,全方位考察粮食的数量和质量需求。

在全面建成小康社会之际,需要从我国居民消费结构升级的角度,重新审视粮食的内涵,逐渐树立"大粮食"观。树立大粮食观,就是从仅仅关注谷物消费,逐渐扩大到关注以谷物消费为主、以豆类、薯类、肉禽蛋奶类搭配消

---

① 数据来源:《中国统计年鉴》(1981).

费为辅的新粮食观念。

（三）从传统粮食安全观到食物安全观

传统粮食安全观，强调粮食生产，更关注粮食供给数量。

世界粮农组织（FAO）提出"粮食安全"（Food Security）概念时，强调"食物安全"。丁声俊（2004）提出变"国家粮食安全"为"国家综合化食物安全"。李继龙、吴万夫（1997）研究认为水产品对其他食物具有替代性、互补性，发展水产品生产对总体食物安全十分重要。[1] 李道亮、傅泽田（2000）从质量、可持续性、公平性和可靠性等方面构建了可持续食物安全的指标体系。

关于食物安全的内涵，韩青、潘建伟、袁学国（2002）认为，食物安全是指中国在工业化进程中满足所有居民日益增长的对粮食等食物的需求和其抵御食物生产、流通及国内外贸易中出现的不测事件的能力。李哲敏（2003）认为食物安全由食物数量安全、食物质量安全和食物可持续安全共同构成。丁声俊（2003）认为要树立大食物观，切实加强农业和粮食基础地位，既重视谷物，又重视肉、蛋、奶、水产、果蔬、食油、食糖等食物。[2]

黄季焜（2004）研究认为，要从强调"粮食安全"向强调"口粮安全"的理念转变，从强调"国家粮食总量生产"向强调"家庭食物安全"的理念转变。[3] 何秀荣、肖海峰、朱启荣等（2004）根据贫困发生率、食物消费数量、食物能量供需平衡表指标等相关指标评价了我国食物安全状况，认为我国国家层面上食物安全水平较高。

"食物"一词比"粮食"的内涵更为丰富。孙君茂、李哲敏、孙艳丽（2004）认为粮食安全级别基本包含于食物数量安全范畴。[4] 卢良恕（2004）认为"食物"与"粮食"在内涵、产业范围、评价指标、战略目标等方面存在诸多不同。食物不仅包括粮食，还包括根茎类作物、蔬菜、瓜果、家畜家禽类、水产类等等。

程广燕、王小虎、郭燕枝等（2017）测算了薯类杂粮对谷物、动物产品对口粮、饲草料对饲料粮的替代空间，提出了大食物理念下国家粮食安全保障需求与途径对策。[5]

新中国成立以来，从高度重视传统的谷物等粮食作物，到重视以粮食为

---

[1] 李继龙，吴万夫. 我国水产品生产与对食物安全的贡献. 中国渔业经济研究，1997(6).

[2] 丁声俊. 国家食物安全及其保障体系. 中国食物与营养，2003(12).

[3] 黄季焜. 中国的食物安全问题. 中国农村经济，2004(10).

[4] 孙君茂，李哲敏，孙艳丽. 食物安全的内涵及其与相关概念的比较. 科技术语研究，2004，6(1).

[5] 程广燕，王小虎，郭燕枝等. 大食物理念下国家粮食安全保障需求与途径对策. 中国农业科技导报，2017，19(9).

中心的肉禽蛋奶类等综合食物,从数量安全逐渐升级到质量安全,是我国居民食物消费结构从温饱升级到小康的具体表现。随着我国全面建成小康社会,居民口粮消费逐渐下降,肉禽蛋奶类等非粮食物消费比重上升。党的二十大报告提出"树立大食物观"和"构建多元化食物供给体系"。因此,必须从传统的粮食安全观,向大食物观转变。

四、藏粮于地战略中"地"的内涵

在界定藏粮于地战略的新内涵之后,需要进一步明确藏粮于地战略中"地"的内涵。藏粮于地战略中"地"的种类较多,具体分析如下:

(一) 国内"地"的分类

"地"的种类较多。表 2.3 给出了 2019 年我国土地状况。从表 2.3 中可以看到,耕地在我国土地中仅占 16% 左右。这反映了我国耕地的稀缺性和重要性。

表 2.3　我国土地状况(2019 年)

项目	面积(万平方公里)	占土地面积比重
耕地	127.9	16%
园地	20.2	3%
林地	284.1	35%
草地	264.5	33%
湿地	23.5	3%
城镇村及工矿用地	35.3	4%
交通运输用地	9.6	1%
水域及水利设施用地	36.3	5%

数据来源:根据《2021 中国统计年鉴》相关数据计算。

在"藏粮于地"这个语境中,从广义上讲,"地"指的是耕地或者是一切有可能成为耕地的"地"。因此,"藏粮于地"中的"地"包括现有耕地和耕地后备资源。从狭义上讲,将"粮"与"地"结合起来考虑,"藏粮于地"中的"地"仅指粮食种植面积。

根据中国统计年鉴的解释,耕地指种植农作物的土地,包括熟地,新开发、复垦、整理地,休闲地(含轮歇地、轮作地);以种植农作物(含蔬菜)为主,间有零星果树、桑树或其他树木的土地;平均每年能保证收获一季的已垦滩地和海涂。耕地中包括南方宽度<1.0 米,北方宽度<2.0 米固定的沟、渠、

路和地坎(埂);临时种植药材、草皮、花卉、苗木等的耕地,以及其他临时改变用途的耕地。[1]

根据《2021中国统计年鉴》的数据,2020年,农作物播种面积为167487千公顷,粮食播种面积为116768千公顷。2020年,粮食播种面积占农作物总播种面积的69.7%。

从图2.1可以看到,我国农作物总播种种植面积中,粮食作物占主要地位。

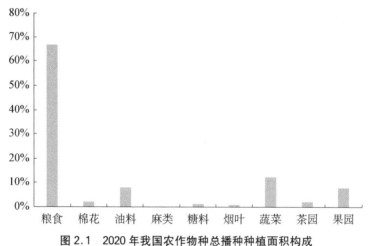

图2.1　2020年我国农作物种总播种种植面积构成

数据来源:根据《2021中国统计年鉴》相关数据计算整理。

(二)国外"地"的分类

根据五大新发展理念中"开放""共享"的要求,根据国家新粮食安全观中"适度进口"的要求,在"藏粮于地"这个语境中,"地"的范围也可以包括部分国外耕地资源。

当前,适当利用国外耕地资源实现"藏粮于地",同样可以加强粮食供给能力。从重要性和战略实施的地位看,通过粮食进口和海外粮食种植合作的方式利用国外耕地资源,是一种战略补充,仍然需要以立足国内耕地资源利用为主。因此,利用国内耕地资源和利用国外耕地资源并不冲突,二者的目标是一致的,只是在战略地位上并不相同。

从全球粮食贸易的角度看,世界耕地资源可以划分为以下几类:

第一类是满足国内粮食消费的耕地资源。这类耕地资源在多数国家国

---

[1]　资料来源:《2021中国统计年鉴》统计名词解释.

内占据重要地位,是保障世界各国粮食安全的基础资源。由于各国国情不同,有些国家国内耕地资源可以满足国内粮食消费,有些无法满足国内消费。

第二类是用于出口创收的耕地资源。世界上如美国、巴西、阿根廷等国家,国内粮食消费已经得到充分满足,但粮食生产能力较强,部分剩余粮食用于出口,获得外汇收入。用于出口创收的耕地资源,是一个国家提高农作物国际竞争力的重要基础。部分国家这类耕地资源较为丰富,部分国家这部分耕地资源较为有限。

第三类是闲置耕地资源。除少数国家耕地资源高度短缺外,多数国家都存在一定数量的闲置耕地资源。如美国、欧美、俄罗斯等国家都存在闲置耕地资源,作为扩大粮食生产的后备资源。

新时代,我国积极扩大对外开放,不仅要适当进口粮食,而且要深化国际农业合作,利用国外闲置耕地资源开展粮食种植合作,获得国际粮源。积极将国际农业合作延伸到粮食生产的源头,而不仅仅是局限在粮食贸易环节。

从效果上看,粮食进口和国外粮食种植合作,客观上起到了节约国内耕地资源的效果。

(三) 藏粮于地战略各种"地"之间的关系

藏粮于地战略中"地"的种类较多,包括国内的现有耕地、耕地后备资源等,也包括国外的用于满足国内农业消费、出口创汇、闲置的耕地资源。

根据"创新、协调、绿色、开放、共享"的新发展理念,根据我国"以我为主,立足国内,适度进口,科技支撑"的国家粮食安全战略,根据十九大报告精神和习近平新时代中国特色社会主义思想的要求,我国实施藏粮于地战略,对国内外土地资源的利用,可以考虑如下优先顺序:

第一是以国内现有耕地资源利用和耕地后备资源开发为主,实现自力更生。将我国耕地利用的重点放在国内,力争实现以国内耕地资源基本满足国内粮食和食物消费需求。

第二是以粮食进口为补充和调节,适当进口粮食,满足国内多元化消费需求。根据国内粮食和食物消费需求,控制好粮食和食物进口的速度、数量、质量和节奏,尽量避免对国内市场产生冲击。

第三是积极加强国际农业合作,通过海外租地种粮等方式扩大粮食进口来源。海外租地种粮的方式可以有效稳定粮食来源,稳定粮食供给能力,避免进口粮食价格大起大落。

以上三种方式,第一种占据绝对地位,第二和第三种为战略补充,共同体现我国藏粮于地战略的要求。

新时代,根据党的十九大报告精神和习近平新时代中国特色社会主义思想的要求,明确藏粮于地战略的内涵,其政策含义非常丰富。具体包括统筹利用国内和国外耕地资源、依托"一带一路"倡议加强国际粮食种植合作、在粮食安全领域积极构建人类命运共同体、推动粮食技术出口和国际技术合作等等。

第二节　实施藏粮于地战略的相关理论

实施藏粮于地战略的理论基础,包括可持续发展理论、国际虚拟耕地进口理论、粮食安全理论、习近平总书记关于粮食安全的重要论述等,本节进行简要阐述。

一、耕地保护相关理论

耕地保护理论是实施藏粮于地战略的重要理论基础。耕地保护理论涉及可持续发展、土地稀缺、人地关系、投入产出、外部性等理论。

(一)可持续发展理论

第一次工业革命以来,资源过度开发、环境污染等问题日益严重。可持续发展(sustainable development)理念在全球范围内逐渐形成共识。1980年3月,《世界自然资源保护大纲》提出了可持续发展的概念。世界环境与发展委员会在《我们共同的未来》中界定了"可持续发展"的内涵,即"可持续发展是既满足当代人的需要,又不对后代人满足其需要的能力构成危害的发展"。

可持续发展理论具体表现在农业领域,就是要求农业发展的可持续性,即要求耕地的可持续保护和利用,尽可能减少对生存所依赖的土地资源破坏与退化,维持一个不变或增加的土地资源,目的是追求经济发展效益最大化的同时,维持和改善土地资源的生产条件和环境,保障人类长远的发展。

可持续发展理论为藏粮于地战略的实施提供重要的理论支持。藏粮于地战略的实施,是可持续发展理论的重要体现,也是可持续发展的内在要求。藏粮于地战略立足于我国耕地资源的保护和利用,充分考虑了耕地资源可持续利用、生态环境保护等问题。藏粮于地战略的实施,一方面有利于提高我国土地的肥力,保持和提高耕地的生产力或生态功能,保障生态环境和经济效益的统一;另一方面也能提高耕地资源持续利用,维持耕地资源与人口之间的平衡,保护自然资源的生产潜力,为实现我国农业可持续发展,为经济和社会长期稳定作出重要的贡献。

(二) 土地稀缺理论

土地稀缺理论表示土地的数量相对于人类无限的需求欲望是极其有限的,尤其是适用于种植的耕地更是稀少有限的。土地的稀缺性体现在两方面:一方面相对于人类对土地资源的欲望来说,资源供给数量是稀缺的;另一方面土地的稀缺性体现在不同用途的稀缺、不同地区的稀缺,这是由于土地自然供给的刚性、土地的不可移动性、质量的差异性以及土地报酬的递减性等原因所造成的。

土地稀缺理论为藏粮于地战略的实施提供重要的理论支持,一方面能够使人们意识到土地资源的重要性,提高人们对土地资源的保护意识和节约意识;另一方面有利于人们在进行土地用途的选择时,遵循选择所得的利益与所付出的代价相平衡的原则,实现土地效用的最大化,真正实现土地资源的保护和充分利用。土地稀缺理论证明了藏粮于地战略实施的正确性,藏粮于地战略实施有利于缓解我国人多地少的矛盾问题。再加上耕地转用具有不可逆性,藏粮于地战略的实施使得人民在耕地转用决策时,既考虑转用后的经济效益,也会兼顾社会价值和生态价值,以使综合效用达到最大。

(三) 人地关系理论

人地关系理论是协调人与地之间的关系。一方面人类要顺应自然发展规律,充分合理地利用土地资源;另一方面要对已经破坏的不协调的人地关系进行调整。当人口增长超过自然的承载能力时,人口会阻碍经济发展。根据人地关系理论,社会经济发展的指标体系中要包含改善生态条件、合理利用自然资源、提高环境质量等各项发展指标。长期以来,我国人口众多、人多地少的问题长期存在。能否保证人地之间的平衡,不仅关系我国现代农业的快速发展,还影响着我国经济社会快速发展和粮食安全。

人地关系理论为藏粮于地战略提供了重要的理论支持。一方面要提高耕地的利用效率,协调人地比例关系,合理利用和开发耕地资源;另一方面,适当增加新的土地资源,例如开垦荒地,修复被污染的土地使其达到可使用的程度,能够保证充分和永续利用。藏粮于地战略使得人们进一步认识到我国人地关系问题的矛盾所在,提高人们对土地资源的重视。

实施藏粮于地战略具有现实迫切性,也是缓解人地矛盾关系的需要。藏粮于地战略的实施,一方面可以有效制止土地质量和环境恶化,实现节约耕地、改善生态环境的良好发展,另一方面可以提高人们对土地资源的重视,采取经济发展与生态环境建设相结合的同步发展模式,藏粮于地战略的实施有利于人们正确处理人类经济发展和耕地资源之间的关系,保护耕地资源的目的是保护生产力,为了更好地发展经济,二者是相互促进、相辅相成的。藏粮于地战略的实施有利于实现人和自然之间的和谐相处,促进人地协调发展。

(四)投入产出理论

投入产出理论是由俄罗斯裔美国经济学家、哈佛大学教授瓦西里·列昂惕夫(1905—1999)创立的。从投入产出理论可知,在土地资源增加有限的情况下,可以采取其他有效措施提高耕地生产率。增加粮食单产水平,满足人们对粮食的需求,保障国家粮食安全。

投入产出理论为藏粮于地战略提供了高效率生产的理论依据。藏粮于地战略的实施有利于提高耕地生产率,提高粮食单位产量,增加我国粮食生产,尽可能地满足人们对粮食的需求;有利于减少对土地面积占用,保护18亿亩红线不改变,保障国家粮食安全;有利于保护我国耕地资源不被破坏。

(五)外部性理论

外部性最早由英国著名经济学家马歇尔在20世纪初提出,他将因任何一种货物生产规模扩大后所产生的经济称为外部经济和内部经济,并对不同类型经济的特殊要义进行了阐释。后经众多学者对外部性进行了深入的研究,逐渐形成了较为完整、系统的理论体系。

耕地保护的外部性是指特定区域耕地保护活动对本区域和其他区域产生的非市场性影响。耕地资源作为一种准公共产品,除了能生产农产品外,还具有净化空气与地下水、维持生物多样性、提供独特景观等非生产性功能。在当前市场机制下,耕地保护主体通常只获得了耕地的物质生产功能,耕地所承载的国家粮食安全战略价值、生态服务价值等并没有在市场活动中得到体现。[①]

耕地保护作为一项有明显外部特征的经济活动,一方面可以帮助农民获得"经济效益",另一方面也可以给社会和生态环境带来很多积极的外部效益。由于耕地保护者承担耕地保护的各项成本,非耕地保护者分享耕地保护带来的大部分收益,成本负担者与收益者的错位形成外部性,农户、地方政府从保护耕地中获得的收益远远小于耕地保护所带来的全部收益。因此应寻找一些有效的方法或途径以消除外部性,调动农户耕地保护的积

---

① 宋成舜,胡碧霞,廖平凡等. 多元目标导向下耕地保护经济补偿机制及分区——基于外部性理论和武汉城市圈的实证. 江苏农业科学,2017,45(05).

极性。[①]

外部性理论为藏粮于地战略提供重要的理论支持。外部性理论揭示了农户、地方政府从保护耕地中获得的收益远远小于耕地保护所带来的全部收益。耕地保护的外部性抑制了农民进行耕地保护的积极性，这对我国粮食生产、粮食安全都有不利的影响。外部性理论揭示了藏粮于地战略实施的必要性和重要性，为国家粮食耕地保护提供重要的参考依据。藏粮于地战略的实施能够让农民意识到国家对耕地的保护、对农民的重视，提高农民种地的积极性。

二、虚拟耕地相关理论

虚拟耕地从某种意义上讲是以虚拟耕地的形式进口或出口耕地资源的数量，具有非真实性、社会交易性、便捷性、分布广泛性、含量的差异性、价值隐含性等特征。国际上对虚拟土地资源的研究多数受虚拟水资源研究的启发，且主要集中在虚拟土地资源的概念、作用、计算方法等方面。

虚拟耕地理论主要涉及资源流动、资源替代、比较优势、区域资源配置等理论，开拓了耕地资源和耕地安全研究的新领域。虚拟耕地战略是国家和地方政府进行宏观调控的一种有效工具。开展虚拟耕地贸易有利于填补国内短缺粮食品种的供应缺口，有利于优化粮食种植结构调整，提高人民生活质量水平，有利于耕地资源利用的公平与效率，保障耕地资源和粮食的安全。

（一）资源流动理论

"资源流动"理论是指通过对某个区域内自然资源进行准确的量算，分析维持经济正常运转所需的自然资源。认识区域内自然资源的自我供给能力和对外部的依赖性，目的是帮助人们制定科学合理的决策，提高自然资源利用效率、减轻环境污染，保证自然资源的可持续利用。[②]

经济全球化的进程使得要素流动从不流动到较为充分流动，从商品流动逐步发展到商品、资金、技术、劳动力等多种要素流动，从国际贸易发展到国际贸易与国际投资并存。

目前我国仍处于社会主义发展的初级阶段，社会经济的发展还需要占用大量土地，这必然导致耕地面积减少；再加上我国人口、饲料用粮的增加及以粮食为原料的产品生产加工和出口的增加，粮食供给保持稳定增长，才

---

① 唐忠，魏素豪.我国耕地保护补偿：研究进展、主要争论与理论解释.农村经济，2018，(05).
② 陈伟华.中国虚拟耕地战略初步研究.湖南师范大学硕士论文，2010.

能保障我国经济的正常发展。在现实情况下,除了采取严格保护耕地和提高粮食单产等措施外,我国可以利用粮食虚拟土地资源进口缓解耕地供求矛盾问题,一方面可以从土地资源丰富的国家租赁、购买、承包或共同开发土地等形式来增加虚拟耕地进口满足国内消费的需要;另一方面可以直接购买其他国家生产的粮食满足国内消费者的需要。稳定的经贸关系无疑能对国家粮食安全起到积极作用。

资源流动理论为藏粮于地战略提供理论支持。可以通过国际合作利用国外耕地资源,缓解我国耕地资源短缺局面,这也是新发展格局下统筹利用国外资源的体现。藏粮于地战略符合我国国情,体现了准确的战略定位。

(二)资源替代理论

"资源替代"是指在扩大生产规模的过程中,通过先进的科学技术实现可再生资源对不可再生资源的替代,是从源头和根本上解决自然资源紧缺,满足人类需求,推动社会进步的一种可行的方法。很多不可再生资源都是有限的,随着人类社会的不断发展,许多不可再生资源终将不能一直满足人类的需要。耕地资源是不可再生资源,其在人类社会经济发展中具有无法代替的作用。虚拟耕地贸易利用国外耕地资源,替代了国内耕地资源,实现了资源节约。

我国耕地资源总量面临不断下降的趋势,耕地资源供求矛盾日益突出。再加上我国人民生活水平的不断提高,必将对粮食供给质量提出了更高的要求,进而对生产粮食所必需的耕地的供给质量提出了更高的要求。

资源替代理论为我国藏粮于地战略提供理论支持,为缓解我国耕地面积紧张,保护我国粮食安全提供一条可行性的途径。

(三)比较优势理论

比较优势理论认为不同的要素禀赋导致产品价格差异。粮食种植业是"土地密集型"的产业。经验表明,农户要获得比较高的经济收益其粮食生产规模必须达到一定程度。土地资源丰富、人均耕地面积比较大的国家或地区,单位粮食产量高,粮食收益整体高。我国人多地少,劳动力虽比较丰富但土地资源稀缺,粮食收益低。根据比较优势理论,我国在土地资源处于劣势的情况下,通过从土地资源处于优势的国家购买粮食或者租赁土地等方式实现国家粮食安全的稳定,两国都能从贸易中得到利益,也可以确保我国藏粮于地战略顺利实施。

根据比较优势理论,我国仍然要适当发挥劳动力资源优势。结合我国国情,家庭经营和农业企业大规模经营需要结合起来发展。藏粮于地战略立足国内农业生产要素优势,具有较强的可行性。

三、粮食安全相关理论

粮食安全的概念是 FAO 在 1974 年第一次世界粮食首脑会议上提出的,其内涵是保证任何人在任何时候都能得到为了生存和健康所必需的足够食物。随着时间推移,粮食安全的概念不断更新。综合目前的研究文献,粮食安全的内涵可以分为个人、家庭和国家三个层次,也可以划分为数量安全、营养安全等层次。联合国粮农组织《2021 年世界粮食安全和营养状况》采用食物不足率测度粮食安全水平。食物不足指一个人的惯常食物消费量平均不足以为维持正常、积极、健康的生活提供必要的膳食能量,食物不足发生率用概率密度函数估算。[①]

发达国家、发展中国家和欠发达国家对粮食安全的标准和判断存在一定差异。美国定期发布家庭粮食安全报告,将家庭粮食安全等级分为高度的粮食安全、边界粮食安全、低和非常低的粮食安全,将粮食不安全严重性划分为最不严重、更严重一些、中等严重程度和最严重的。根据美国家庭粮食安全标准,2021 年,10.2％的美国家庭粮食不安全,3.8％的家庭粮食安全状况极差。[②]

《国家粮食安全中长期规划纲要(2008—2020 年)》体现了我国对粮食安全的理解。该纲要对我国取得粮食安全的成就,在粮食综合生产能力、粮食流通体制改革、粮食安全政策支持体系、粮食宏观调控体系等方面,保障国家粮食安全主要指标包括粮食生产水平、供需水平和物流水平。[③]《中国的粮食安全》白皮书(2019)从粮食产量、谷物供应、粮食储备能力、居民健康营养状况、贫困人口吃饭问题等五方面总结我国粮食安全取得的成就。[④] 这反映了我国粮食安全关注重点的变化,营养安全被单独列出来。

粮食安全理论,是藏粮于地战略的重要理论依据。实施藏粮于地战略,是保障我国国家粮食安全的重要举措。实施藏粮于地战略,不仅要重视粮食产量,还需要重视粮食的质量和营养问题。

[①] 资料来源:联合国粮农组织《2021 世界粮食安全和营养状况》。http://www.fao.org/3/cb4474en/cb4474en.pdf.

[②] 资料来源:美国农业部《2021 年美国家庭粮食安全报告》。https://www.ers.usda.gov/publications/pub-details/? pubid=104655.

[③] 资料来源:国家粮食安全中长期规划纲要(2008—2020 年)全文,中国政府网,2008-11-13。http://www.gov.cn/jrzg/2008-11/13/content_1148414.htm.

[④] 资料来源:《中国的粮食安全》白皮书(全文),中国政府网,2009-10-19。http://www.hcq.gov.cn/hzhclsj/gkmlpt/content/2/2361/mpost_2361046.html#1934.

第三节　实施藏粮于地战略的指导思想和基本原则

中国实施藏粮于地战略的指导思想主要包括牢牢坚守 18 亿亩耕地红线,逐步形成耕地数量、质量与生态"三位一体"的保护新格局,以农业科技为支撑,以农村一二三产业融合为抓手等内容。中国实施藏粮于地战略的基本原则包括要坚持耕地数量与耕地质量有机统一、绿色发展与科技创新相互支持、区域平衡与突出重点协同推进、占补平衡与科学规划辩证结合、政府主导与社会参与互为补充、投入结构与产出效益有效匹配等原则。

一、实施藏粮于地战略的指导思想

实施藏粮于地战略,要全面、深入贯彻习近平新时代中国特色社会主义思想,全面、深入贯彻党的十九大及十九届二中、三中全会精神,认真践行新发展理念,紧紧围绕统筹推进"五位一体"总体布局和协调推进"四个全面"战略布局,牢牢坚守 18 亿亩耕地红线,逐步形成耕地数量、质量与生态"三位一体"的保护新格局,以农业科技为支撑,以农村一二三产业融合为抓手,着力稳定和提高地力、调整和优化农业结构,立足国内耕地资源保护和利用,适度利用国际农业资源,提高农业综合产出能力,为实现"四化同步"、夯实国家粮食安全基础、全面建成小康社会提供坚实保障。

(一) 深入贯彻习近平新时代中国特色社会主义思想

党的十九大正式提出的习近平新时代中国特色社会主义思想,是中国特色社会主义理论发展的新阶段。

习近平新时代中国特色社会主义思想的主要内容可归纳为历史方位、鲜明主题、奋斗目标、发展方式、总体布局、战略布局、发展动力、发展保障、安全保障、外部环境、政治保证、治国理政世界观方法论等十二个方面。[①]

中国梦是以习近平同志为核心的党中央提出的重要思想。中国梦的主要目标就是实现"两个一百年"的奋斗目标。十九大报告提出"在全面建成小康社会的基础上,分两步走在本世纪中叶建成富强民主文明和谐美丽的社会主义现代化强国"。党的二十大报告再次进行了强调。农业现代化是全面建成小康社会、建成社会主义现代化强国的重要组成部分。实施藏粮

[①] 资料来源:范文.习近平新时代中国特色社会主义思想的理论框架.国家行政学院学报,2018(2).

于地战略,稳定和提高农业综合生产能力,是全面建成小康社会、建成社会主义现代化强国的基本保障。

新时代我国社会主要矛盾发生了深刻变化。我国农业农村发展不平衡不充分主要体现在城镇化建设占用耕地需求旺盛与耕地保护不均衡、耕地数量与质量不均衡、粮食供需区域和结构不均衡、农民收入不均衡不充分、农村一二三产业发展不充分等方面。实施藏粮于地战略,是解决我国农业农村农民发展不均衡不充分问题的重要基础。"藏粮于地、藏粮于技"战略成为指导农业发展的重要思想。

(二)深入贯彻党的十九届历次全会和党的二十大报告精神

2017 年 10 月,党的十九大系统提出了习近平新时代中国特色社会主义思想。实施藏粮于地战略,是实现农业现代化的基本保障,是实现新型工业化、城镇化、信息化、农业现代化和绿色化"五化协同"的重要基础,是深入贯彻习近平新时代中国特色社会主义思想的重要体现。实施藏粮于地战略是实现农业现代化的重要基础。藏粮于地战略是乡村振兴战略的重要内容。

2018 年 1 月,十九届二中全会通过《中共中央关于修改宪法部分内容的建议》,习近平新时代中国特色社会主义思想作为马克思主义中国化最新成果,上升为宪法规定。以宪法巩固习近平新时代中国特色社会主义思想的成果,可以更好地在理论和实践中贯彻习近平新时代中国特色社会主义思想。2018 年 2 月,十九届三中全会通过《中共中央关于深化党和国家机构改革的决定》和《深化党和国家机构改革方案》。这次国家机构调整新设立农业农村部、应急管理部、国家粮食和物资储备局等部门,强化了农业和粮食方面的管理职能,有利于藏粮于地战略的顺利实施。

2019 年 11 月,十九届四中全会通过《中共中央关于坚持和完善中国特色社会主义制度、推进国家治理体系和治理能力现代化若干重大问题的决定》。这次会议强调要完善农业农村优先发展和保障国家粮食安全的制度政策。通过推进国家治理体系和治理能力的现代化,有利于从治理层面实施藏粮于地战略。

2020 年 10 月,党的十九届五中全会通过了《中共中央关于制定国民经济和社会发展第十四个五年规划和二〇三五年远景目标的建议》,其中提到"深入实施藏粮于地、藏粮于技战略"。2021 年 11 月,党的十九届六中全会通过了《中共中央关于党的百年奋斗重大成就和历史经验的决议》,其中再次强调"坚持藏粮于地、藏粮于技,实行最严格的耕地保护制度"。2022 年 10 月,党的二十大报告提出"全方位夯实粮食安全根基""牢牢守住十八亿亩耕地红线""确保中国人的饭碗牢牢端在自己手中"等论述。

（三）紧紧围绕统筹推进"五位一体"总体布局和协调推进"四个全面"战略布局

"五位一体"总体布局指"经济建设、政治建设、文化建设、社会建设、生态文明建设"。实施藏粮于地战略，既要着眼于农业经济发展，又要着眼于生态环境，考虑生态资源承载能力，既要兼顾城镇化建设，又要巩固国家粮食安全，与经济、政治、生态、社会等方面的建设密切相关。这五个方面相互联系，相互促进，是一个有机整体。

"四个全面"战略布局内容包括全面建成小康社会、全面深化改革、全面依法治国、全面从严治党。实施藏粮于地战略，要适应我国居民消费结构升级的需求，为全面建成小康社会奠定物质基础。食物消费质量和结构也是全面建设小康社会的重要内容。实施藏粮于地战略，是深化农业农村改革的重要组成内容，是解决"三农"问题的重要支撑。实施藏粮于地战略，必须坚持依法而行，通过《土地管理法》等法律法规，保护耕地资源。

实施藏粮于地战略，必须紧紧围绕统筹推进"五位一体"总体布局和协调推进"四个全面"战略布局，才能够取得实效。

（四）牢牢坚守 18 亿亩耕地红线，提高农业综合产出能力

18 亿亩耕地红线是实施藏粮于地战略的根基。自 18 亿亩耕地红线提出以来，我国通过土地立法、政策法规制定、信息监测、地方政府考核等途径，有效坚守了 18 亿亩耕地红线。实施藏粮于地战略，必须牢牢坚守 18 亿亩耕地红线。这条红线是挖掘藏粮于地战略潜力、增强藏粮于地战略实施韧性、拓宽藏粮于地战略回旋余地的重要底线。

提高农业综合产出能力是实施藏粮于地战略的最终目标，也是藏粮于地战略的重要内涵。藏粮于地重点在保护耕地数量、提高耕地质量，核心是保护和提升耕地地力，全部投入最终指向提高农业综合产出能力，保障国家粮食安全。

牢牢坚守 18 亿亩耕地红线与提高农业综合产出能力，前者侧重投入，后者侧重产出，二者紧密联系，互为依存。片面强调耕地保护或者农业综合产出，都不利于农业的可持续发展。实施藏粮于地战略，既要牢牢坚守 18 亿亩耕地红线，也要以提高农业综合产出能力为主要目标。

（五）逐步形成耕地数量、质量与生态"三位一体"的保护新格局

耕地数量、质量与生态"三位一体"的保护新格局，是在我国耕地长期保护实践中形成的经验总结。实施藏粮于地战略，"地"是关键。单纯强调耕地数量，耕地保护的质量无法保证；忽视生态保护，耕地质量就没有存在的基础,耕地产出就缺乏必要的效益。

永久基本农田建设保证了耕地的数量,高标准农田建设提高了耕地的质量,二者相辅相成,助力藏粮于地战略的有效实施。积极保护和修复生态环境,为农业生产的高质量和综合产出的高质量奠定了有利条件。

逐步形成耕地数量、质量与生态"三位一体"的保护新格局,要求在实施藏粮于地过程中,将耕地保护与生态保护有机结合起来,辩证发展,协调发展。在保障耕地基本数量、坚守耕地18亿亩红线的基础上,狠抓耕地质量建设,保护好生态环境,实现农业绿色发展、高质量发展。

(六)以农业科技为支撑,以农村一二三产业融合为抓手

实施藏粮于地战略,要以科技为支撑。这既是农业发展的客观需要,也是"以我为主、立足国内、确保产能、适度进口、科技支撑"国家粮食安全战略的客观要求。实施藏粮于地战略,必须依靠农业科技,增强战略实施效果。

在社会主义市场经济条件下,农村一二三产业融合具有客观必然性。农村一二三产业融合,既放大了农业科技对耕地保护的支持效果,也为藏粮于地战略的实施提供了产前、产中和产后保障。农村一二三产业融合,可以提高藏粮于地战略实施的经济效益和社会效益,强化藏粮于地战略实施的动力和可持续性。农村一二三产业融合,是实施乡村振兴战略的重要内容,也是实施藏粮于地战略的重要保障。

(七)立足国内耕地资源保护和利用,适度利用国际农业资源

立足国内耕地资源保护和利用,是实施藏粮于地战略的根本和核心。立足国内耕地资源保护和利用,是国家粮食安全战略中"以我为主、立足国内"的客观要求。改革开放的历史实践已经证明,我国完全有能力、有条件依靠国内耕地养活全体中国人,不仅可以解决温饱问题,还要让全国人民过上小康生活。立足国内耕地资源保护和利用,是实现社会稳定、人民安心的保障,也是我国国家粮食安全战略的坚强后盾。

适度利用国际农业资源,是实施藏粮于地战略的有益补充。适度利用国际农业资源,是国家粮食安全战略中"适度进口"的客观要求。改革开放的历史实践也已经证明,适度进口粮食,适度进口农产品,可以稳定国内供应,满足人民群众对食物的多元化消费需求。

立足国内耕地资源保护和利用与适度利用国际农业资源,二者辩证统一,是统筹利用国内国际农业资源的具体表现。只强调立足国内耕地资源保护和利用,容易陷入封闭,有悖改革开放的要求和全球发展趋势。只强调利用国际农业资源,容易过度依赖国际市场,冲击国内农业发展,失去自力更生能力。

二、实施藏粮于地战略的基本原则

实施藏粮于地战略,要坚持耕地数量与耕地质量有机统一、绿色发展与科技创新相互支持、区域平衡与突出重点协同推进等原则。

(一)坚持耕地数量与耕地质量有机统一

实施藏粮于地战略,坚持耕地数量与耕地质量有机统一,首先要保护耕地数量。没有足够的耕地数量,无法满足全国 14 亿人的粮食消费需求和其他食物消费需求。耕地数量是藏粮于地战略的基本保障。

18 亿亩耕地红线是实施藏粮于地战略、保护耕地数量的底线。任何时候不能突破这个红线。18 亿亩耕地,是就全国耕地保护总量意义上的概念,全国各地区都有责任有义务为实现这个目标作出贡献。实施藏粮于地战略,坚持耕地数量与耕地质量有机统一,其次要提高耕地质量。在有足够数量耕地的基础上,通过积极优化耕地质量结构,提升各地区耕地等级,才能够为提高农作物产出的质量提供基础条件。农业高质量发展,首先要实现耕地等级高质量发展。

只有坚持耕地数量与耕地质量有机统一,才能保量保质实现藏粮于地战略的目标。

(二)坚持绿色发展与科技创新相互支持

绿色发展是新发展理念下我国农业发展的基本要求,也是农业可持续发展的客观要求。

在藏粮于地战略实施过程中,实现绿色发展,必须依靠农业科技支撑。"藏粮于地"与"藏粮于技"密不可分。只有依靠农业科技创新,才能真正将绿色发展落到实处,才能够真正将绿色发展与农业发展融合起来。

在藏粮于地战略实施过程中,农业科技创新发展,必须以绿色发展为导向。农业科技创新是手段,绿色发展是目的。农业科技创新发展要紧紧围绕农业绿色发展的需求,紧紧围绕耕地保护和利用的需求,紧紧围绕"藏粮于地、藏粮于技"的战略要求。

(三)坚持区域平衡与突出重点协同推进

实施藏粮于地战略,是全国各地区共同的责任。各地区必须在本区域内严格保护耕地,落实本地区耕地保护目标,共同坚守耕地红线。按照自然资源部的要求,耕地保护目标已经分解到各地区。各地区耕地资源情况不同,耕地保护内容和要求各不相同,但目标一致,都是要严格保护耕地。

实施藏粮于地战略,粮食主产区是重点,粮食平衡区潜力巨大。全国

13 个粮食主产区不仅具有耕地数量优势,而且具有耕地质量优势和粮食产出优势。因此,黑龙江、辽宁、河南、山东、江苏等粮食主产区,在城镇化发展过程中耕地保护任务更加艰巨,需要探索适合本地区的耕地保护模式。

粮食平衡区耕地资源丰富,在提高粮食产量、调整粮食种植结构等方面潜力大。甘肃、宁夏等西北地区,需要结合本地生态环境条件,发展节水农业,提高农业发展水平。积极发展马铃薯产业,提高马铃薯种植产量和质量,抓住马铃薯主食化发展机遇。

坚持区域平衡与突出重点协同推进,可以根据各地区不同情况,全面保障藏粮于地战略目标的实现。

(四)坚持占补平衡与科学规划辩证结合

耕地占补平衡制度必须严格遵守。这是协调推动城镇化与农业现代化的客观要求,是实现"五化协同"的客观要求,是落实"五位一体"总体布局和"四个全面"要求的必然选择。

耕地占补平衡制度要与科学规划紧密结合起来。在科学规划城镇土地空间的前提下,实施耕地占补平衡制度。今后,我国城镇化率还将继续提高,通过科学规划积极优化城镇发展结构,可以提高国土资源开发的效率,节约土地资源。通过优化结构调整,城镇土地规划尽量不占用耕地资源。

(五)坚持政府主导与社会参与互为补充

实施藏粮于地战略,首先要坚持政府主导。在党的领导下,政府加强对耕地保护力度,提高耕地利用效率。全面落实粮食安全省长责任制,不断完善《粮食安全省长责任制考核办法》。根据该考核办法,考核内容包括增强粮食可持续生产能力、保护种粮积极性、增强地方粮食储备能力、保障粮食市场供应、确保粮食质量安全、落实保障措施等方面。

实施藏粮于地战略,还要调动社会力量参与耕地保护。藏粮于地受益的是全国人民,人人都有责任监督好和保护好耕地资源。

一是鼓励和支持新闻媒体监督各地区耕地保护情况,及时宣传典型经验,随时发现存在的问题。实施藏粮于地战略,具有时间上的长期性、地域上的广阔性等特点,舆论监督可以发挥自身优势,总结成绩、找出问题,优化藏粮于地战略的实施效果。

二是激励广大农民看好耕地、用好耕地。与耕地直接有联系的利益相关者包括政府、农民、企业等主体。农民、种粮大户、农业合作社、农业产业化龙头企业等主体,是耕地的直接受益者,最有动力保护耕地。土地确权、永久良田划定、高标准农田建设等举措,有力激发了这些耕地直接受益者的积极性。广大农民是保护耕地的有力支持者。

三是支持社会机构进行藏粮于地战略绩效评价。社会机构包括高校、研究机构、社会智库等。这些机构拥有良好的研究资源和实力,在开展藏粮于地战略绩效评价、提供政策咨询方面有一定优势,可以作为政府考核结果的参考。

实施藏粮于地战略,要坚持政府主导与社会参与互为补充,切实做好耕地保护和利用工作。

(六)坚持投入结构与产出效益有效匹配

实施藏粮于地战略,要坚持投入结构与产出效益科学匹配。我国每年在农业方面的资金、人力、物力等方面的投入规模巨大。要优化投入结构,以绿色产出、高质量产出为发展导向,以服务我国居民生活消费升级为需求导向,实现投入结构与产出效益的有效匹配。

优化农业投入结构,首先要优化种植结构。当前我国实施农业供给侧结构性改革,要求在实施藏粮于地的过程中,通过提高耕地质量、调整种植结构、提高绿色发展水平等途径增强实施藏粮于地的经济效益和社会效益。

优化农业投入结构,其次要优化财政投入结构。在现有农业补贴政策的基础上,提高农业生产补贴效果。在补贴对象方面,积极探索以粮食产出作为补贴的标准,而不仅仅是参照耕地面积或耕地人数。在土地流转背景下,如何提高农业补贴的精准程度,需要认真考量。此外,还要增加在新型职业农民培训等方面的投入。

在提高产出效益方面,除了要坚持绿色发展、需求导向以外,还要积极推动农村一二三产业融合,大力发展粮食产业经济,提高农产品加工业的发展水平。以农产品加工带动农业的现代化发展,带动农业生产的市场化发展,带动藏粮于地战略实施的经济效益。要积极发展"互联网+农业",以信息技术改造传统农业和农民,利用电商平台和农村物流网络提高农产品销售规模,增加农民收入。

总之,实施藏粮于地战略,要坚持耕地数量与耕地质量有机统一、绿色发展与科技创新相互支持、区域平衡与突出重点协同推进、占补平衡与科学规划辩证结合、政府主导与社会参与互为补充、投入结构与产出效益有效匹配等六大原则。

这六大原则之间,各有侧重,共同推进藏粮于地战略的有效实施。坚持耕地数量与耕地质量有机统一,强调的是藏粮于地战略的实施条件问题;绿色发展与科技创新相互支持,说的是藏粮于地战略的发展支撑问题;区域平衡与突出重点协同推进,讲的是藏粮于地战略的实施重点问题;占补平衡与科学规划辩证结合,侧重藏粮于地战略实施的外部关系问题;政府主导与社会参与互为补充,侧重的是藏粮于地战略实施的评价和监督问题;投入结构与产出效益有效匹配,关注的是藏粮于地战略实施的效果问题。

第三章 实施藏粮于地战略的多元协同研究

本章主要阐述实施藏粮于地战略的多元协同研究。主要分析实施藏粮于地战略与国家粮食安全战略、深化农业供给侧结构性改革、提升农业现代化水平、推进乡村振兴战略之间的协同关系。

第一节 藏粮于地战略与国家粮食安全战略的耦合机理

本节主要阐述实施藏粮于地战略与国家粮食安全战略之间的关系。实施藏粮于地战略,是实现"以我为主"的坚实基础,是坚持"立足国内"的根本保障,是确保"适度进口"的有效途径,是贯彻"科技支撑"的客观要求。

一、藏粮于地战略与国家粮食安全战略耦合的理论分析

(一)实施藏粮于地战略是实现"以我为主"的坚实基础

"以我为主"是我国在全球化背景下针对我国粮食安全问题向全世界作出的庄严承诺。"以我为主",基于我国实际,主要以本国资源养活 14 亿人口,不会给世界粮食安全造成威胁,有力回应了"谁来养活中国"这样的问题。

实施藏粮于地战略,是实现"以我为主"的坚实基础。这体现在以下几个方面:

1. 国内耕地资源是实现"以我为主"的最重要基础

新中国成立以来,国内耕地资源始终是承载国内粮食安全、保障我国居民饮食的主要物质基础。新中国成立初期,农民种植热情高涨,新开垦耕地较多,全国耕地面积大幅增加。改革开放以后,随着工业化和城镇化进程的推进,建设用地占用耕地的现象长期存在,导致耕地数量有所下降。

党中央和国务院及时发现并着力解决耕地数量下降问题,及时实施了耕地占补平衡制度,为确保耕地总量平衡提供了制度保障。我国《土地法》

及时修订,为耕地占补平衡制度提供了法律依据。多年来的实践证明,尽管耕地占补平衡制度在实施过程中依然存在一些问题,但是从整体效果看,这一制度基本保证了我国耕地总量平衡和稳定。

多年来,党中央和国务院反复强调坚守18亿亩耕地红线的重要性,并出台了一系列具体措施。根据《中国统计年鉴》和土地管理部门的统计数据,1996年以来,我国耕地面积始终保持在18亿亩以上;特别是2009年以后,我国耕地面积总量保持在20亿亩以上。这为实现"以我为主"提供了坚实保障。

实施藏粮于地战略,首先要坚守耕地数量红线,通过划定永久良田等措施保障耕地数量充足。我国人口众多,没有足够数量的耕地支撑,就无法满足广大人民群众的饮食消费需求。因此,实施藏粮于地战略,是实现"以我为主"的最重要基础。

需要从全国范围内考虑耕地保护和利用问题,充分开发耕地后备资源。坚守18亿亩耕地红线,只是耕地数量保护的底线。要积极开发、利用闲置耕地、坡地、山地等资源,积极治沙、治滩,提高耕地后备资源储备,增强我国耕地利用的回旋余地。

2. 提高耕地质量是实现"以我为主"的重要手段

实施藏粮于地战略,不仅追求耕地数量上的目标,也要积极提高耕地质量。在坚守耕地红线的大背景下,持续保持较高的耕地质量,是实现"以我为主"的重要手段。有了足够的耕地数量作为保障,提高耕地质量产生的溢出效应更加显著。

一是通过多种措施提高耕地质量,可以提高单位面积的产出水平。改革开放以来,我国粮食产量持续提高,与粮食单产水平提高有密切关系。我国粮食供给从计划经济时期的短缺发展到改革开放后的供求平衡,再到后来粮食总量充足,甚至部分粮食品种出现阶段性剩余,这与我国农业科技进步的贡献有密切关系。高标准良田建设是我国提高耕地质量、保持耕地质量的重要措施。当前,我国耕地面积虽然数量较多,但整体质量不高,高质量农田比重偏低。积极提高中低产田的耕地质量,仍然任务艰巨。

二是提高耕地质量,保障了农民种粮的积极性。对于农民而言,同样一亩地,耕地质量提高,不仅意味着增加了粮食产出,还意味着增加粮食收入。改革开放后,随着粮食产量提高,粮食价格有所下降,损伤了农民种粮积极性。我国及时出台粮食保护价收购政策,保护了农民种粮的积极性。实施藏粮于地战略,既要保护耕地的数量和质量,也要保护农民的种粮积极性。

农民是实施藏粮于地战略的重要力量。几千年来,农民对土地的热情没有中断。当前,尽管农业收入相对较低,但农民种地热情依然很高,农地关系依然牢固。新时代保护农民种地积极性,大力培育新型职业农民,依然是实施藏粮于地战略、实现"以我为主"的重要举措。

三是可以提高农业可持续生产能力,真正实现"藏粮于地"。"藏粮于地",基础和前提是"地",关键在于"藏"的方式和效果。在我国耕地面积有限、工业化和城镇化持续推进的背景下,建设占用的耕地的情况仍然会长期存在。在这种情况下,积极提高耕地质量,就是提高耕地的潜能和可持续生产能力。

耕地质量高,为农业可持续生产能力提高奠定了基础。通过优化生态环境、发展绿色农业科技、科学施肥等措施,提高耕地质量,积极践行绿色发展的理念,是实施藏粮于地战略、"以我为主"的重要手段。

3. 提高农业综合生产能力是实现"以我为主"的重要目标

根据已有研究成果[1],一般认为,农业综合生产能力,是在科技、资本、制度等特定的要素投入下形成的相对稳定的经济效益、社会效益和生态效益。提高农业综合生产能力,需要科技、资本、政策制度的密切配合,其产出体现在增加农业收入、确保粮食安全、维护生态环境等方面。

实施藏粮于地战略,核心是要提高耕地的农业综合生产能力。土地是实施藏粮于地战略、实现"以我为主"战略要求的基本载体。提高农业综合生产能力,既是实施藏粮于地战略的目标,也是实现"以我为主"战略的重要目标。

坚持"以我为主",就是要牢牢把握粮食安全的主动权,主要依靠我国自身的力量解决我国的粮食安全问题,端牢自己的饭碗。提高农业综合生产能力,关注的是我国农业产能的长期发展问题,不刻意追求粮食产量递增,更关注农业综合生产能力的建设和提升。实施藏粮于地战略,提高农业综合生产能力,最终才能实现"以我为主"的战略目标。

(二) 实施藏粮于地战略是坚持"立足国内"的核心要素

坚持立足国内,意味着不能过度依赖粮食进口,要坚持以国内粮食供给为主。实施藏粮于地战略,是坚持"立足国内"战略的核心要素。

1. 粮食主产区是坚持"立足国内"的中流砥柱

"立足国内",首先要立足于我国的粮食主产区。我国 31 个省(区、市)中,粮食主产区有黑龙江、内蒙古、湖南、四川、吉林、河南、辽宁、山东、江苏、

---

① 资料来源:梁荣. 农业综合生产能力初探. 中国农村经济,2005(12).

安徽等13个地区,粮食主销区有上海、浙江、广东、北京、天津等7个地区,粮食产销平衡区有云南、陕西、新疆、重庆、广西、甘肃、山西等11个地区。粮食主销区多数为沿海经济发达地区,粮食产量不足,需要通过粮食调运弥补。粮食产销平衡区粮食供销基本平衡。粮食主产区不仅要解决自己的粮食供给问题,还要担负起粮食产销区的部分粮食供应任务。因此,13个粮食主产区在我国粮食安全中占有重要地位。

"立足国内",更要立足于我国粮食主产区的耕地面积。用于粮食种植的耕地,是我国粮食主产区最重要的耕地资源,必须严格加以保护。这是粮食主产区粮食生产的基础,也是保障我国粮食安全的重要基础。

粮食主产区粮食种植面积,在我国粮食种植面积总量中也占有重要战略地位。根据《中国统计年鉴》(2021)数据计算,2020年,我国粮食主产区粮食作物种植面积占我国粮食作物种植面积的75.4%,粮食主销区和粮食产销平衡区粮食作物种植面积分别占我国粮食作物种植面积的4.1%、20.5%。

由图3.1可以看出,13个粮食主产区的粮食作物种植面积在全国占有重要地位,面积优势非常明显。

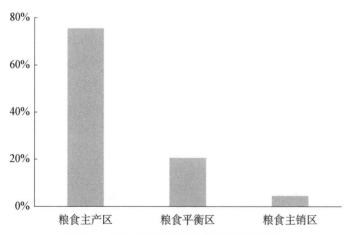

图3.1　2020年我国粮食作物种植面积比较

数据来源:《2021中国统计年鉴》。

因此,上述数据充分说明,粮食主产区耕地是坚持"立足国内"的中流砥柱。认识到这一基本事实,就需要更加重视我国粮食主产区的粮食生产问题。要充分调动粮食主产区的积极性,全面落实藏粮于地战略,积极保护耕地,尤其是用于粮食种植的耕地,提高粮食主产区粮食综合生产能力。

2. 耕地后备资源是坚持"立足国内"的后续力量

耕地后备资源,是我国耕地补充的主要来源。积极增加耕地后备资源,可以增强我国耕地利用的空间。因此,耕地后备资源是坚持"立足国内"的后续力量。

根据自然资源部 2016 年耕地后备资源统计结果,我国耕地后备资源地域分布非常不均衡。中西部地区耕地后备资源相对丰富,东部地区耕地后备资源匮乏。其中,新疆、黑龙江、河南、云南、甘肃等 5 个省份后备资源面积占到全国的近一半。全国耕地后备资源地域分布较为分散,在土地形态上以荒草地、盐碱地、内陆滩涂、裸地为主;其中比重最大的是荒草地,占我国耕地后备资源总面积的 64.3%。

可见,从总体上看,我国耕地后备资源总体上是有限的,当前可开发的后备资源也是有限的。必须严格保护耕地后备资源,科学开发,在保护好生态环境的基础上,保障后备耕地数量和质量。

尽管后备资源有限,但耕地后备资源是坚持"立足国内"的后续力量,关系到我国藏粮于地战略的长期实施,关系到"立足国内"战略的落实。

根据国土资源部 2016 年印发的《全国土地利用总体规划纲要(2006—2020 年)调整方案》,到 2020 年,我国耕地保有量要达到 18.65 亿亩,基本农田保护面积 15.46 亿亩,建设用地 6.1079 亿亩。2009 年以来,虽然我国耕地面积保持在 20 亿亩以上的规模,但是整体仍然呈现下降的态势。根据 2010 年和 2021 年《中国统计年鉴》的统计数据,从 2009 年至 2019 年,我国耕地总面积从 20.31 亿亩下降到 2019 年的 19.19 亿亩,下降 5.51%。

改革开放以来,除个别年份外,我国粮食种植面积整体呈现下降趋势。根据 2021 年《中国统计年鉴》的数据,从 1978 年至 2020 年,我国粮食种植面积从 1978 年的 120587 千公顷下降到 2020 年的 116768 千公顷,下降3.2%。

从上述我国耕地面积和粮食种植面积下降态势可以看出,未来我国耕地保护压力仍然非常大,实时补充耕地后备资源是全面贯彻藏粮于地战略、实现"立足国内"战略目标、坚守 18 亿亩耕地红线的重要后续力量。

总之,耕地后备资源是坚持"立足国内"的后续力量。积极开发保护耕地后备资源,对于实施藏粮于地战略,对于坚持"立足国内"战略,对于及时补充耕地资源都具有重要的战略意义和现实意义。

3. 推进农业供给侧结构性改革为坚持"立足国内"提供了产品条件

改革开放以来,我国农业发展的主要矛盾已经由总量供给不足转变为农业结构性矛盾,表现在有效供给能力不强、部分农产品质量不高等方面。

推进农业供给侧结构性改革,增加有效产出,是坚持"立足国内"战略的策略性调整,为坚持"立足国内"战略提供了产品条件,是解决当前我国农业发展矛盾的客观要求。

在耕地面积有限的情况下,及时调整农业生产结构,满足我国居民消费结构升级的要求,才能够真正在粮食安全上做到"立足国内"。

当前,玉米等农产品出现阶段性供给过剩,大豆等农产品国内供给长期不足,需要大量进口。解决这些问题,都需要从推进农业供给侧结构性改革入手。

实施藏粮于地战略,是推进农业供给侧结构性改革的重要条件。实施藏粮于地战略,为农业发展提供了耕地保障,也为农业发展提供了生产能力保障。在这一条件下,农业供给侧结构性改革才能够顺利推进,有广阔的调整空间。

推进农业供给侧结构性改革,为坚持"立足国内"战略提供了更为有效的农产品供给。我国粮食生产从供给不足到部分产品供给过剩,说明我国粮食供给总量已经能够完全满足需求,但与当前的粮食消费结构存在一定错位。通过推进农业供给侧结构性改革,可以使粮食供给与粮食消费结构更加匹配,充分实现供求一致。

推进农业供给侧结构性改革,为坚持"立足国内"战略提供了更为优质的农产品供给。农产品总体质量不高是我国农产品供给迫切需要解决的问题。通过降低农药残留、改良土壤质量、优化种植环境等措施,积极发展绿色农业,满足当前广大居民绿色消费的需求。通过推进农业供给侧结构性改革,提供更为优质的农产品供给,也有助于提高我国农产品竞争力,扩大出口,降低进口,夯实"立足国内"战略的产品基础。此外,建立农产品优质优价的市场竞争机制,有助于推动绿色、优质农产品的长期供应。

推进农业供给侧结构性改革,为坚持"立足国内"战略提供了更为多元的农产品供给。我国正逐渐迈入小康社会,居民食物消费呈现多元化特征。我国肉禽蛋奶、鱼类、杂粮等食物消费比重上升,口粮消费稳中有降。农业供给侧结构性改革,正是要瞄准这一消费特点,推进农产品供给多元化,从而满足食物消费多样化的发展趋势。

总之,藏粮于地战略为推进农业供给侧结构性改革创造了有利条件,推进农业供给侧结构性改革,为坚持"立足国内"提供了产品条件。

(三) 实施藏粮于地战略是支撑"确保产能"的主要保障

"确保产能"是实施藏粮于地战略的主要目标,实施藏粮于地战略是支撑"确保产能"战略的主要保障。简单而言,耕地是前提,产能是关键,质量是目标。

1. 耕地是支撑"确保产能"的根本前提

没有耕地,"确保产能"就无从谈起。多年来党中央和国务院一直强调保护耕地的重要性,并出台一系列政策措施,取得了显著成效。世界上耕地匮乏国家,多以山地、沙漠等土地形态为主,发展农业成本非常高,对农业科技要求更为苛刻。耕地资源丰富,为一个国家发展农业创造了便利条件。我国耕地资源总量丰富,人均量偏低。这就要求我们必须珍惜土地资源,科学、节约利用土地。

耕地是食物的主要来源。尽管河流、海洋、山地等土地形态也是食物的来源,但耕地产出的粮食、蔬菜等仍然是人类主要的食物来源。耕地数量的多少,直接决定了食物的丰裕程度。因此,耕地是支撑"确保产能"的根本前提。

2. 稳定和提高农业综合生产能力是实施藏粮于地战略的关键

稳定和提高农业综合生产能力,既是实施藏粮于地战略的关键,也是"确保产能"的核心内容。耕地保护和利用,只是实施藏粮于地战略的一部分,更重要的是稳定和提高现有耕地的产出效率,提高农业综合生产能力。

不仅要提高耕地的数量,更要提高耕地的质量,最终增加耕地产能。改革开放以来,我国农业发展的显著特征是在耕地面积总量有限的情况下,农作物单位产出和总产量水平大幅提高。这是我国农业发展的重要成就,促使我国粮食供给由短缺发展到结构调整、质量提升阶段。

3. 提升农产品质量是实施藏粮于地战略的重要目标

提高农产品质量是实施藏粮于地战略的重要目标。提高耕地的数量和质量,最终仍然是为了提高农产品质量,加强农产品有效绿色供给,提高农业绿色发展水平。这是贯彻"创新、协调、绿色、开放、共享"五大发展理念的客观要求。

党的十九大报告强调"质量第一,效益优先"。2018年中央一号文件提出实施质量兴农战略和食品质量安全战略,将提升农产品质量上升到战略层面。

在实施藏粮于地战略过程中,坚持质量兴农,就是在保护耕地数量、提升耕地质量的基础上,维护农业生态环境,提高现有耕地绿色生产能力,增加农产品绿色供给,推动农业绿色发展。

(四)实施藏粮于地战略是确保"适度进口"的有效途径

实施藏粮于地战略与"适度进口"之间,互为战略支持,共同夯实我国粮食安全的基础。

1. 实施藏粮于地战略是避免过度依赖粮食进口的根本依靠

实施藏粮于地战略，提升我国耕地的农业综合生产能力和粮食产能，是依靠自己力量解决国内粮食安全问题的根本依靠。若国内粮食供给严重不足，粮食大规模进口将无法避免。

粮食进口是国内粮食供给缺口的有效补充，在战略上只能是补充和调剂，不能占据我国粮食安全保障的主导地位。其依据主要包括以下几个方面：

一是我国人口众多，粮食过度依赖进口是不现实的。我国人口基数较大，粮食过度依赖进口，会导致过度依赖国际粮食市场，导致国际粮价上涨。国际粮价上涨，导致国内粮食进口成本上升，最终导致居民生活成本上升、饭碗不能端牢。我国人口众多的现实国情决定了我国粮食消费数量庞大，必须立足国内耕地资源解决14亿人口的吃饭问题。世界上绝大多数大国都依靠国内生产满足粮食消费，一些面积狭小的国家主要依赖国际市场供给粮食。

在全面建成小康社会的背景下，我国居民饮食消费结构逐渐升级，更加偏爱绿色、优质农产品，对粮食生产提出了更高的要求。优质农产品进口，进口价格更高。若完全依赖进口，普通居民无法承受这种进口成本，小康生活质量将受到影响。粮食是生存之本，粮食消费具有长期消费、反复消费的特点。这一特点决定了我国粮食消费必须依靠自身力量解决。即使在短时间内出现粮食短缺，也会引发社会安定问题。

因此，实施藏粮于地战略，坚持自力更生，是避免过度依赖粮食进口的根本依靠。

二是国际粮食市场波动较大，存在多种风险。适度粮食进口，一方面是因为国际市场交换有效率方面的优势，另一方面是因为有市场风险方面的缺陷。

从粮食进口优势看，与国内相比，国外粮食有一定价格优势，适当进口可以节约资源和成本。这是我国粮食进口的重要动力。国内粮食生产成本高是我国当前农业发展需要解决的问题。粮食适当进口在一定程度上可以降低一部分生产成本，但根本上需要通过各种措施降低国内粮食生产成本。

从粮食进口缺陷看，粮价波动、粮食短缺、汇率变动、石油价格上涨等因素都会给粮食进口带来风险。2008年前后全球高粮价危机，给国际粮食市场带来较大负面影响。国际粮食市场供给充足，但受投机资本等因素影响，国际粮食价格快速上升，提高了粮食进口的成本，导致世界上很多贫困国家生活成本上升，粮食消费数量下降。当前，我国大豆进口规模较大，国际大豆价格上涨给国内物价上涨也带来一定压力。

因此,国际粮食市场波动带来的风险也制约了我国不可能大规模从国际市场进口粮食,只能是根据国际市场变化适当进口粮食。

三是我国耕地资源完全具备解决国内粮食安全问题的条件和能力。根据世界银行数据库的统计,2021年,我国谷物耕地面积排名世界第二,仅次于印度,高于美国、欧盟、俄罗斯等国家和地区。从全球范围看,我国耕地资源总量在世界排名比较靠前,是耕地资源比较丰富的国家。我国耕地完全可以满足中国粮食消费需求。

人多地少是我国的现实国情。但是在党中央的正确领导下,通过改革开放四十年的努力,我国告别了粮食短缺的时代,我国居民消费结构和消费水平正在稳步升级。

总之,实施藏粮于地战略,依靠自身力量,是避免过度依赖粮食进口的根本依靠,也是我国坚持适度进口粮食的底气和信心来源。

2. 粮食适度进口是实施藏粮于地战略的必要补充

在我国耕地有限、耕地面积持续下降的背景下,粮食适度进口可以缓解耕地保护压力,是实施藏粮于地战略的必要补充。粮食适度进口,对实施藏粮于地战略的必要补充,具体表现在以下几个方面:

一是粮食适度进口,相当于虚拟耕地进口,节约了国内耕地和其他相关资源。虚拟耕地是生产一定数量粮食所需要的耕地数量。一个国家从另一个国家进口粮食,从国际交换角度看,等同于进口与粮食相当数量的耕地资源。对粮食进口国而言,相当于进口虚拟耕地,节约了国内耕地资源。

粮食适度进口,"适度"的意义在于,在充分利用国内耕地资源的情况下,若还有粮食需求缺口,可以从国外进口粮食,弥补国内耕地不足或无法生产形成的需求缺口。过度进口粮食,会导致国内耕地资源浪费;粮食进口小于国内需求缺口,会给国内耕地带来较大生产压力,导致耕地过度开发和利用,不利于农业可持续发展。

从总量上看,我国耕地基本可以满足国内粮食消费需求。但从结构上看,由于我国相对稳定的粮食种植结构与逐渐升级的粮食消费结构存在偏差,国内粮食供给结构存在不足,导致出现部分粮食品种供给过剩、部分农产品供给不足、农产品整体质量不高、粮食生产成本较高等问题。进口粮食在生产成本、质量等方面存在一定优势。这是我国粮食进口的重要原因,也是我国粮食生产今后发展需要着力解决的问题。

二是粮食适度进口,基于市场资源配置,满足了国内消费多元化的需求。供求均衡始终是市场经济发展的动力和方向。不论在国内还是在国外,多样化的农产品供给在一定程度上满足了多元化的农产品消费需求。

当前,我国大豆进口主要原因是国内生产能力不足,缺口较大。我国稻米进口,与东南亚国家稻米价格低廉、质量较高、口感受欢迎等因素有一定关系。目前国内市场的稻米有高端稻米,也有中低端稻米,满足了不同层次居民的消费需求。泰国香米在国内市场比较受公众欢迎,这体现了居民在温饱生活基础上饮食消费升级的多元化要求。玉米进口则与国内饲料需求增长、进口玉米价格低有一定联系。

从满足国内消费的角度看,粮食适度进口中"适度"的意义在于,粮食进口数量要适当,质量要有保障,不能给国内粮食市场带来冲击和负面影响。在粮食进口过程中,要把握好进口的进度、时间、规模和质量,随时监测国内粮食市场的反应,避免国内粮食市场受到冲击。

三是粮食适度进口,基于国内供给缺口,促进了国内农业生产结构的调整。粮食过度进口,不仅影响粮食消费,对国内粮食生产也有影响。

价格较低、质量稳定是进口粮食的主要优势。这些年来,随着进口大豆激增,国产大豆种植面积有逐渐恢复的迹象。巨大的国内豆油需求、政府扶持政策等因素对国内大豆种植也产生了积极作用,豆农种植积极性有所增加。可以预见,随着我国农业供给侧结构性改革的持续推进,我国大豆种植面积和产量会逐渐增加。

近些年来,农业部积极推进特色农产品认定和特色农产品区域优势区建设工作,在农产品提质增效、质量兴农方面起到良好的效果。2016 年,农业部制定了《特色农产品区域布局规划(2013—2020 年)》,之前制定了2003—2007 年和 2008—2015 年的规划。特色农产品分为 10 类,其中包括特色粮油、特色草食畜、特色水产等。2017 年 12 月,农业部公布了第一批中国特色农产品优势区名单,包括贵州省兴仁县兴仁薏仁米中国特色农产品优势区、甘肃省定西市安定区定西马铃薯中国特色农产品优势区、云南省元谋县元谋蔬菜中国特色农产品优势区等。

粮食适度进口,与国内农产品形成了一定的竞争关系,在一定程度上也带动了国内农产品质量的提升,促进了国内农业生产结构的调整。

(五)实施藏粮于地战略是贯彻"科技支撑"的客观要求

"藏粮于地"与"藏粮于技"密切相关。"科技支撑"客观上要求实施藏粮于地战略,必须实施藏粮于技战略,牢牢依靠农业科技进步提高农业综合生产能力,达成藏粮于地战略目标。

1. 科技进步可以提高实施藏粮于地战略的综合效益

当前,我国农业科技进步贡献率由 2012 年的 53.5% 上升到 2017 年的

57.5％,主要农作物良种基本实现全覆盖,自主选育品种面积占比达95％。[1] 农业科技进步贡献率测算中,扣除劳动力、资本的贡献后,剩余的贡献是科技进步贡献。这是广义的科技进步贡献。

广义的科技进步贡献包括科技、制度、政策、生产管理等诸多因素。

从实施藏粮于地战略的角度看,农业科技进步可以提高土壤质量、提高粮食单产、改善农业生态环境、提高育种水平,也有利于开发耕地后备资源、提高耕地质量等方面。综合来看,农业科技进步可以提高耕地的综合生产能力。

与农业相关的制度,例如家庭联产承包责任制、粮食安全省长负责制、耕地占补平衡制度等制度,激发了农民种地的积极性,确保了耕地保护和利用的效率。家庭联产承包责任制已经实施四十余年,家庭经营仍然是我国农业经营的重要形式。

农业政策方面,2004 年以来,中央一号文件持续关注"三农"问题。中央一号文件成为我国农业发展纲领性文件。我国农业政策涉及农业产前、产中、产后多个方面,全方位覆盖农业生产领域,有效推动了我国农业由传统农业向现代农业转变。2018 年中央一号《中共中央国务院关于实施乡村振兴战略的意见》强调了"藏粮于地、藏粮于技"战略在实施乡村振兴战略中的重要作用。我国农业政策在中央一号文件的指导下,通过农业部、国家发改委等部门制定具体政策后,由各省(区、市)、县、乡等各级行政部门落实。这些政策在保护、利用耕地、增加耕地产能、提升农业综合能力等方面,弥补了市场机制的缺陷,发挥了极其重要的作用。

农业生产管理方面,如播种、施肥、病虫害预防、抗旱抗涝等方面,农业管理部门及时应对,保障了农业生产顺利进行,有利于稳定、提高农产品产量和质量。当前,我国化肥使用量较大,不利于土壤质量提高。农业管理部门及时干预,提出了多种建议,确保实现绿色发展。例如,农业农村部、财政部发布的《2018 年财政重点强农惠农政策》中,提出发放耕地地力保护补贴、农机购置补贴等农民直接补贴,提出支持绿色高效技术推广服务等内容。这些措施从不同角度保障农业生产顺利、有效运行。

因此,科技进步可以从耕地保护和利用、耕地产出水平、耕地质量和数量、耕地后备资源开发和利用、农作物质量改善等多方面,提高实施藏粮于地战略的综合效益。

---

[1] 资料来源:蒋建科.我国农业科技进步贡献率达 57.5％,农业发明专利申请量全球第一.人民网,2018 - 09 - 26.

2. 实施藏粮于地战略为科技支撑提供了广阔空间

耕地是农业科技发挥作用的载体和对象。实施藏粮于地战略为科技支撑提供了广阔空间。

实施藏粮于地战略,对农业科技有巨大的需求。我国《"十三五"农业科技发展规划》中提出"十三五"期间主要农业领域关键突破技术和核心指标任务。其中,农业资源高效利用领域要取得的关键突破包括耕地质量提升与障碍因子修复关键技术以及草地、海洋、滩涂等资源保护与开发技术等。这些与藏粮于地战略密切相关。其他相关领域还包括农业生态环境、农作物耕作栽培管理、农产品质量安全等。

《"十四五"全国农业农村科技发展规划》提出到2025年,力争突破一批受制于人的"卡脖子"技术和短板技术。这充分考虑了藏粮于地的战略要求,在充分利用耕地、提高耕地产出、保障产品质量等方面进行农业科技资源布局。"十四五"农业农村科技发展主要指标包括农业科技进步贡献率、主要农作物良种覆盖率、农作物耕种收综合机械化率、三大粮食作物化肥利用率、农作物秸秆综合利用率等。

实施藏粮于地战略,需要更多、更优秀的农业科技研发人才和农技推广人才。农业科技人才是农业技术的创造主体,是宝贵的人力资本。要充分调动农业科技人才创新热情和创新动力,解决我国实施藏粮于地战略过程中遇到的各种农业技术问题。

农业技术推广人员是我国农业科技成果的推广者,是连接先进农业技术和农业经营者的桥梁。我国地域辽阔,耕地分布较为分散,一项农业新成果,需要大量农业技术推广人员的辛勤付出,才能有效促进农业科技成果转化为现实生产力。优化完善我国农业科技的研发、推广和应用体系,对于实施藏粮于地战略具有重要意义。

总之,实施"藏粮于地"战略是贯彻"科技支撑"的客观要求。科技进步可以提高实施藏粮于地战略的综合效益,实施藏粮于地战略为科技支撑提供了广阔空间。

国家粮食安全新战略是实施藏粮于地战略总的指导方针。实施藏粮于地战略,可以有效贯彻"以我为主、立足国内、确保产能、适度进口、科技支撑"粮食安全新战略五个不同方面的要求。这充分说明,藏粮于地战略在我国粮食安全保障体系中具有重要的战略地位。

二、"两藏"战略与国家粮食安全战略耦合机制的实证分析

从实证角度看,借助联合国粮农组织(FAO)关于粮食安全的测度指标,

可以将"两藏"战略与国家粮食安全战略有机链接起来,具体见图3.2。

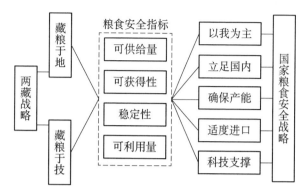

图 3.2 "两藏"战略与国家粮食安全战略的耦合机制

联合国粮农组织(FAO)界定的粮食安全有四个维度:粮食可供量(availability),获取粮食的经济及物质手段(access),粮食利用(utilization)和一段时间内的稳定性(stability)。[①]"两藏"战略可以支持粮食安全的四个维度,国家粮食安全战略评价也可以从 FAO 粮食安全四个维度进行评价。

采用耦合协调度模型测算我国"十三五"时期"两藏"战略与国家粮食安全战略的耦合程度。

(一)指标选择及数据来源

根据"两藏"战略的内涵和目标,"两藏"战略的评价指标包括粮食播种面积、粮食产量、粮食单产水平。其中,粮食单产水平主要度量农业科技对粮食生产的贡献。

本书借鉴 FAO 测度粮食安全的方法,从可供给量、可获得性、稳定性、可利用量四个维度测度国家粮食安全水平。参考《国家粮食安全中长期规划纲要(2008—2020 年)》中关于保障国家粮食安全主要指标的介绍及国内相关研究文献的成果,本书设定的我国粮食安全水平的评价指标包括粮食自给率、粮食进口依存度等,具体见表3.1。

可供给量方面,表 3.1 中,粮食可供给量维度与"两藏"战略的评价指标基本一致。粮食自给率为粮食产量与粮食消费量的比值。粮食单产水平为粮食产量与粮食播种面积的比值。

---

① 粮食安全具体定义和四个维度详细内容参见联合国粮农组织 2013 年或其他年份《世界粮食不安全状况》。

表3.1　国家粮食安全评价指标说明

维度	指标	属性	指标权重
可供给量	粮食产量	正向	0.0070
	粮食自给率	正向	0.0216
可获得性	人均粮食占有量	正向	0.0051
	道路网密度	正向	0.0430
	粮食销售价格指数	负向	0.0077
稳定性	粮食进口依存度	负向	0.1083
	粮食储备水平	正向	0.2743
	粮食生产波动系数	正向	0.0070
	财政支农资金	正向	0.1085
	粮食受灾比例	负向	0.1621
可利用量	水资源利用量	负向	0.0186
	农药施用量	负向	0.1565
	化肥施用量	负向	0.0573
	农业科技进步贡献	正向	0.0230

可获得性维度方面,人均粮食占有量为粮食产量与该地区人口数的比值。道路网密度为全国或省域道路里程与面积之比,度量粮食流通能力。粮食销售价格指数用来度量粮食价格波动情况,指数越大,越不利于粮食价格稳定,为负向指标。

稳定性维度方面,粮食进口依存度为粮食净进口量占国内粮食产量的比值。该比值越大,越不利于粮食供应稳定,为负向指标。考虑到数据的可获得性,粮食储备水平,用国有粮食企业主要粮食收购量、销售量估算。粮食生产波动系数,为粮食产量与粮食产量均值的比值,该值越大,说明粮食产量波动较大,为负向指标。财政支农资金,度量政府财政在农业方面的投入水平,参考崔明明、聂常虹(2019)的算法[①],按粮食播种面积占总播种面积的比例估算;粮食受灾比例,用农业受灾面积表示,按粮食播种面积占农业种植面积的比重折算。

可利用量维度方面,水资源利用量用单位粮食产量的农业用水量来表

---

① 崔明明,聂常虹. 基于指标评价体系的我国粮食安全演变研究. 中国科学院院刊,2019,34(8):910—919.

示,农药、化肥施用量用单位面积的农药、化肥施用量均为负向指标。

农业科技进步用农业科技进步贡献率表示,借鉴朱希刚、刘延风(1997)[1]和宋辉(2021)[2]的研究成果,采用索洛余值法计算。设 C—D 函数 $Y = AK^{\alpha}L^{\beta}S^{\lambda}e^{\delta i}$。$Y$、$K$、$L$、$S$ 分别代表农林牧渔业总产值、农业物质资本、第一产业从业人数、耕地面积,α、β、λ 分别代表 K、L、S 的投入产出弹性系数。δ 代表广义农业科技进步,且:

$$\delta = \Delta Y/Y - \alpha \times \Delta K/K - \beta \times \Delta L/L - \lambda \times \Delta S/S$$

按年度计算时,i 代表年份;按地区计算时,i 代表各地区。设 α、β、λ 之和为 1。经测算,2016—2020 年我国生产要素产出弹性,α、β、λ 分别为 0.8517、0.1199、0.0223。农业科技进步贡献率为 $\delta/(\Delta Y/Y) * 100\%$。

表 3.1 相关指标数据主要来自《中国统计年鉴》(2017—2021 年)。此外,粮食进口数据来自布瑞克农产品数据库,农药使用量、农业用水数据来源于《中国农村统计年鉴》(2017—2020 年)和水利部《2020 年中国水资源公报》。国有粮食企业粮食购销数据来自《中国粮食发展报告》(2017—2018 年),《中国粮食和物资储备发展报告》(2019—2020 年)和国家粮食和物资储备局网站。

(二)研究方法

数据预处理。表 3.1 各指标单位不同,进行无量纲化处理。指标属性不尽相同,均统一为正向指标。对于正向指标,用该指标值减去该指标极小值,然后除以该指标极大极小值之差得到;对于负向指标,用该指标极大值减去该指标值,除以该指标极大极小值之差得到。

权重确定。结合表 3.1 指标数据,运用变异系数法确定各指标权重,具体处理方法可以参考崔明明、聂常虹(2019)等学者的计算方法。设 V_i 为指标 i 的变异系数,σ_i、$\overline{x_i}$ 为指标 i 的标准差、均值,则指标 i 的变异系数 $V_i = \sigma_i / \overline{x_i}$。各项指标的权重 $w_1 = V_i / \sum_{i=1}^{n} V_i$。"两藏"战略评价指标中,粮食播种面积、粮食产量、粮食单产水平权重分别为 0.3312、0.2098、0.4590。

系统综合评价计算方法为,各子指标加权后求和。设"两藏"战略综合评价结果为 U_1,国家粮食安全综合评价结果为 U_2。

---

[1] 朱希刚,刘延风. 我国农业科技进步贡献率测算方法的意见. 农业技术经济,1997(1):17—23..

[2] 宋辉. 农业科技进步贡献率测算与实证研究——以河北省为例. 统计与决策,2021(7):13—19.

耗合度模型借鉴丛晓男（2019）[1]的计算公式。这里的研究对象为两个系统之间的耦合协调关系。则耦合度模型设定为：

$$C(U_1, U_2) = 2 \times \sqrt{\frac{U_1 U_2}{(U_1 + U_2)^2}} \tag{1}$$

其中，$C(U_1, U_2)$ 为 U_1、U_2 耦合度，U_1 为系统1，即"两藏"战略综合评价结果，U_2 为系统2，即国家粮食安全综合评价结果。为弥补耦合度指标缺陷，引入耦合协调度模型：

$$D(U_1, U_2) = \sqrt{C(U_1, U_2) \times E(U_1, U_2)} \tag{2}$$

$$E(U_1, U_2) = \alpha U_1 + \beta U_2 \tag{3}$$

通过观测 $D(U_1, U_2)$ 的值判断两个子系统的耦合协调程度。

（三）实证结果

"十三五"时期，"两藏"战略综合评价结果（U_1）整体呈现递增趋势，具体见表3.2。2018年有波动，与当年粮食产量降低有一定关系。"两藏"战略与国家粮食安全战略的耦合度较高，除2018年有波动外，整体耦合协调度水平呈现上升趋势。

表3.2　"十三五"时期耦合协调度测算

年度	"两藏"战略（U_1）	国家粮食安全战略（U_2）	耦合度（C）	耦合协调度（D）
2016	0.3772	0.4033	0.9994	0.6245
2017	0.4293	0.4099	0.9997	0.6477
2018	0.2951	0.4130	0.9861	0.5909
2019	0.5329	0.6606	0.9943	0.7703
2020	0.7425	0.6042	0.9947	0.8184

"十三五"时期，"两藏"战略与国家粮食安全战略的耦合度和耦合协调度表现出比较显著的区域差异。为节约篇幅，这里以2019年为例，测算耦合协调度，具体见表3.3。四川、吉林、辽宁、江苏、黑龙江等多数粮食主产区的耦合协调度比较高。上海、天津、浙江等部分粮食主销区，耦合协调度处在较高水平。例如上海虽然耕地面积少，但粮食单产水平较高，"两藏"战略评分较高，耦合水平相应较高。甘肃、贵州、青海等粮食平衡地区耦合协

---

① 丛晓男.耦合度模型的形式、性质及在地理学中的若干误用.经济地理,2019(4):18—25.

调度相对较低，与当地农业生产条件有密切关系。

表 3.3　2019 年各地区耦合协调度测算

地区	"两藏"战略（U_1）	国家粮食安全战略（U_2）	耦合协调度（D）
上海	0.4625	0.7684	0.7911
四川	0.4300	0.7836	0.7837
吉林	0.5612	0.6213	0.7723
辽宁	0.4806	0.6784	0.7684
江苏	0.5521	0.6068	0.7644
黑龙江	0.6938	0.5163	0.7622
内蒙古	0.4239	0.7005	0.7561
山东	0.6202	0.5113	0.7432
河北	0.4629	0.6033	0.7364
湖南	0.4677	0.5862	0.7317
天津	0.3055	0.7864	0.7303
河南	0.6923	0.4279	0.7202
新疆	0.4217	0.5757	0.7127
浙江	0.2762	0.7563	0.7068
广东	0.2890	0.7063	0.6998
湖北	0.4051	0.5408	0.6939
福建	0.2644	0.7290	0.6929
安徽	0.4681	0.4877	0.6926
江西	0.3646	0.5598	0.6862
重庆	0.2425	0.7054	0.6738
云南	0.2224	0.7404	0.6704
西藏	0.1989	0.7732	0.6622
北京	0.2519	0.6202	0.6547
广西	0.2120	0.6772	0.6469
海南	0.1701	0.7720	0.6393
宁夏	0.2059	0.6010	0.6214
甘肃	0.1674	0.6369	0.6039
山西	0.1702	0.5930	0.5941

地区	"两藏"战略(U_1)	国家粮食安全战略(U_2)	耦合协调度(D)
贵州	0.1022	0.8321	0.5807
陕西	0.1375	0.6394	0.5786
青海	0.0076	0.7877	0.3039

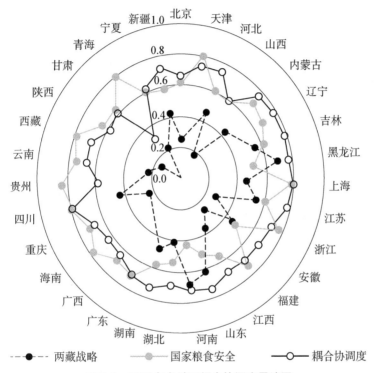

图3.3　2019年各地区耦合协调度雷达图

分区域看,"两藏"战略与国家粮食安全战略的耦合协调度,粮食主产区平均为0.7257,粮食主销区平均为0.7211,粮食平衡区平均为0.6206。粮食主产区和主销区差异不大,但粮食平衡区的耦合协调度相对较低,应引起关注。

三、结论与政策含义

"两藏"战略通过耕地、粮食、农业科技等路径,支撑国家粮食安全战略,保障国家粮食安全。从粮食安全的四个维度看,"两藏"战略的目标与可供给量维度最为接近,与其他三个维度有密切联系。"两藏"战略为粮食的可获得性、稳定性创造了基本条件,可利用量为"两藏"战略的实施创造了有利条件。

"两藏"战略是国家粮食安全战略的基础。"两藏"战略,与国家粮食安全战略的五个方面紧密相连。实施"两藏"战略,是实现"以我为主"的坚实基础,是坚持"立足国内"的核心要素,是支撑"确保产能"的主要保障,是确保"适度进口"的有效途径,是贯彻"科技支撑"的客观要求。

依靠科技进步提高粮食综合生产能力仍然具有很大潜力。在"两藏"战略与国家粮食安全战略体系中,农业科技都占据重要地位。国家粮食安全战略中"科技支撑"与"藏粮于技"可以相互支持。近些年来,我国耕地面积呈现缓慢下降趋势。这种趋势今后一段时期仍然会持续。在耕地资源压力持续增加的背景下,充分发挥农业科技的作用,强化农业科技对粮食综合生产能力的贡献,对实施"两藏"战略、保障国家粮食安全具有重要的战略意义。

需要进一步提高粮食平衡区的耦合协调度。我国"两藏"战略整体实施成效较好,但区域差异较大。粮食主产区和主销区"两藏"战略与国家粮食安全战略的耦合协调度比较接近,粮食平衡区的耦合协调度需要进一步提高。从区域数据比较看,粮食平衡区粮食安全度相对较高,需要进一步提高"两藏"战略的实施成效。

第二节　实施藏粮于地战略与深化农业供给侧结构性改革

本节主要阐述实施藏粮于地战略与深化农业供给侧结构性改革之间的关系。实施藏粮于地战略,要与深化农业供给侧结构性改革结合起来,具体包括提高口粮生产质量、优化粮食种植结构、加强现有农田建设、扩大休耕轮作试点、完善粮食流通体制等。

一、提高口粮生产质量

2017年中央一号文件指出要全面提升农产品质量。十九大报告提出质量兴农战略,2018年中央一号文件具体阐述了质量兴农战略的主要内容。党的二十大报告提出"着力推动高质量发展"。提高口粮生产质量,是实施质量兴农战略、满足中国居民消费升级、全面建成小康社会的客观要求,是实现藏粮于地实施目标的重要途径。

（一）加强粮食种子研发能力

粮食育种是提高口粮质量的前提条件。当前,中国种业发展面临育种创新能力不高、企业竞争力弱等问题。积极完善现代种业发展体系,提升种业企业规模和竞争力,对于加强粮食种子研发能力具有积极意义。

国家发改委和农业农村部 2021 年发布的《"十四五"现代种业提升工程建设规划》指出,种业振兴,重点从资源保护、育种创新、测试评价和良种繁育四个方面推进。

表 3.4 给出了 2017—2020 年我国种业骨干企业科研投入情况。2017 至 2020 年,我国种业骨干企业研发投入存在较大波动,科研投入与种子销售收入比还有增长空间。与国际种业公司相比,我国种业骨干企业科研投入水平、销售规模都需要进一步提升。在市场监管方面,需要加强种子制售方面的管理,防止假种子、劣质种子冲击市场。在种业产业链方面,积极支持"育繁推一体化"种子企业发展,鼓励企业全产业链经营,提升国际竞争力。

表 3.4　2017—2020 年我国种业骨干企业科研投入情况

指标	2017	2018	2019	2020
科研总投入(亿元)	10.89	13.4	11.04	14.76
科研投入与种子销售收入比值(%)	6.15	7.68	6.99	9.48

数据来源:农业农村部种业管理司等.2021 年中国种业发展报告.中国农业出版社,2021:67—68。

（二）提高优良种子种植规模

在提高粮食育种能力的基础上,需要大力提高优良种子种植规模,切实将科研成果转化为实际生产力。在良种推广方面,需要加大宣传和市场推广力度。信息不对称是制约种子推广的主要障碍之一。在全国很多地区,用自家粮食留种的做法还普遍存在。对广大农民,要加强宣传引导,培养农民定期更换新种子的理念。通过实例和对比,让农民理解新种子的优势。

2016 年,中国玉米、杂交稻种子的使用量分别为 115519、25950 万千克,种子商品化使用率均达到 100%;常规水稻、小麦、大豆种子的使用量分别为 99249、456932、51675 万千克,种子商品化使用率分别为 74.62%、77.42%、72.97%;马铃薯种子使用量为 267310 万千克,种子商品化率仅为43.91%。粮食作物在农作物中种植面积较大,必须高度重视优良种子推广问题。

全国粮食种子推广存在一定的周期性特点。以小麦推广面积为例，2000年至2020年，全国冬小麦前五位品种种植的集中度（CR5）围绕25.32％上下波动，全国春小麦前五位品种种植的集中度（CR5）围绕47.77％上下波动。

由图3.4,2000年至2020年，全国冬小麦和春小麦前五位品种种植的集中度（CR5）分别出现在2011和2019年。在推广周期的低谷期，应加强引导，提高良种推广面积。

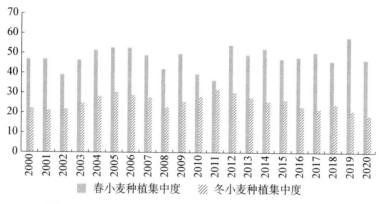

图3.4　2000年至2020年全国小麦推广集中度(CR₅)比较

数据来源:农业农村部种业管理司等.2021年中国种业发展报告.中国农业科学技术出版社,2021:49—50。

（三）提高粮食加工水平

近些年来,中国粮食加工业得到了长足发展,一些粮食产业化龙头企业发展迅速。但当前粮食加工业仍面临企业规模小、初级加工产能过剩、部分产品加工过度等问题。鼓励粮食加工企业继续向产区集中,打造绿色食品产业园区。

积极提高粮食加工水平,是在粮食育种和优质粮食生产的基础上向优质粮油供应又迈进了一步。当前要积极整合粮食加工企业,增强粮食加工的规模效益,优化产业链布局和市场布局。

积极完善粮食加工的质量标准体系,强化食品质量安全检测,淘汰落后产能。努力提高留胚米、营养强化大米、专用小麦粉、全麦粉等优质产品的产量,增加优质粮食产品供给能力。

（四）培育特色粮油品牌

特色粮油是众多粮油中优质粮油产品的典型代表。2003年以来农业部持续认定各地区的特色农产品。《特色农产品区域布局规划(2013—2020

年)》将特色农产品分为十类,与粮油相关的是第三类特色粮油,包括豆类、大麦、木本油料等。特色农产品的认定条件包括品质特色、开发价值、市场前景等。

2017年10月,农业部发布《特色农产品优势区建设规划纲要》,进一步加强特色农产品优势区建设。2017年12月农业部公布的第一批特色农产品优势区中,与特色粮油有关的包括黑龙江省海伦大豆中国特色农产品优势区、甘肃省定西马铃薯中国特色农产品优势区等。

充分发挥各地区特色粮油的优势,培育特色粮油品牌,对于增加农民收入、发展农业经济、增强优质粮食产品供给具有重要意义。

二、优化粮食种植结构

优化粮食种植结构,是主动适应粮食消费升级的具体表现,也是深化农业供给侧结构性改革的具体表现,更是实施藏粮于地战略的具体举措。

(一)确保口粮供给

粮食产量实现"十三"连增后,全国粮食产量基本保持平稳。今后,粮食生产的重点是确保口粮供给稳定、充足,保证"口粮绝对安全"。

确保口粮供给是国家粮食安全的基石。口粮消费在粮食消费中占据重要位置。虽然口粮消费比重在中国居民消费中有所下降,但由于人口众多,口粮消费基数较大。

在新时代全面建成小康社会的大背景下,确保口粮供给,不仅要求口粮数量充足、稳定,而且要求口粮的质量要有保证。在口粮生产、加工、储藏等环节确保口粮质量,是今后口粮生产需要关注的重点。口粮的安全、营养、健康等方面都需要加强监管,确保质量安全、营养达标。

(二)积极发展马铃薯种植

积极发展马铃薯种植,是丰富中国主食品种、降低传统口粮供给压力的重要举措。中国西南和西北地区可以适当扩大马铃薯种植规模,形成产业化优势。

马铃薯种植是马铃薯产业化的基础。中国是马铃薯生产大国、消费大国,但马铃薯消费主要以薯条、菜品、粉条等形式出现。今后,马铃薯主粮化、主食化的发展重点是在增加马铃薯产量的基础上,开发出马铃薯面条、烙饼、馒头等一系列主食制品。马铃薯产业化前景广阔,需要在调研国内居民消费需求的基础上推出相关产品。

马铃薯育种市场空间较大。2020年,马铃薯种子市值前十位地区包括甘肃、四川、云南、贵州、内蒙古、山东、新疆、河北、黑龙江、山西等。2020年甘肃省马铃薯种子市值达到 21.71 亿元。[①]

围绕育种、生产、加工、储藏、物流、销售等环节，鼓励马铃薯企业通过联合等方式，逐渐形成全产业链经营，塑造品牌优势。

（三）增加油料作物产能

改革开放四十年来，中国城乡居民对食用植物油的消费量呈现快速上升态势。这一方面反映了居民消费结构的升级，另一方面给粮食种植结构调整带来机遇和挑战。

加入世贸组织以后，进口大豆迅速增加，国产大豆增长乏力。食用植物油消费市场巨大，关系国计民生。今后在粮食种植结构调整方面，需要增加油料作物产能。一方面要丰富油料作物品种，另一方面要扩大油料作物产量，以满足国内巨大的消费需求。

大豆是油料作物中的重要品种。2022 年中央一号文件强调要扩大豆类种植面积。大豆不仅关系居民生活消费，也俨然成为大国博弈的工具，大豆的重要性不言而喻。从长远看，必须千方百计增加国内油料作物产能，尤其是大豆的产能，适当降低进口依存度。实施藏粮于地战略，及时调整农作物种植结构，要以国内粮油需求为导向，弥补需求缺口。积极增加油菜、向日葵等油料作物种植，积极发展木本油料作物种植，弥补大豆产能不足，满足居民食用植物油消费的多样化需求。中国木本油料作物种植区域主要集中在浙江、湖北、湖南、贵州等地区，已经列为全国特色农产品。

三、加强现有农田建设

加强现有农田建设，一方面要确保基本农田的数量，另一方面要提高农田质量。加强现有农田建设，有利于提高农业生产能力，是中国农业供给侧结构性改革的重要内容，也是实施藏粮于地战略的重要举措。

（一）严格保护永久基本农田

基本农田是指按照一定时期人口和社会经济发展对农产品的需求，依据土地利用总体规划确定的不得占用的耕地。[②]《基本农田保护条例》界定了基本农田保护区的范围。2008 年 10 月，中国共产党中央十七届三中全会通过的《关于推进农村改革发展若干重大问题的决定》提出"永久基本农

---

① 资料来源：农业农村部种业管理司等. 2021 年中国种业发展报告. 中国农业科学技术出版社，2021：40—48.
② 资料来源：国务院《基本农田保护条例》(1999 年修订).

田"的概念。随后逐渐开始划定永久基本农田试点。2015 年 3 月,国土资源部下发通知,要求做好 106 个重点城市周边永久基本农田划定工作有关事项。2017 年 11 月,国土资源部和农业部对永久基本农田划定工作中表现突出的单位和个人进行了表扬。

严格保护永久基本农田是坚守 18 亿亩耕地红线要求在各地区具体落实的表现。划定永久基本农田政策,必须持之以恒、严格执行。截至 2017 年 6 月底,全国 2887 个县级行政区实际划定永久基本农田 15.50 亿亩,已全部落到实地地块、明确保护责任,完成信息入库任务。[①] 这说明全国划定永久基本农田已经取得实质性进展,成效显著。

2018 年 2 月,国土资源部下发《关于全面实行永久基本农田特殊保护的通知》,进一步明确了永久基本农田建设和管理的具体要求。要积极防止永久基本农田挪作他用。2018 年 11 月,自然资源部公布了十起违法占用永久基本农田案件。[②] 这十起案件分布在河北、上海、山东、河南、贵州、甘肃等地区,违法占用永久基本农田面积最大的达到 499.34 亩。这十起案件的共同特点是,违法占用永久基本农田从事建设生态园、停车场、驾校、庄园饭店、水上乐园等非农业生产活动。按照规定一般建设项目禁止占用永久基本农田,重大项目占用需要严格履行审批程序。要防止擅自更改土地利用规划,规避政策审批等行为发生。

(二) 积极建设高标准农田

中国自 20 世纪 80 年代通过农业综合开发,开始改造中低产田、建设高标准农田。根据 2013 年财政部发布的《国家农业综合开发高标准农田建设规划》,高标准农田是指达到"田地平整肥沃、水利设施配套、田间道路通畅、林网建设适宜、科技先进适用、优质高产高效"标准,即"旱涝保收高标准农田"。

党的二十大报告提出"逐步把永久基本农田全部建成高标准农田"。当前,我国耕地质量整体不高,中低产田比重偏大。积极改造中低产田,增加高标准农田比重,是全面提升耕地质量的重要举措。根据国家农业综合开发高标准农田建设规划,到 2025 年,累计建成高标准农田 10.75 亿亩,具体见表 3.5。

---

① 资料来源:朱江. 保障国家粮食安全　我国划定永久基本农田 15.50 亿亩. 人民网,2017 - 09 - 21.

② 资料来源:黄晓芳. 自然资源部公布 10 起违法占用永久基本农田案件. 中国经济网,2018 - 11 - 06.

表3.5　全国高标准农田建设主要指标

序号	指标	目标值	属性
1	高标准农田建设	到2022年累计建成高标准农田10亿亩	约束性
		到2025年累计建成高标准农田10.75亿亩	
		到2025年累计改造提升高标准农田1.05亿亩	
		到2030年累计建成高标准农田12亿亩	
		到2030年累计改造提升高标准农田2.8亿亩	
2	高效节水灌溉建设	到2022年累计建成高效节水灌溉面积4亿亩	预期性
		2021—2030年新增高效节水灌溉面积1.1亿亩	
3	新增粮食综合生产能力	新增高标准农田亩均产能提高100公斤左右	预期性
		改造提升高标准农田产能不低于当地高标准农田产能的平均水平	
4	新增建设高标准农田亩均节水率	10%以上	预期性
5	建成高标准农田上图入库覆盖率	100%	预期性

资料来源:农业农村部《全国高标准农田建设规划(2021—2030年)》。

　　高标准农田建设的目标是提升农业综合生产能力,尤其是粮食生产能力。从表3.5可知,中国高标准农田建设既注重节水灌溉,又重视粮食生产能力提升。严格保护永久基本农田,积极建设高标准农田,既保证了耕地的数量目标,又提升了耕地的整体质量,确保农业综合生产能力的稳定提高。这既是农业供给侧结构性改革的基本要求,也是藏粮于地战略的客观要求。

四、扩大休耕轮作试点

(一)耕地休耕轮作试点的现状

　　耕地休耕轮作从2016年开始探索,党的十九大报告强调了耕地休耕轮作的重要性。耕地休耕轮作在保护耕地、提高耕地质量、调整农业种植结构、提高农业综合生产能力等方面具有积极作用,既是农业供给侧结构性改革的重要内容,也是实施藏粮于地战略的客观要求。

　　2018年,全国耕地休耕轮作试点范围继续扩大,江苏、江西等地区也纳入试点范围。农业部、中央农委、发展改革委等部门2019年5月发布了《探索实行耕地轮作休耕制度试点方案》。具体见表3.6。

表 3.6　2019 年休耕轮作试点主要方案

区域	省区	类型	面积	实施模式
东北冷凉区、北方农牧交错区	内蒙古	轮作	500 万亩	"一主":实行玉米与大豆轮作。"多辅":杂粮杂豆、薯类、饲草、油料等作物轮作。
	辽宁	轮作	50 万亩	
	吉林	轮作	150 万亩	
	黑龙江	轮作	1100 万亩	
黄淮海地区	安徽	轮作	50 万亩	"一主":实行大豆为主。"油料为辅":花生、油菜等油料作物为辅。
	山东	轮作	50 万亩	
	河南	轮作	50 万亩	
	江苏北部	轮作	25 万亩	
	河北	休耕	200 万亩	推行马铃薯与胡麻、杂粮杂豆等作物轮作,改善土壤理化性状。
长江流域	江苏	轮作	25 万亩	小麦稻谷低质低效区实行稻油、稻菜、稻肥等轮作,改良土壤。
	江西	轮作	25 万亩	
	湖北	轮作	140 万亩	大力开发冬闲田扩种油菜。
	湖南	轮作	140 万亩	
	四川	轮作	200 万亩	大力开发冬闲田扩种油菜、玉米大豆轮作或间套作。
河北省地下水漏斗区	河北	季节性休耕	200 万亩	"一季休耕、一季种植"。
湖南省长株潭重金属污染区	湖南	休耕	20 万亩	优先种植生物量高、吸收积累作用强的植物,不得改变耕地性质。
西北生态严重退化地区	贵州	休耕	18 万亩	坡度 15°以上、25°以下的生态严重退化地区实施,调整种植结构,改种防风固沙、涵养水分、保护耕作层的植物,同时减少农事活动,促进生态环境改善。
	云南	休耕	18 万亩	
	甘肃	休耕	28 万亩	
黑龙江寒地井灌稻地下水超采区	黑龙江三江平原	休耕	200 万亩	苜蓿或油菜。
新疆塔里木河流域地下水超采区	南疆塔里木河流域	休耕	16 万亩	耗水量大、靠抽取地下水灌溉的冬小麦休耕,减少农事活动,减少地下水抽取,满足胡杨林正常生长发育。

资料来源:根据农业农村部等部门 2019 年 5 月发布的《农业农村部　财政部关于做好 2019 年耕地轮作休耕制度试点工作的通知》整理。

从表3.6可知,2019年全国耕地轮作休耕试点主要集中在黑龙江、内蒙古、吉林、河北、四川等地区。

2020年,按照中央关于"适当调整轮作休耕试点,扩大轮作、减少休耕,轮作以种植粮食作物为主"的总体要求,继续实施轮作休耕试点。轮作试点主要在东北冷凉区、北方农牧交错区、西北地区、黄淮海地区和长江流域实施,开展粮油等轮作模式,支持南方地区开展稻油轮作,恢复发展双季稻。休耕试点主要在河北、黑龙江、新疆地下水超采区实施。

2021年,继续推进耕地轮作休耕制度。立足资源禀赋、突出生态保护、实行综合治理,进一步探索科学有效轮作模式,重点在东北地区推行大豆薯类—玉米、杂粮杂豆春小麦—玉米等轮作,在黄淮海地区推行玉米—大豆或花生—玉米等轮作,在长江流域推行稻油、稻稻油等轮作,既通过豆科作物轮作倒茬,发挥固氮作用,提升耕地质量,减少化肥使用量,又通过不同作物间轮作,降低病虫害发生,减少农药使用量,加快构建绿色种植制度,促进农业资源永续利用。同时,继续在河北地下水漏斗区、黑龙江三江平原井灌稻地下水超采区、新疆塔里木河流域地下水超采区实施休耕试点,休耕期间配套采取土壤改良、培肥地力、污染修复等措施,促进耕地质量提升。①

(二)耕地休耕轮作的主要条件

近些年来,全国粮食总量供给充足为耕地休耕轮作提供了有利条件,地力休整、农业种植结构调整、生态环境保护等对耕地休耕轮作提出了更加迫切的要求。

持续推进并扩大休耕轮作试点范围,需要具备的宏观条件包括:

一是产量条件,即要确保粮食供给总量稳定,满足粮食供需平衡基本要求。全国粮食产量多年来保持稳定增长的态势,部分粮食品种出现阶段性供给过剩,这些为实现休耕轮作争取了有利空间。

二是生态条件,即保护生态环境的重要性和压力越来越大。工业生产给生态环境带来较大压力,部分地区出现地力下降、水资源匮乏等情况。绿色发展理念、藏粮于地战略实施均要求实现农业可持续发展,积极保护生态环境。生态环境恶化地区是实施休耕轮作的重点地区。

三是收入条件,即实现休耕轮作要积极稳定农民收入。实施耕地休耕轮作,要充分考虑农民的损失,通过补贴等方式稳定农民收入,提高农民参

---

① 资料来源:农业农村部 财政部关于做好2021年农业生产发展等项目实施工作的通知,农业农村部网站,2021-10-26。http://www.moa.gov.cn/nybgb/2021/202106/202110/t20211026_6380491.htm.

与休耕轮作的积极性。

此外，实施耕地休耕轮作，还需要关注农产品供需结构性平衡、城镇化影响等因素。

（三）今后扩大耕地休耕轮作试点的发展思路

今后扩大耕地休耕轮作试点，可以考虑以下几点：

一是积极总结试点地区的典型经验。先行先试地区的经验为后来其他地区开展耕地休耕轮作提供了宝贵经验。例如，"控害养地培肥"模式为重金属污染区和生态严重退化地区提供了经验借鉴，"一季雨养一季休耕"为地下水漏斗区开展节水农业提供了发展思路。

二是充分调动各类农业经营主体参与休耕轮作的积极性。政府推动需要与农业经营主体的生产活动结合起来，才能提高休耕轮作的效果。各类农业经营主体在耕地休耕轮作过程中，可以通过补贴、耕地种植收入等方式获得稳定收益，参与休耕轮作的积极性将更具长期性和稳定性。

三是分类实施。休耕的重点是恢复农业生态、修复受污染的耕地，需要技术支持。实施轮作过程中，要积极探索作物轮作的具体模式，加强农业技术指导。针对地力下降、水资源不足、土壤污染、生态退化等不同情况，分类实施休耕轮作，加强前期勘测认定和后期技术服务，有利于提高耕地休耕轮作的实施效果。

四是在耕地休耕轮作过程中严格保护耕地的数量和质量。耕地休耕轮作需要一定的年限。要防止用于休耕轮作的耕地被占用、被弃用。严格按照各项规定保护好用于休耕轮作的耕地，守住耕地数量，提高耕地质量。

五、完善粮食流通体制

完善粮食流通体制，对藏粮于地战略而言，有利于增强藏粮于地投入产出的经济效益，为提升藏粮于地战略的长期实施和良性循环奠定了市场基础。

完善粮食流通体制，核心在于充分发挥粮食价格在粮食资源配置中的作用。2017年中央一号文件《关于深入推进农业供给侧结构性改革　加快培育农业农村发展新动能的若干意见》指出"深化粮食等重要农产品价格形成机制和收储制度改革"。深化粮食价格改革，增强了农业供给侧结构性改革的市场导向。粮食价格变动为农业供给侧结构性改革提供了信号和方向。

因此，完善粮食流通体制，既是农业供给侧结构性改革的重要内容，也是提升藏粮于地战略实施效果的重要途径。

（一）加强粮食价格在粮食经济中的杠杆作用

粮食价格在粮食经济发展中具有重要的指挥棒作用，引导农业资源配置，反映粮食供求关系。在社会主义市场经济条件下，大力发展粮食经济，就要完善粮食流通体制，优化粮食价格形成机制。通过粮食价格波动，调节不同粮食品种的供求关系，引导农民主动调整农业种植结构，增加农产品收益。

积极理顺粮食在生产、加工、购销、消费、进出口等不同环节的价格关系，解决粮食生产与价格、国内与国际价格倒挂等现象。通过土地流转、适度规模经营等途径降低粮食生产成本，扩大农民增收的空间。

（二）增强粮食宏观调控能力

增强粮食宏观调控能力，要在粮食市场价格的基础上通过保护价收购等各种手段保障粮食供求基本平衡，确保国内粮食市场平稳运行，防止大起大落。通过粮食进出口等手段，利用国际粮食资源补充国内粮食缺口。

增强粮食宏观调控能力，要优化粮食收储制度，提高粮食收储的效益。中央和地方粮食储备，是应对粮食市场风险和应急粮食需求的重要保障。充分发挥各地区国有粮食企业的作用，推进国有粮食企业分类改革，加强大型国有粮食企业稳定市场的能力，为粮食宏观调控奠定基础。

增强粮食宏观调控能力，既要关注粮食短期的供求均衡，更要研究粮食供求关系的长期变动趋势，提高调控的社会效益。

（三）大力发展粮食产业经济

大力发展粮食产业经济，本质上是要充分发挥粮食资源优势，提升粮食资源价值，增强优质粮食供给能力。粮食企业是粮食产业经济的主要载体。通过跨地区、跨行业兼并重组，积极培育具有市场竞争力的大型粮食企业，完善企业在粮食产业链方面的布局。小农户是我国农业生产的重要主体，也是粮食产业经济的重要载体。积极增强小农户适应市场经济的能力，通过农业合作社、"公司＋用户"等方式，提高小农户抵御市场风险的能力。

大力发展粮食产业经济，在生产环节要增加绿色原粮的供给，在加工、消费环节要坚持绿色加工、绿色消费。要延长粮食产业链，发展粮食循环经济。充分利用"互联网＋"机遇，通过"互联网＋粮食"发展粮食经营新业态。积极提高粮食产品质量，打造粮食产品品牌，增加优质粮食产品供给。

总之，实施藏粮于地战略与深化农业供给侧结构性改革之间，都集中在粮食生产环节，都需要适应粮食需求的变化，都着眼于提升农业综合生产力，具有内在的一致性。

第三节　实施藏粮于地战略与提升农业现代化水平

本节主要阐述实施藏粮于地战略与提升农业现代化水平之间的关系。从藏粮于地战略和农业现代化的内涵、评价指标看,实施藏粮于地战略与提升农业现代化水平之间具有内在的一致性,并存在相互促进的机制。实施藏粮于地战略,要与提升农业现代化水平结合起来。

一、藏粮于地战略与农业现代化的内涵及指标比较

藏粮于地战略与农业现代化在内涵及评价指标方面既有不同的一面,又有一致之处,二者具有内在的有机联系。

(一) 内涵比较

本书第二章分析了藏粮于地战略的内涵。藏粮于地战略是指,通过科技创新、制度保障等途径,以国内耕地资源保护和利用为主,确保国内粮食可持续生产能力;同时通过进口和国际农业合作,适当借助国际耕地资源进口补充国内粮食生产缺口。

关于农业现代化的内涵,学术界对此多有分析,可以总结出基本内涵。西奥多·W.舒尔茨(1964)(Theodore W. Schultz, 1964)提出通过引入新要素、对农民进行人力资本投资等方式改造传统农业,积极发展现代农业。20 世纪50 年代以来,学者对农业现代化的研究日益深入。章宗礼、顾振鸣(1980),李恩泽、石玉山、丁杰(1991),顾焕章、王培志(1997),柯炳生(2000),周洁红、黄祖辉(2002),韩士元(1999),蒋和平、黄德林(2006),孔祥智、毛飞(2013)等诸多学者对农业现代化的内涵和指标进行了探索。总的来看,狭义的农业现代化重点关注农业在技术、经济管理等方面的现代化。广义的农业现代化不仅包括农业的现代化,还包括农村和农民的现代化、保护环境等内容。

2007、2014、2015、2016 等年份的中央一号文件从不同角度对农业现代化进行了重点阐述。例如,2014 年中央一号文件提出"努力走出一条生产技术先进、经营规模适度、市场竞争力强、生态环境可持续的中国特色新型农业现代化道路"。2017 年中央一号文件通过推进农业供给侧结构性改革推进农业现代化建设。2018 年中央一号文件中,通过"四化"同步等途径实现城乡融合发展,成为促进乡村振兴的重要原则之一。

(二) 评价指标比较

国务院《"十四五"推进农业农村现代化规划》(国发〔2021〕25 号)提出

了"十四五"时期农业现代化的主要指标,具体见表3.7。

表3.7 "十四五"推进农业农村现代化主要指标

序号	指标	2020年基期值	2025年目标值	年均增速〔累计〕	指标属性
1	粮食综合生产能力(亿吨)	—	>6.5	—	约束性
2	肉类总产量(万吨)	7748	8900	2.8%	预期性
3	农业科技进步贡献率(%)	60	64	〔4〕	预期性
4	高标准农田面积(亿亩)	8	10.75	〔2.75〕	约束性
5	农作物耕种收综合机械化率(%)	71	75	〔4〕	预期性
6	畜禽粪污综合利用率(%)	75	>80	〔>5〕	约束性
7	农产品质量安全例行监测合格率(%)	97.8	98	〔0.2〕	预期性
8	农产品加工业与农业总产值比	2.4	2.8	〔0.4〕	预期性
9	较大人口规模自然村(组)通硬化路比例(%)	—	>85	—	预期性
10	农村自来水普及率(%)	83	88	〔5〕	预期性
11	乡村义务教育学校专任教师本科以上学历比例(%)	60.4	62	〔1.6〕	预期性
12	乡村医生中执业(助理)医师比例(%)	38.5	45	〔6.5〕	预期性
13	乡镇(街道)范围具备综合功能的养老服务机构覆盖率(%)	54	60	〔6〕	预期性
14	农村居民人均可支配收入增速(%)	3.8	—	与GDP增长基本同步	预期性
15	集体收益5万元以上的村占比(%)	54.4	60	〔5.6〕	预期性
16	县级及以上文明村占比(%)	53.2	60	〔6.8〕	预期性
17	农村居民教育文化娱乐消费支出占比(%)	9.5	11.5	〔2〕	预期性

资料来源:国务院《"十四五"推进农业农村现代化规划》(国发〔2021〕25号)。表格中〔〕内为5年累计数。

从表 3.7 可以看出,"十四五"时期农业现代化的主要指标包括粮食综合生产能力、农业科技进步贡献率、高标准农田面积、农作物耕种收综合机械化率等。这些指标以农业发展为重点,覆盖了农业、农村、农民三方面。

本书第七章分析了藏粮于地战略绩效评价的指标体系。通过比较表 7.1 与表 3.7 在指标内容上的异同,可以分析出藏粮于地战略与农业现代化之间的内在联系。表 3.7 中,农业现代化一级指标"粮食供给保障"中的二级指标"粮食(谷物)综合生产能力",与藏粮于地绩效评价一级指标"经济效益"中的二级指标具有明确的对应关系。农业现代化一级指标"可持续发展"中的二级指标"耕地保有量",与藏粮于地绩效评价二级指标"耕地保有量",具有指标上的对应关系。农业现代化与藏粮于地评价指标的具体比较结果见表 3.8。

表 3.8　农业现代化与藏粮于地评价指标比较

农业现代化一级指标	农业现代化二级指标	藏粮于地二级指标	藏粮于地一级指标
粮食供给保障	粮食综合生产能力	耕地保有量;粮食种植面积;灌溉面积	经济效益
农业结构	玉米、大豆等作物种植面积;畜牧业等产值	粮食种植面积;粮食工业总产值	经济效益
质量效益	农业劳动生产率	粮食单产	经济效益
可持续发展	耕地保有量	耕地保有量	经济效益;生态效益
技术装备	农业科技进步贡献率;农作物耕种收综合机械化率	粮食单产	经济效益
规模经营	多种形式土地适度规模经营占比	粮食种植面积	经济效益
支持保护	全国公共财政农林水事务支出总额		

与《"十四五"推进农业农村现代化规划》相比,国务院发布的《全国农业现代化规划(2016—2020 年)》(国发〔2016〕58 号)设置的农业现代化指标更为详细。表 3.8 综合了这个两个规划关于农业现代化的评价指标。表 3.8 中,可持续发展等部分指标在理念上一致,二级指标方面不完全一致。农业现代化规模经营指标,与粮食种植规模经营有内在一致之处。

从上述比较可知,实施藏粮于地战略与提升农业现代化水平之间,存在一定交叉,但也有显著的区别,二者均有各自的侧重点。

2017年11月,《国家现代农业示范区建设水平监测评价方法》将示范区的农业物质装备水平、科技推广水平、经营管理水平、支持水平、产出水平和可持续发展水平等六个方面综合起来,对各地区示范区进行农业现代化水平评价。该指标体系与农业现代化指标体系的内容具有较高的一致性。

邸菲、胡志全(2020)基于产业体系、生产体系、经营体系、支持保护和质量效益评价了2016年各地区农业现代化水平。研究结果表明,西部地区农业现代化水平明显低于东部、东北和中部地区。[①]为增强两个指标的可比较性,本书将邸菲、胡志全(2020)测算的2016年各地区农业现代化水平与第七章测算的藏粮绩效指数进行归一化处理后,进行区域比较,计算结果见表3.9。

表3.9　2016年主要地区农业现代化水平与藏粮于地绩效比较

地区	农业现代化综合指数	藏粮于地绩效	地区	农业现代化综合指数	藏粮于地绩效
黑龙江	0.8441	1.0000	广东	0.7690	0.4410
山东	0.9439	0.9077	云南	0.6421	0.4325
河南	0.8065	0.8783	甘肃	0.7443	0.4106
安徽	0.9100	0.7430	贵州	0.6723	0.4050
江苏	1.0000	0.7401	广西	0.6955	0.4046
吉林	0.8841	0.7147	陕西	0.7898	0.3852
四川	0.7891	0.6634	天津	0.9415	0.3415
河北	0.8693	0.6507	浙江	0.9092	0.3347
湖北	0.8841	0.6385	福建	0.7817	0.2949
内蒙古	0.8056	0.5964	上海	0.9978	0.2734
湖南	0.7554	0.5750	北京	0.9036	0.2538
山西	0.8326	0.5596	宁夏	0.7005	0.2418
新疆	0.7882	0.5077	西藏	0.6067	0.2116
辽宁	0.8818	0.4799	海南	0.8029	0.1895
江西	0.8850	0.4734	青海	0.6977	0.1695
重庆	0.7592	0.4421			

①　邸菲,胡志全. 我国农业现代化评价指标体系的构建与应用. 中国农业资源与区划,2020,41(06):46—56.

表3.9中,农业现代化综合指数、藏粮于地绩效最大值均取1,其他地区对应值占最大值的比值为该地区具体值。将表3.9数据结果绘制成图3.5。

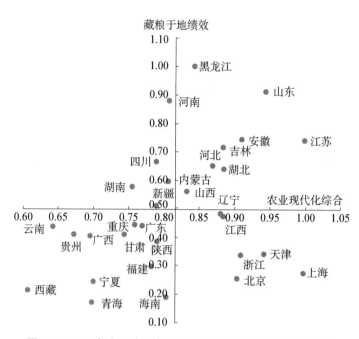

图3.5　2016年主要地区农业现代化水平与藏粮于地绩效比较

图3.5中的坐标轴的交点分别为各地区农业现代化水平<0.85和藏粮于地绩效平均值为介于0.40~0.50之间。两个坐标轴将图中各地区分为四个象限。

第Ⅰ象限为图3.5中右上侧的区域。该区域特征为农业现代化水平、藏粮于地绩效较高,高于均值水平。具体地区包括江苏、黑龙江、山东、吉林、湖北等地区。

第Ⅱ象限为图3.5中左上侧的区域。该区域特征为农业现代化水平较低,藏粮于地绩效比较高。具体地区包括河南、四川、湖南、内蒙古等地区。

第Ⅲ象限为图3.5中左下侧的区域。该区域特征为农业现代化水平较低,藏粮于地绩效比较低。具体包括重庆、广东、云南、贵州、甘肃、陕西、青海等地区。

第Ⅳ象限为图3.5中右下侧的区域。该区域特征为农业现代化水平较高,藏粮于地绩效比较低。具体包括辽宁、江西、天津、上海等地区。

二、实施藏粮于地战略对农业现代化水平的提升作用

不论是从内涵还是从指标比较上,实施藏粮于地战略与提升农业现代化水平都存在密切关系,二者虽然有所不同,但可以相互促进。

实施藏粮于地战略,在耕地资源保护、农业生产条件改善、农业综合产出等方面,与农业现代化发展具有内在的一致性,可以有力支撑农业现代化水平的提升。

图 3.5 中,第 Ⅰ、Ⅲ 象限区域的地区,农业现代化水平与藏粮于地绩效之间呈现正向相关关系,这些地区农业现代化水平越高,藏粮于地绩效也越高。

实施藏粮于地战略可以增强粮食供给保障。表 3.9 中,在综合产出方面,粮食供给能力既是实施藏粮于地战略在农业产出方面的重要指标,也是农业现代化的重要保障目标。在农业生产条件方面,藏粮于地绩效中灌溉面积、农作物种植面积等指标,与农业现代化"农业结构"玉米、大豆等作物种植面积等指标基本一致。但藏粮于地战略以粮食综合产出为重点。

实施藏粮于地战略可以提高农业质量效益。2019 年 2 月,农业农村部、国家发展改革委、国家粮食和物资储备局等多部门联合发布了《国家质量兴农战略规划(2018—2022 年)》(农发〔2019〕1 号)。根据该规划,质量兴农的主要指标包括农产品质量高、产业效益高、生产效率高、经营者素质高、国际竞争力强等五个一级指标。其中,产品质量高的二级指标包括农产品质量安全例行监测综合合格率和绿色、有机、地理标志、良好农业规范农产品的认证均增长。生产率高的二级指标包括农业劳动生产率、土地产出率、农作物耕种收综合机械化率、农田灌溉水有效利用系数、主要农作物农药和化肥利用率等。

农业现代化评价指标中的农业劳动生产率等指标与表 7.1 藏粮于地绩效评价中的经济效益指标(用粮食单产水平数据表示),与质量兴农主要指标中的生产效率高指标具有内在的一致性。

总之,促进农业高质量发展,是实施藏粮于地战略、实施质量兴农战略的内在要求,也是提升农业现代化水平的客观要求。

三、提升农业现代化水平对藏粮于地战略的积极影响

由于侧重点有所不同,部分藏粮于地战略绩效评价指标在农业现代化指标体系中没有直接的对应关系,部分农业现代化指标在藏粮于地战略绩效评价指标体系中也没有直接的对应关系。但是农业现代化的这些指标对实

施藏粮于地战略具有积极的影响。

（一）适度规模经营是增强藏粮于地实施效果的重要途径

规模经营是农业现代化的重要内容，也是今后农业发展的重要趋势。规模经济效应降低了农业生产的成本，提高了经济效益。规模经营与传统小农经营形成鲜明对比。受各地区生产力差异的限制，当前我国家庭联产承包经营的模式仍然将长期存在，但部分地区实现规模经营已经成为现实。

规模经营和机械化作业密切相关。在条件成熟地区，适度发展农业规模经营，是提高农户抵御市场风险能力的重要手段，也是全国农业机械化水平提高后的客观需要。粮食主产区是实施藏粮于地战略的重点区域。全国多数粮食主产区地处平原，地势平坦，适合农业机械化作业。随着农村人口向城镇转移，积极推动农村土地流转，有利于实现农业生产的规模化和机械化。

党的二十大报告指出要"发展农业适度规模经营"。通过农业适度规模经营，提高了藏粮于地的经济效益，提高了农地的经济价值，增加了农民收入。根据 2018 年 4 月《攸县 2018 年粮食适度规模经营补贴实施方案》，攸县 2018 年粮食适度规模经营补贴的对象包括在本县范围内耕地流转面积且水稻种植面积 100 亩以上的种粮大户、家庭农场、种粮专业合作社，在本县依法登记的粮食生产社会化服务组织，全县各行政村（社区）、村民小组和新型农业经营主体。补贴方式包括物化补贴、以物代补、以奖代投、先服务后补助、小型农田基础设施（水利和机耕道路）建设奖补等。[①] 这些奖扶措施以粮食适度规模经营为中心，以促进粮食生产为重点，增加了各类粮食生产主体的种粮积极性，既提高了粮食适度规模经营，确保了粮食综合生产能力，又增强了藏粮于地战略的实施效果。

（二）技术装备是增强藏粮于地实施效果的重要手段

技术装备能力是农业现代化的重要指标和表现，也是保障藏粮于地战略顺利实施的重要手段。农业现代化评价指标中，技术装备能力包括农田有效灌溉面积、农业科技进步贡献率、农作物耕种收综合机械化率等指标。这些指标对增强藏粮于地实施效果都具有重要意义。

农田有效灌溉面积是农业现代化水平的重要表现，也是实施藏粮于地战略的重要条件。改革开放以来，我国农田灌溉面积稳定增长。

从图 3.6 可知，黑龙江、河南、山东、新疆、安徽、河北、江苏等地区耕地

---

① 资料来源：攸县财政局.攸县人民政府办公室关于印发《攸县 2018 年粮食适度规模经营补贴实施方案》的通知.攸县人民政府网站,2018 - 10 - 10.

灌溉面积较大。这些地区多数为粮食主产区。从灌溉面积占耕地总面积的比重看,在耕地灌溉面积较大的地区中,新疆、江苏等地区的灌溉面积比重保持在 90％以上,福建、安徽、湖南地区保持在 70％至 90％之间,河北、山东、河南等地区保持在 60％至 70％之间。这说明我国灌溉面积还有很大提升空间。

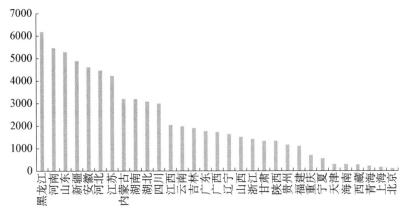

图 3.6　2020 年各地区耕地灌溉面积比较

数据来源:《2021 中国统计年鉴》。耕地灌溉面积单位:千公顷。

江苏、黑龙江等地区灌溉面积较大,农业现代化水平较高,藏粮于地战略实施绩效排名也比较靠前。总的来讲,多数地区农业现代化水平较高,推动了当地藏粮于地战略实施的效果。

(三)可持续发展是实施藏粮于地战略的重要保障

可持续发展是农业现代化的重要内容,也是实施藏粮于地战略的必然要求和重要保障。耕地保有量是农业现代化的重要指标,也是实施藏粮于地战略的重要指标。这充分说明耕地保有量的极端重要性,耕地不仅是农业现代化的基础,也是实施藏粮于地战略的重要条件。

根据表 3.9 的结果,结合各地区耕地面积分析发现:2016 年,耕地面积较丰富的地区中,黑龙江、山东、四川等地区农业现代化水平、藏粮于地绩效水平较高,基本平衡。内蒙古、甘肃、河北等地区耕地面积较大,但农业现代化水平、藏粮于地绩效有待提高。江苏耕地面积排在第 14 位,但是农业现代化水平和藏粮于地绩效排名非常高。河南耕地面积和藏粮于绩效均较高,但农业现代化水平不高。同时,上海、北京、天津等地区耕地面积偏低,藏粮于地绩效较低,但农业现代化水平非常高。这说明,在耕地资源匮乏的条件下,即使农业现代化水平很高,但藏粮于地的潜力较低,战略实施绩效提升的空间非常有限。

总的来看,耕地保有量是实施藏粮于地战略的重要基础,也是全国实行农业现代化的重要基础。

四、农业现代化背景下实施藏粮于地战略的基本思路

农业现代化为藏粮于地战略的实施提供了全面的保障。跳出藏粮于地战略的范畴,从农业现代化的视角审视藏粮于地战略实施,需要关注藏粮于地战略之外的支撑条件和发展机遇。

(一)工业反哺农业,为藏粮于地战略的实施创造条件

新中国成立以来,工农业"剪刀差"的存在使得我国农业发展滞后于工业。改革开放以来,随着工业的快速发展,工业反哺农业的时机和条件已经成熟。

要建立工业反哺农业的长效机制,保持工业支持农业的长期性和连续性。首先,在政策法规方面,要积极通过立法、专项政策等形式确定工业反哺农业的惠农制度安排,确保工业支持农业落到实处。其次,在财政投入方面,从中央到地方,建立工业反哺农业专项,通过专项资金支持农业发展,提升农业发展水平,确保藏粮于地战略的实施。

从产业发展角度看,积极支持涉农产业的发展,为提高农业综合生产能力提供产品、技术、信息、人员等方面的保障。《全国农业现代化规划2016—2020》指出,通过推进农村一二三产业融合、区域农业统筹发展等途径,提升农业现代化水平。

工业反哺农业,为提高耕地地力和农作物产出提供了多方面保障,为藏粮于地战略的实施创造了良好的条件。

(二)城镇反哺农村,夯实藏粮于地战略实施的动力

传统的二元经济结构中,工业在城镇,农业在乡村。工农业"剪刀差"带来城乡发展的巨大反差,导致乡村滞后于城镇的发展。在工业反哺农业的背景下,城镇反哺农村也势在必行。

乡村振兴战略的提出和实施,是实现城镇反哺农村的重要路径。要充分利用城镇化发展的成果提高农业和农村发展水平,提高农民收入和发展能力。

城镇反哺农村,主要思路包括:

一是人才反哺。积极倡导和吸引城镇各类优秀人才到农村创业,为农业发展、农民致富提供智力支撑。借助城镇科研和教育资源,积极培育新型职业农民,壮大新型职业农民,最终实现农民的现代化。

二是平台反哺。在信息化背景下,积极发展农村电子商务和农村跨境电子商务,提高农产品的经济效益,完善农产品流通体系。近些年来,各地区"淘宝村""淘宝镇"的出现,带动了当地农村一二三产业的快速发展,农产品电商发展迅速。利用"互联网+农业"带动农业现代化水平的提升,也确保了藏粮于地战略的有效实施。

三是资金反哺。城镇发展具有资金密集的优势,农村具有农业资源丰富、农村市场广阔、劳动力丰富等优势。将城镇资金与农业农村农民发展结合起来,可以有效增强城镇反哺农村的效果。目前,仅有农村信用社、邮政储蓄、农业银行等少数金融机构在乡镇一级设立有营业网点。鼓励各类金融机构在乡镇一级恢复或开办分支机构,补齐农村金融服务的短板。

四是生态反哺。在工业化早期,工业占用农地、工业污染环境等现象比较突出。在当前我国城镇化发展达到较高水平的背景下,积极改善农村生活环境,优化农业生态环境,实现"五化"协同发展,是全面建成小康社会、实现乡村振兴、实施藏粮于地战略的客观要求。

五是就业反哺。我国人口众多,单一发展大城市的思路不可取。积极支持中小城镇建设,是中国特色城镇化的重要内容。城镇反哺农村,在就业方面鼓励各类企业到农村办厂,实现农民本地就业。农民本地就业不仅增加了收入,还可以促进本地城镇化水平的提高。通过就业反哺,农民从事农业生产的积极性和稳定性增强,本地区农业现代化水平和藏粮于地战略的实施效果都将得到改进。

总之,藏粮于地战略与农业现代化发展之间相互促进,发展具有内在的一致性。藏粮于地战略从粮食供给保障、农业结构等方面推动了农业现代化的发展,农业现代化水平的提升也保障了藏粮于地战略的有效实施。

第四节　实施藏粮于地战略与推进乡村振兴战略

本节主要阐述实施藏粮于地战略与乡村振兴战略之间的关系。实施藏粮于地战略,是乡村振兴战略的重要组成部分。藏粮于地战略为乡村振兴战略的实施奠定了农业生产基础,在产业兴旺、生态宜居、生活富裕等方面二者可以形成良性互动。

一、藏粮于地战略与乡村振兴战略的比较

2019年中央一号文件提出农业农村要优先发展,以实施乡村振兴战略

为总抓手；谈到稳定粮食产量时，强调"推动藏粮于地、藏粮于技落实落地"。党的二十大报告专题阐述了"全面推进乡村振兴"问题，要求牢牢守住 18 亿亩耕地红线。

（一）基本内涵比较

根据 2018 年中央一号文件和《乡村振兴战略规划（2018—2022 年）》，乡村振兴战略的总体要求是"产业兴旺、生态宜居、乡风文明、治理有效、生活富裕"。这些要求涉及经济、生态、文化、政治、社会等诸多方面，综合性比较强。按照规划要求，产业兴旺是乡村振兴战略的重点，生态宜居是关键，乡风文明是保障，治理有效是基础，生活富裕是根本。

本书第一章界定了藏粮于地战略的内涵。藏粮于地战略重点集中在经济和生态方面。

比较藏粮于地战略和乡村振兴战略，乡村振兴战略关于产业兴旺的规划内容与藏粮于地战略内容，存在较高的一致性。二者都强调粮食综合生产能力、农业科技、农业生产效率、农业产值方面的重要性。其内在联系主要表现在：

一是都重视粮食综合生产能力。稳定粮食综合生产能力是藏粮于地战略的核心目标。实施藏粮于地战略，关键是通过耕地资源保护和利用，稳定粮食综合生产能力。在乡村振兴战略中，粮食综合生产能力是重要指标。根据规划，到 2022 年，我国粮食产量要稳定在 6 亿吨以上，没有设置增长率目标。

二是都强调农业科技的重要性。藏粮于地与藏粮于技密不可分。农业科技在育种、农业生产资料供给、提高粮食单产、改良土壤等方面可以发挥重要作用，是实现藏粮于地战略的重要支撑。农业科技进步贡献率也是乡村振兴战略的重要评价指标。按照规划要求，从 2016 年到 2022 年，我国农业科技进步贡献率要从 56.7％上升到 61.5％。乡村振兴战略中，农业劳动生产率的提高与农业科技同样有密切联系。农业科技进步也会提高农业劳动生产率。

三是战略发展要求存在一致性。实施藏粮于地战略和乡村振兴战略，都需要按照十九大精神要求，在习近平中国特色社会主义思想的指导下，围绕统筹推进"五位一体"总体布局和协调推进"四个全面"战略布局。二者都需要坚持"创新、协调、绿色、开放、共享"的发展理念，坚持高质量发展原则，都需要推进农业供给侧结构性改革等等。

实施藏粮于地战略和乡村振兴战略，二者的主要区别在于：

一是归属范围不同。藏粮于地战略以耕地为主要发展对象，主要关注耕地的保护和利用问题，主要归属农业领域。乡村振兴战略，以农业农村农民为主要发展对象,主要关注农业农村优先发展问题,主要归属"三农"领域。

二是提出的背景不同。藏粮于地战略提出的主要背景是,改革开放以来我国耕地面积持续减少,耕地质量亟待提升,粮食产量充足,粮食供给结构需要调整,耕地需要休养生息等等。乡村振兴战略提出的主要背景是,城乡发展"二元结构"的现象仍然存在,我国发展不平衡不充分问题在农村表现最显著,农业现代化的短板主要体现在农业农村方面等等。

三是最终发展目标不同。藏粮于地战略最终发展目标是坚守耕地红线,稳定农业尤其是粮食综合生产能力,确保国家粮食安全。乡村振兴战略的最终目标是实现"产业兴旺、生态宜居、乡风文明、治理有效、生活富裕"。从"三农"视角看,就是实现农业强、农村美、农民富,初步构建现代乡村治理体系。乡村振兴战略的主要发展目标参见《乡村振兴战略规划(2018—2022年)》专栏1"乡村振兴战略规划主要指标"。

(二)评价指标比较

《乡村振兴战略规划(2018—2022年)》列出了乡村振兴战略规划主要指标。将该指标与本书第七章的藏粮于地战略绩效指标(见表7.1)对照,形成表3.10。

表3.10 乡村振兴战略与藏粮于地战略主要指标比较

分类	编号	乡村振兴战略规划主要指标	藏粮于地战略绩效指标对应情况
产业兴旺	1	粮食综合生产能力	√
	2	农业科技进步贡献率	√
	3	农业劳动生产率	√
	4	农产品加工产值与农业总产值比	√
	5	休闲农业和乡村旅游接待人次	——
生态宜居	6	畜禽粪污综合利用率	
	7	村庄绿化覆盖率	√
	8	对生活垃圾进行处理的村占比	
	9	农村卫生厕所普及率	
乡风文明	10	村综合性文化服务中心覆盖率	
	11	县级及以上文明村和乡镇占比	——
	12	农村义务教育专任教师本科以上学历比例	
	13	农村居民教育文化娱乐支出占比	

分类	编号	乡村振兴战略规划主要指标	藏粮于地战略绩效指标对应情况
治理有效	14	村庄规划管理覆盖率	——
	15	建有综合服务站的村占比	
	16	村党组织书记兼任村委会主任的村占比	
	17	有村规民约的村占比	
	18	集体经济强村比重	
生活富裕	19	农村居民恩格尔系数	√
	20	城乡居民收入比	√
	21	农村自来水普及率	—
	22	具备条件的建制村通硬化路比例	—

注：√表示存在较强的对应关系，——表示存在一定的对应关系，—表示对应关系较弱。

表 3.10 中，从乡村振兴战略规划的主要指标看，藏粮于地战略绩效指标与"产业兴旺"相关指标一致性最高，与"生态宜居"在宏观目标上存在一致性，与"生活富裕"有较密切的联系。

从总体看，藏粮于地战略一方面归属于国家粮食安全战略，另一方面也是乡村振兴战略的组成部分。藏粮于地战略和乡村振兴战略既有内在的联系，也有显著的区别。

二、藏粮于地战略与产业兴旺

藏粮于地战略与乡村振兴战略中"产业兴旺"具有高度的一致性。"产业兴旺"中的"产业"，重点是农村的产业，即农村的一二三产业。

（一）实施藏粮于地战略支撑产业兴旺的路径

实施藏粮于地战略支撑产业兴旺的路径，包括稳定粮食综合生产能力、农业劳动生产率等。通过实施藏粮于地战略稳定粮食综合生产能力，是对实施乡村振兴战略最根本的支撑。

农业劳动生产率这一指标将农业投入与产出联系起来，通过投入产出关系可以深刻认识藏粮于地的绩效。本书以农业劳动生产率为例，分析实施藏粮于地战略对乡村振兴战略的支撑作用。

1. 全国农业劳动生产率的变动

农业劳动生产率是农业产出与农业从业人数之比，是反映农业经济效益的重要指标，也是乡村振兴的重要评价指标。改革开放以来，我国农业劳动生产率大幅上升。

1978 年至今,我国农业从业人数占农村人口的比重基本稳定在 41%左右。改革开放以来,我国农业人口和农业生产总值在全国人口和全国生产总值的比重呈现下降趋势。这反映出我国三次产业结构的升级趋势。到 2020 年,我国第一产业就业人数为 17715 万人,占农村人口的 34.7%。[①]

为方便与 2020 年各地区藏粮于地绩效比较,本书分析 2020 年各地区农业劳动生产率。考虑到数据的可获得性,农业劳动生产率计算采用第一产业增加值与第一产业就业人数计算,相关数据来自 2021 年《中国统计年鉴》。计算结果绘制成图 3.7。

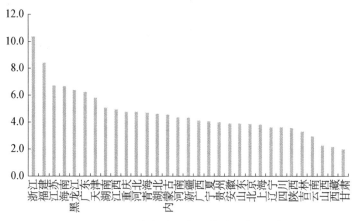

图 3.7　2020 年各地区农业劳动生产率比较

数据来源:根据《2021 中国统计年鉴》相关数据计算。单位:万元/人。

图 3.7 反映了 2020 年各地区农业劳动生产率的差异。辽宁、海南、黑龙江、内蒙古、江苏、福建、吉林、湖北等地区农业劳动生产率较高,西藏、山西、上海、青海、甘肃等地区农业劳动生产率较低。

将图 3.7 与表 7.4 藏粮于地绩效结果相比,在农业劳动生产率排名前十的地区中,江苏、黑龙江、山东位居藏粮于地绩效前十位。河南在 2020 年藏粮于地绩效中排名第 3,农业劳动生产率仅位列第 15 名。辽宁 2020 年藏粮于地绩效排名仅为第 12 位,农业劳动生产率名列第 24。内蒙古 2020 年农业劳动生产率排名第 14,但藏粮于地绩效排名第 9。

这些情况说明,在实施藏粮于地战略的过程中,各地区需要在保护耕地

---

① 资料来源:根据《2021 中国统计年鉴》数据计算.

的基础上,积极提高农业劳动生产率,提高农业产出的经济效益。

2. 河南农业劳动生产率的变动趋势

河南作为全国粮食大省、小麦生产大省、农业人口大省,在实施藏粮于地和乡村振兴战略方面具有较强的典型性。改革开放以来,河南耕地面积虽然有波动,但近些年耕地面积持续增加。2015年以来,河南藏粮于地战略实施效果较好。这与该地区政策落实到位、耕地条件良好等因素有密切关系。根据2021年《河南统计年鉴》和《新中国60年统计资料汇编》等资料,计算出1978年至2021年河南农业劳动生产率,绘制成图3.8。

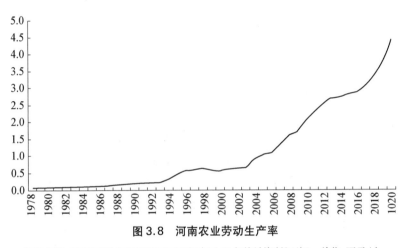

图3.8 河南农业劳动生产率

数据来源:《河南统计年鉴》(2021)和《新中国60年统计资料汇编》。单位:万元/人。

图3.8,改革开放以来河南的农业劳动生产率呈现持续上升态势。尤其是近十年来,上升幅度比较大。

农业劳动生产率受到农业从业人数、财政投入水平、农业科技水平、农业生产条件等因素影响。对柯布道格拉斯生产函数扩展,采取人均指标的形式,则函数左边的被解释变量转化为劳动生产率。

$$Y = F(FI, AQ, LA, MA) \tag{1}$$

公式(1)中,Y、FI、AQ、LA、MA分别表示农业劳动生产率、人均财政支出、农业单位面积产出、人均耕地面积、农业机械总动力。相关数据来自《河南统计年鉴》。考虑到当年的农业劳动生产率会对下一年的农业劳动生产率产生影响,引入Y滞后一期的变量$Y(-1)$作为自变量。各指标取自然对数后进入模型,运用Eviews6软件运算可得到如下结果。

$$LOG(Y) = 0.1462 - 0.0923\ LOG(FI) + 0.3699LOG(LA) +$$
$$\qquad\qquad (0.3347)\quad (0.0708)\qquad\qquad (0.3448)$$
$$0.4603LOG(AQ) + 0.3606LOG(MA01) + 0.7806LOG(Y(-1))$$
$$(0.2512)\qquad\qquad (0.1710)\qquad\qquad\qquad (0.1169)$$

$R^2 = 0.9957$，F 值＝1529.641。括号内的值为标准误。

从 P 值看，$LOG(FI)$、$LOG(LA)$ 系数不显著。这或许与河南农业人口众多、人均耕地面积少有关。去掉不显著的自变量，得到新的回归方程如下：

$$LOG(Y) = 0.2238 + 0.4453LOG(AQ) + 0.2810LOG(MA) +$$
$$\qquad\qquad (0.2481)\quad (0.2493)\qquad\qquad (0.1500)$$
$$0.7301LOG(Y(-1))$$
$$(0.1033)$$

$R^2 = 0.9955$，F 值＝2567.478。括号内的值为标准误。

$LOG(AQ)$、$LOG(MA)$、$LOG(Y(-1))$ 系数分别在 10％、10％、1％ 的水平下显著。这说明农业单位面积产出、农业机械总动力及上年农业劳动生产率均对当前农业劳动生产率有显著影响。

上述统计分析说明，河南作为农业大省，提高农业劳动生产率的途径至少包括以下几种思路：一是加快城镇化进程，促进农业人口向城镇转移。农业人口过多，降低了农业劳动生产率。二是提高农业单产水平。在价格稳定的条件下，农业单产水平提高，农产品经济效益相应会得到改善。三是依靠农业科技提高农业机械化水平。农业机械化水平的提高，在一定程度上减少了农业对劳动力的需求，提高了农业规模化作业的效率，最终提高了农业劳动生产率。

总之，通过对全国和河南农业劳动生产率的分析可知，实施藏粮于地战略可以提高耕地地力，提高农业单产水平，从而有效支撑乡村振兴战略中产业兴旺的发展目标。

（二）产业兴旺对实施藏粮于地战略的积极影响

相对而言，产业兴旺更侧重产出环节，藏粮于地战略更侧重投入环节。农村产业兴旺，对实施藏粮于地战略也有积极的影响。在乡村振兴战略"产业兴旺"的评价指标中，农产品加工产值与农业总产值比这一指标反映了农业的产出效益。农产品加工产值与农业总产值比的值越大，说明该地区农产品资源的市场化程度越高，种植和加工农产品的经济效益越好。

粮食产业经济发展对乡村振兴具有重要推动作用。考虑到粮食和粮食产业经济发展的重要性,本书重点分析粮食加工与藏粮于地绩效的关系。根据 2021 年《中国粮食和物资储备年鉴》和本书第七章计算的 2020 年各地区藏粮于地绩效指数,绘制成图 3.9。

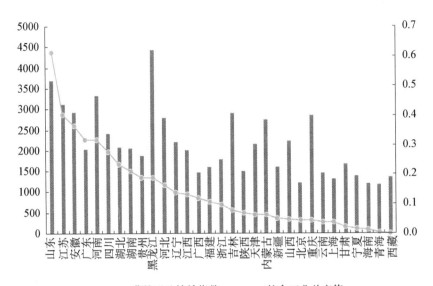

图 3.9 2020 年各地区粮食工业总产值与藏粮于地绩效比较

数据来源:《中国粮食和物资储备年鉴》(2021)及本书第七章计算数据。

从图 3.9 可以看出,在粮食主产区中,山东、江苏、安徽、河南藏粮于地绩效处于较高的水平,粮食产业经济也有显著优势。通过比较可知,黑龙江、河北、吉林等地区粮食产业经济发展潜力还很大。

三、藏粮于地战略与生态宜居

《乡村振兴战略规划(2018—2022 年)》从农业绿色发展、农村宜居环境、乡村生态保护与修复等三方面实现生态宜居的美丽乡村目标。保护生态环境、实现绿色发展是实施藏粮于地战略的客观要求,与乡村振兴战略中的生产宜居发展目标具有一致性。

(一)实施藏粮于地战略促进生态宜居的路径

实施藏粮于地战略促进生态宜居的路径,最重要的路径就是农业绿色发展。通过推动农业绿色发展,既促进了藏粮于地战略的实施,又推动了乡村振兴战略的有效落实。

农业农村部 2017 年 1 月下发的《农业资源与生态环境保护工程规划(2016—2020 年)》提出实施耕地质量保护与提升行动,推动农业投入品减量化工程。

生态宜居以农业绿色发展为重要目标,带动了藏粮于地战略的有效实施。《乡村振兴战略规划(2018—2022 年)》中提出国家农业节水行动、农业环境突出问题治理、农业绿色生产行动、农业废弃物资源化利用等农业绿色发展行动,有利于改善土壤质量、提高耕地地力,促进了藏粮于地战略的顺利实施。

(二)生态宜居对实施藏粮于地战略的积极影响

生态宜居对实施藏粮于地战略的积极影响,主要表现在:

一是生态宜居在农业绿色发展方面与实施藏粮于地战略发展的要求一致。推动生态宜居,有利于藏粮于地战略的实施。

二是生态宜居强调乡村生态保护与修复,为藏粮于地战略的实施提供良好的耕地保护环境和条件。例如,《乡村振兴战略规划(2018—2022 年)》中提出实施重要生态系统保护和修复重大工程,具体包括大规模绿化、农村土地综合整治、重大地质灾害隐患治理等,有利于保护耕地。通过农村建设用地整理、土地复垦等措施,促进农村土地综合整治,可以优化农村布局,有利于改善农村宜居环境,也有利于提高农村土地利用效率。

浙江"千村示范、万村整治"工程在乡村土地整理方面起到典型示范作用。2018 年 9 月,浙江省"千村示范、万村整治"工程获得联合国"地球卫士奖"中的"激励与行动奖"。到 2017 年底,浙江累计有 2.7 万个建制村完成村庄整治,2.7 万个村完成环境整治,村庄整治率达到 98%;90% 的建制村、74% 的农户的生活污水得到有效治理;生活垃圾集中收集有效处理建制村覆盖率 100%。[①] 该工程开始于 2003 年,主要背景是浙江工业化快速发展的情况下农村环境的污染问题。浙江余村关停了矿山、水泥厂和一大批竹筷企业,通过厂区改造、道路和河道治理、污水处理、垃圾分类、农田复垦等措施,让余村面貌焕然一新,既实现了生态宜居,又保护了耕地。

四、藏粮于地战略与乡风文明

藏粮于地与乡风文明的关系,类似于物质与精神之间的关系。二者辩证统一,互相作用,互相支持。

(一)实施藏粮于地战略为乡风文明提供物质保障

良好的乡风文明需要必要的物质基础。耕地是广大农民从事农业活动、赖以生存的基本生产资料。实施藏粮于地战略,在保护耕地数量、提高

---

① 资料来源:武卫政,顾春,王浩.浙江 15 年持续推进"千村示范、万村整治"工程纪实.人民网,2018 - 12 - 29.

耕地质量等方面可以发挥积极作用,最终提高农业综合产出水平,为农村居民提供必要的物质生活保障。

必要的物质条件有利于推进乡风文明建设。《管子·牧民》提出"仓廪实则知礼节,衣食足则知荣辱"。马斯洛需求层次理论中,自我价值实现需要、尊重需要、情感需要等需求均建立在生存需要基础上。实施藏粮于地战略,可以从更为长远的意义上确保城乡居民生存需要,为乡风文明提供物质保障。

在全面建成小康社会之际,我国大力推进农村文化建设,持续培育文明乡村,都需要坚实的物质生活保障。粮食始终是物质生活保障的重中之重。实施藏粮于地战略为国家粮食安全护航,为居民物质生活护航,为乡风文明提供物质保障。

(二)乡风文明为实施藏粮于地战略提供精神支持

乡风文明建设是一项系统工程,内涵丰富。其中,乡风文明中,农耕文化、节粮和爱惜耕地等思想为实施藏粮于地战略提供精神支持。

农耕文化传承保护,有利于推动藏粮于地战略实施。《乡村振兴战略规划(2018—2022年)》指出,要实施农耕文化传承保护工程。农耕文化保护传承是乡村文化繁荣兴盛重大工程之一。彭金山(2010)将农耕文化的内涵概括为"应时、取宜、守则、和谐"。[①] 这充分体现了我国天、地、人合一的哲学观念。在当前农业生产实践中,遵守农时、因地制宜、顺应自然、精耕细作等理念依然有巨大的参考价值,都有利于耕地保护和利用,有利于藏粮于地战略实施。

节约粮食、爱惜耕地的优良传统,有利于推动藏粮于地战略实施。自古以来,我国劳动人民就倡导勤俭节约、爱护耕地。"谁知盘中餐,粒粒皆辛苦"的诗句时刻教育后人要节约粮食。《乡村振兴战略规划(2018—2022年)》中关于"乡风文明"的指标包括农村综合性文化服务中心覆盖率、县级及以上文明村和乡镇占比、农村义务教育学校专任教师本科以上学历比例、农村居民教育文化娱乐支出占比等。提高农村居民教育和文化水平,有利于普及保护耕地意识,推动藏粮于地战略的实施。

总之,乡风文明从思想和精神层面为实施藏粮于地战略提供了巨大支持,使得藏粮于地战略更加深入人心。

五、藏粮于地战略与治理有效

乡村振兴战略中,"治理有效"与完善乡村治理体系有密切关系。藏粮

---

① 彭金山.农耕文化的内涵及对现代农业之意义.西北民族研究,2011(01).

于地战略是国家战略,最终需要依靠乡村基层组织落实到位。

(一)实施藏粮于地战略为治理有效提出了具体要求

实施藏粮于地战略,最终需要村镇一级组织狠抓落实,确保战略目标实施。这就给我国各地区乡村治理体系提出了具体的要求。全国坚守18亿亩耕地红线,客观上要求各地区乡村基层组织要严格保护耕地数量,积极提高耕地质量。

有村规民约的村占比是《乡村振兴战略规划(2018—2022年)》中关于"乡风文明"的指标之一。各地区有很多村将耕地保护纳入村规民约内容中。例如,河南省新县黄湾村的村规民约中,就提出"保护生态环境,保护耕地资源"。[①]

2020年中央一号文件谈到破解乡村发展用地难题时,再次强调要坚守耕地和永久基本农田保护红线。

(二)治理有效是实施藏粮于地战略的基本保障

耕地分布在广大农村。治理有效,不仅是我国乡村振兴战略实施的目标,也是藏粮于地战略实施的基本保障。

加强农村基层党组织建设和基层政权建设,是实现治理有效的重要基础。《乡村振兴战略规划(2018—2022年)》中关于"乡风文明"的指标还包括建有综合服务站的村占比、村党组织书记兼任村委员会主任的村占比、集体经济强村比重等。通过完善基层组织建设、公众参与、法治保障等途径,实现乡村振兴战略中的"治理有效"目标,同样有利于藏粮于地战略的实施。

六、藏粮于地战略与生活富裕

乡村振兴战略关于"生活富裕"的指标包括农村居民恩格尔系数、城乡居民收入比、农村自来水普及率等。城乡居民收入比,是指城镇居民人均可支配收入与农村居民人均可支配收入之比。城乡居民收入比,不仅是乡村振兴战略的重要指标,也是全面建设小康社会的重要监测指标。

(一)实施藏粮于地战略助力生活富裕的路径

实施藏粮于地战略助力生活富裕,最根本的路径是农民通过耕地获得经济收入,为实现生活富裕作出贡献。农产品是连接藏粮于地战略与农民收入的纽带。农业收入是农民收入的重要来源,是农民温饱的基本保障。为便于比较,根据《中国统计年鉴》(2016)相关数据计算出2015年各地区城乡收入比,将该数据与藏粮于地绩效数据绘制成图3.10。

[①] 资料来源:新集镇.黄湾村村规民约.中国新县政府网,2018 - 12 - 20.

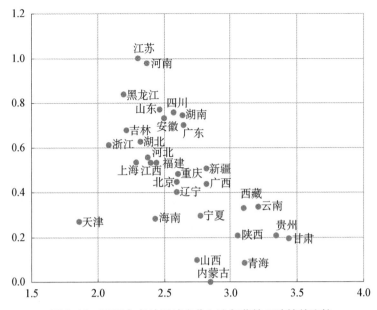

图 3.10　2015 年各地区城乡收入比与藏粮于地绩效比较

从图 3.10 可以看到,2015 年各地区城乡收入比与藏粮于地绩效之间呈现负向相关关系。运用 Eviews6 软件计算两者的相关系数为 -0.5811。藏粮于地绩效最高的是江苏,城乡收入比为 2.29,处于较低的区间;甘肃城乡收入比最高,但藏粮于地绩效处于较低的区间。可见,积极缩小城乡收入比,有可能是提高藏粮于地绩效的途径之一。

城乡收入比与藏粮于地绩效之间呈现负向相关关系,其主要原因可能是:

一是从产业层面看,城乡收入比低的地区,工农业发展差距小,农业的综合效益较好。从产业结构看,工业产值较高或第二产业产值占地区 GDP 比重较大的地区,如江苏、山东、浙江、河南、河北等地区,城乡收入比低,藏粮于地绩效较好。第一产业产值占地区 GDP 比重较大的地区,如甘肃、贵州、云南等,城乡收入比高,藏粮于地绩效一般。

二是从收入层面看,城乡收入比低的地区,工农业发展互补,农民收入相对稳定,农业投入比较充足。江苏、河南、黑龙江、山东、浙江、四川等地区,经济相对发展较好,在本地区经济带动下农业发展较好,区域经济发展相对均衡。这些地区农民收入来源广泛,农业收入相对较高。从农村居民收入结构看,工资性收入占可支配收入比重较高(2015 年大于 49%)的地区,如上海、北京、江苏、浙江等地区,城乡收入比较低,藏粮于地绩效相对较好。经营性收入占可支配收入比重较高(2015 年大于 46%)的地区,如吉林、黑龙江、西藏、云南、辽宁等地区,藏粮于地绩效偏低。

从上述分析可以看出,积极促进农村一二三产业融合,缩小城乡差距,降低城乡收入比,有利于提高农业发展质量,提高藏粮于地战略的实施效果。

(二)生活富裕对实施藏粮于地战略的积极影响

农民生活富裕,对实施藏粮于地战略的积极影响,主要表现在种地和保护耕地的积极性提高、保护农业生态环境的意识增强等方面。

1. 城乡消费比与藏粮于地绩效

测度农民生活富裕的指标包括农村恩格尔系数、农民人均收入、城乡消费比等指标。这些指标从不同角度测算农民收入和消费情况。农民人均收入、农民人均支出等指标可以纵向度量农民收入的增长情况,城乡消费比可以比较城乡消费的动态变化,是反映城乡消费差异的重要指标。该指标越低,表明城乡消费差距在缩小。城乡消费比数据在《中国统计年鉴》可以查阅到,藏粮于地绩效数据见本书第七章。将 2009 年至 2017 年我国城乡消费比与藏粮于地绩效绘制成图 3.11。

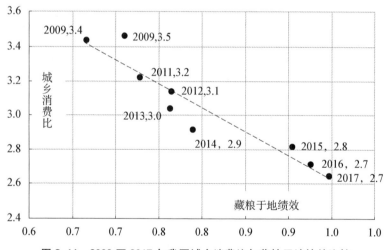

图 3.11 2009 至 2017 年我国城乡消费比与藏粮于地绩效比较

图 3.11 中,"2009,3.4"表示 2009 年城乡消费比为 3.4,其他年份以此类推。从图 3.11 可以看出,我国城乡消费比与藏粮于地绩效呈现负向相关的关系。城乡消费比越低,即农村与城镇的消费差距越小,藏粮于地绩效越高。

2. 农民收入与藏粮于地绩效

改革开放以来,随着我国三次产业结构的深刻变化,农业产值在国民经济中的比重在下降,但农业的重要地位没有丝毫动摇。

农民收入的构成包括农业经营性收入、工资性收入、财产性收入、转移性收入等。农民的经营性收入主要来自一二三产业的经营收入,农民的工资性收入主要表现为在本地就业或外出打工获得的劳动报酬。农民的财产性收入包括通过金融资产获得的利息、红利、储蓄性保险收益,房屋出租收入,转让承包土地经营权租金收入等。农民的转移性收入包括社会救济和补助、政策性生产补贴、政策性生活补贴、家庭成员寄回带回的收入等。1978 年,农民家庭平均每人纯收入包括:从集体得到的收入 133.57 元(占比 66.28%),家庭副业纯收入 88.53 元(占比 26.79%),其他非借贷性收入 9.25 元(占比 2.93%)。从集体得到的收入和家庭副业纯收入,在当时以农业为主,涵盖其他产业。其他非借贷性收入指家庭成员寄回带回的现金和实务折价、生活困难补助等。[①]

与改革开放初期相比,新时代我国农民的收入来源和结构更加广泛。2017 年,农民可支配收入高于全国水平的地区包括上海、北京、天津、江苏、福建、广东、山东、湖北、辽宁等地区;农民工资性收入比重高于全国水平的地区,与农民可支配收入高的地区有重合,此外还包括河北、山西、江西、陕西、湖南、贵州等;经营性收入比重高于全国水平的地区,包括吉林、西藏、新疆、黑龙江、内蒙古、广西、山东、甘肃、海南、四川、安徽等。各地区财产性收入比重普遍较低。河南农民各类收入比重均低于全国水平。

实施藏粮于地战略,对农民收入水平和结构的影响,表现在以下几个方面:一是实施藏粮于地战略,保护耕地数量,提高耕地质量,最终提高了农作物的产出质量和产量,增加农民的农业收入。二是实施藏粮于地战略,农民通过耕地获得基本生活保障。耕地为农民提高粮食来源和部分收入来源。农业收入与耕地密不可分,耕地对农民的保障作用更加重要。三是实施藏粮于地战略,农民依托耕地获得各类农业补贴,取得转移性收入。四是实施藏粮于地战略,借助农业资源开发,在农产品加工企业、休闲农业企业等各类企业带动下,农民通过就业获得工资性收入。

总之,实施藏粮于地战略为乡村振兴战略的实施奠定了农业生产基础,在产业兴旺、生态宜居、生活富裕方面均可以发挥积极作用;乡村振兴战略的实施,加强了藏粮于地战略实施的生态效益和经济效益。

---

① 资料来源:《1981 中国统计年鉴》.

第四章 实施藏粮于地战略的主要步骤和远景谋划

本章主要阐述中国实施藏粮于地战略的主要步骤和远景谋划。到2035年,通过"三步走"实现藏粮于地战略基本目标。党的十九大报告和二十大报告均指出,到21世纪中叶分"两步走"实现社会主义现代化强国。本章重点研究当前到2035年藏粮于地战略的主要步骤和远景谋划。

第一节 实施藏粮于地战略的主要步骤

到2035年,根据我国城镇化、农业现代化发展等要求,通过"三步走"实现藏粮于地战略基本目标。

一、到2035年实施藏粮于地战略"三步走"的主要内容

从2020年到2035年,藏粮于地战略实施的发展目标是耕地保有量在18亿亩以上,耕地质量有显著提升,农业科技贡献大幅提高,农业综合产出能力保持稳定。具体可以分为三个阶段:耕地数量保护阶段、耕地质量巩固阶段、耕地效益增强阶段。

一是耕地数量保护阶段(从现在起到2025年)。该阶段以耕地数量保护为主,兼顾耕地质量和生态发展。这主要考虑到当前我国城镇化土地占用需求仍然旺盛等因素。兼顾耕地质量和生态发展,不是忽视耕地质量和生态发展,而是积极提升耕地质量、促进生态发展,为以后升级发展奠定基础。

二是耕地质量巩固阶段(2026到2030年)。该阶段以耕地质量提升为主,兼顾耕地数量和生态发展。针对我国耕地中低产田比重高问题,该阶段主要通过科技创新、生态发展提高耕地质量。该阶段并不是忽视耕地数量保护,而是考虑到城镇化发展到一定阶段土地需求下降,耕地数量保护压力

下降。该阶段并不忽视生态发展,生态发展仍需要继续进行,为下阶段发展夯实生态环境基础。

三是耕地效益增强阶段(2031到2035年)。该阶段以生态发展为主,耕地数量保护和质量提升的阶段性目标实现。在前两个阶段发展的基础上,耕地数量、质量和生态"三位一体"完全实现,耕地的投入产出效益显著增强,藏粮于地战略取得丰硕成果。

表4.1中,耕地数量保护阶段时间较长。这主要是因为我国处于城镇化发展关键时期,土地占用需求旺盛,耕地保护压力大。在这一阶段,耕地质量提升和生态保护需要充裕的时间加强积累。

表 4.1　到 2035 年实施藏粮于地战略"三步走"的主要内容

阶段	时间	各阶段共同发展主线	各阶段发展侧重点
耕地数量保护阶段	现在起到2025年	耕地数量、质量和生态三位一体,坚持五大发展理念等。	耕地数量保护为主,兼顾耕地质量和生态发展。
耕地质量巩固阶段	2026至2030年		耕地质量提升为主,兼顾耕地数量和生态发展。
耕地效益增强阶段	2031至2035年		生态发展为主,耕地数量保护和质量提升目标实现。

从现在起到2035年,实施藏粮于地战略的各阶段发展侧重点虽然有所不同,但是都要坚持耕地数量、质量和生态"三位一体""创新、协调、绿色、开放、共享"五大发展理念等发展要求。

二、到 2035 年实施藏粮于地战略"三步走"的主要依据

到2035年,通过"三步走"实现藏粮于地战略基本目标,主要是考虑到我国城镇化、农业现代化和乡村振兴的阶段性发展要求。

(一)农业现代化发展的阶段性变化

农业现代化发展的阶段性变化,体现在内涵的阶段性变化和发展内容的阶段性变化等方面。

农业现代化这一概念具有动态性特征,是一个相对概念。不同历史时期,人们对农业现代化的内涵有不同的认识。毛飞、孔祥智(2012)研究认为,新中国成立以来对农业现代化的认识经历了四个阶段,逐渐从农业生

产领域的"农业机械化",扩展到农业经营管理的现代化和发展目标的多元化。[①] 蒋和平等(2017)认为农业现代化目标指标设计应体现时代特色和内涵创新。[②]

农业现代化的起点,可以从用现代手段改造传统农业开始。但农业现代化没有发展的重点,一般以发达国家农业发展水平为参照目标。

考虑到农业现代化发展的阶段性变化特点,中国特色农业现代化道路的提出就完全符合中国国情。习近平总书记在山东考察时强调"解决好'三农'问题,根本在于深化改革,走中国特色现代化农业道路"。[③] 2022 年 10 月,党的二十大报告提出"中国式现代化"的论断。"中国式现代化"既有一般现代化的共性特征,更有中国特色,立足于中国现实国情。

我国当前还处于社会主义初级阶段的国情,都表明中国特色农业现代道路的发展具有阶段性发展特征。这种阶段性发展特征决定了新时代实施藏粮于地战略必须坚持发展的观点,必须分阶段、有侧重地实现藏粮于地的战略目标。实施藏粮于地战略与农业现代化的关系,本书第三章做了具体阐述。

(二)新型城镇化建设用地需求的变动趋势

我国人口总量,到 2020 年已经达到 14.2 亿人,根据《国家人口发展规划(2016—2030 年)》,到 2030 年前后将达到峰值 14.5 亿人左右,此后开始下降;常住人口城镇化率 2020 年达到 60%,2030 年将达到 70%。

国内已有研究和《国家人口展规划(2016—2030 年)》《国家新型城镇化规划(2014—2020 年)》均表明,目前我国土地城镇化增长快于人口城镇化增长。单纯靠土地扩张实现城镇化的模式无法长期持续。

随着我国城镇化的发展,我国城镇化率虽然呈现增长态势,但增速会逐渐下降,常住人口城镇化率在趋近 80% 的世界水平的阶段将趋向稳定。根据联合国《世界城镇化展望 2018》的预测,2015 年至 2020 年我国城镇化率平均增速为 2.42% 左右,2030 年至 2035 年增速将降至 0.8%;到 2030 年,我国城镇化率为 73.9%,到 2050 年达到 80%。[④]

根据《中国统计年鉴》《中国城乡建设统计年鉴》整理出我国 1978 年至

---

① 资料来源:毛飞,孔祥智.中国农业现代化总体态势和未来取向.改革,2012(10).

② 资料来源:蒋和平,崔凯,张成龙."十三五"农业现代化发展目标研究.农业经济问题,2017,38(04).

③ 资料来源:习近平在山东考察.人民网-中国共产党新闻网,2013-11-29.

④ 资料来源:UN. World Urbanization Prospects: The 2018 Revision. New York New York United Nations, 2018.

2021 年我国土地城镇化率和常住人口城镇化率数据。土地城镇化率为历年建成区面积与我国土地面积之比,常住人口城镇化率为城镇常住人口与总人口之比。根据联合国《世界城镇化展望 2018》对中国城镇化五年平均值和平均增长率的预测数据,通过插值法测算出我国 2022 年至 2035 年的常住人口城镇化率。最终结果绘制成图 4.1。

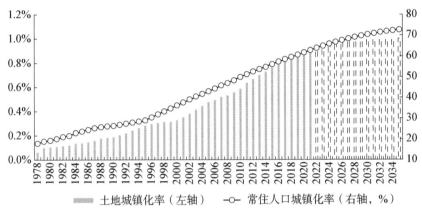

图 4.1　2022 年至 2035 年我国城镇化率变动趋势预测

图 4.1 中,2022 年之后的土地城镇化率和常住人口城镇化率为预测数据。1978 年至 1995 年我国常住人口城镇化发展快于土地城镇化发展,但 1995 年以后土地城镇化增速较快。从长期看,我国人口城镇化增速将逐渐降低,因此土地城镇化增速也将趋向缓慢。但从 2019 年至 2035 年,我国人口城镇化还处于关键阶段,土地城镇化率还会上升,耕地保护压力较大。从发展模式看,早期土地扩张的城镇化模式不可持续,必须走集约高效、城乡统筹的新型城镇化发展道路。尤其是要节约使用建设用地,强化科学规划。

根据今后城镇化发展趋势,现在起到 2025 年,土地城镇化发展仍会较快,耕地保护压力大;2026 年至 2030 年耕地保护压力稍有下降,耕地质量建设成为该阶段重点。

（三）乡村振兴发展态势

党的二十大报告专题阐述了"全面推进乡村振兴"问题。藏粮于地战略是实施乡村振兴战略的重要组成部分。根据《乡村振兴战略规划（2018—2022 年）》,到 2035 年,"乡村振兴取得决定性进展,农业农村现代化基本实现"。农业结构将得到根本性改善,农民就业质量显著提高,相对贫困进一步缓解,共同富裕迈出坚实步伐。实施藏粮于地战略,在实现农业农村现代化、调整农业结构、实现农民共同富裕方面可以进行有力支撑。

从藏粮于地战略实施的发展阶段看,从 2030 年至 2035 年,农业结构得到改善后,藏粮于地战略的经济效益和社会效益将显著发挥出来。因此,将 2031 年至 2035 年定位于耕地效益增强阶段,有充分的依据。

从扶贫发展的不同阶段看,到 2020 年,现行标准下农村贫困人口全部脱贫,我国绝对贫困人口将会消除。陈志刚(2018)认为,2020 年以后我国扶贫工作重心将从主要解决绝对贫困问题转移到缓解相对贫困问题,提高脱贫质量。[①] 实施藏粮于地战略,前期侧重耕地数量保护和质量提升,后期将侧重将"藏"的潜能发挥出来,将"藏"的效益发挥出来,进一步为农村产业融合奠定耕地基础和产品基础,进一步提高农民收入。

三、到 2035 年实施藏粮于地战略"三步走"的主要意义

到 2035 年实施藏粮于地战略"三步走",其目的根据新时代我国社会主要矛盾的变化,以及农业现代化、乡村振兴等发展要求,突出阶段性发展重点,在发展中逐渐解决耕地保护的底线和效益等问题。

到 2035 年实施藏粮于地战略"三步走",主要意义在于,一是新时代适应农业现代化的要求,通过实施藏粮于地战略,为农业现代化粮食供给保障、可持续发展等目标实现奠定基础;二是适应乡村振兴战略实施的发展要求,通过实施藏粮于地战略,为乡村振兴中的产业兴旺、生态宜居、生活富裕等目标实现奠定基础。

第二节 实施藏粮于地战略的远景谋划

藏粮于地绩效评价体系由国内耕地保护、农业生产条件、生态保护、国外资源利用等七方面组成。藏粮于地远景目标设计也从这七个方面展开分析。

藏粮于地战略实施的重要性和长期性决定了必须进行远景目标设计,有序推进藏粮于地战略目标的实现。根据藏粮于地战略绩效评价体系的内容,本书对该评价体系中的核心指标进行了详细分析。

一、国内耕地资源保护目标

国内耕地资源的保护是实施藏粮于地战略的基础和前提。当前,耕地

---

① 资料来源:扶贫攻坚下一步:从消除绝对贫困 转向缓解相对贫困. 全景网,2018-05-24.

减少的原因主要是建设占用耕地。今后相当长的一段时期,都必须妥善处理好耕地保护与建设占用耕地的关系,妥善处理好城镇化、工业化发展与国家粮食安全之间的关系。

根据《全国国土规划纲要(2016—2030 年)》,到 2020 年我国耕地保有量要保持在 18.65 亿亩,2030 年要保持在 18.25 亿亩,该指标为约束性指标。根据该纲要,城镇空间从 2015 年的 8.90 万平方千米,增加到 2020 年的 10.21 万平方千米,增加到 2030 年的 11.67 万平方千米,该指标为预期性指标。从 2020 年到 2030 年,城镇空间预期增加 1.46 万平方千米,年均增加 1.43% 左右。

这说明,受多种因素的影响,今后一段时期,我国耕地面积仍然会呈现缓慢持续下降的态势。全面贯彻实施藏粮于地战略,坚守耕地红线,任务相当艰巨。

图 4.2 展示了 2020—2030 年我国耕地保有量预期走势。对 2030 年的耕地保有量目标进行逐年分解,持续推进,坚守底线,才能确保阶段性目标的完成。

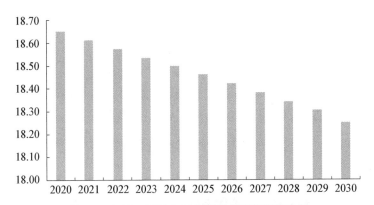

图 4.2　2020—2030 年我国耕地保有量预期走势

资料来源:根据《全国国土规划纲要(2016—2030 年)》关于我国耕地保有量的设定目标模拟计算。单位:亿亩。

根据《全国国土规划纲要(2016—2030 年)》关于我国耕地保有量的设定目标,图 4.2 模拟出我国耕地保有量的变动趋势。从 2020 年到 2030 年,耕地面积预期减少 0.4 亿亩。这意味着从 2020 年到 2030 年,每年至多减少 0.03 至 0.04 亿亩耕地,才能够确保 2030 年耕地保有量 18.65 亿亩目标的实现。

根据《2021 中国统计年鉴》的数据,2020 年我国耕地面积为 127861.9

千公顷。分地区看,2020 年,黑龙江耕地面积最多,为 17195.4 千公顷;耕地最少的地区是北京,为 93.5 千公顷。2020 年,全国耕地比较丰富的地区包括黑龙江、内蒙古、河南、山东、吉林、四川、河北、云南等,全国耕地比较少的地区包括上海、北京、天津、西藏、青海、海南等。可见,粮食主产区在耕地保护和利用方面有更大的空间。

总的来讲,坚守 18 亿亩耕地红线是完全可以实现的。全面贯彻藏粮于地战略,有利于分阶段落实耕地保护目标。

二、农业生产条件目标

农业生产条件是确保耕地数量和质量、确保农业稳产增产的重要条件。

农业机械方面,根据农业农村部发布的《"十四五"全国农业机械化发展规划》,重点是提高农业机械保有量、农作物综合机械化率。到 2025 年,全国农机总动力稳定在 11 亿千瓦左右,农作物耕种收综合机械化率达到 75%,粮棉油糖主产县(市、区)基本实现农业机械化,丘陵山区县(市、区)农作物耕种收综合机械化率达到 55%,设施农业、畜牧养殖、水产养殖和农产品初加工机械化率总体达到 50%以上。

农业科技方面,根据《"十四五"推进农业农村现代化规划》要求,农业科技进步贡献率要从 2020 年的 60%,提高到 2025 年的 64%。根据《乡村振兴战略规划(2018—2022 年)》要求,2022 年,农业科技进步贡献率达到 61.5%。农业科技的贡献,体现在耕地保护和利用、粮食稳产增产、农业防灾减灾等各个方面,对支撑藏粮于地战略具有重要作用。

农业灌溉方面,根据《"十四五"推进农业农村现代化规划》要求,加大农业水利设施建设力度,因地制宜推进高效节水灌溉建设。

现代种业发展方面,根据《"十四五"现代种业提升工程建设规划》要求,到 2025 年,农业种质资源保护体系进一步完善,收集保存、鉴定评价、分发共享能力大幅度提高;打造一批育种创新平台,选育推广一批种养业新品种,育种创新能力达到先进水平;初步建立适合现代种业发展要求的测试评价体系;建成一批现代化种养业良种生产基地,形成保、育、测、繁分工合作、紧密衔接的现代种业发展格局,实现基础强、体系强、科技强、企业强,全面提升种业现代化水平,为我国粮食安全和重要农产品有效供给提供有力保障。

三、生态保护目标

《"十四五"土壤、地下水和农村生态环境保护规划》提出了 2025 年和 2035 年土壤、地下水和农村生态环境保护的目标。到 2025 年,全国土壤和地下水环境质量总体保持稳定,受污染耕地和重点建设用地安全利用得到巩固提升;农业面源污染得到初步管控,农村环境基础设施建设稳步推进,农村生态环境持续改善。到 2025 年,受污染耕地安全利用率达到 93％左右,地下水国控点位 V 类水比例保持在 25％左右,主要农作物化肥、农药使用量要持续减少。

四、综合产出目标

在综合产出方面,根据《乡村振兴战略规划(2018—2022 年)》要求,到 2020 年和 2022 年,粮食综合生产能力要保持在 6 亿吨以上;2020、2022 年农业劳动生产率要分别达到每人 4.7 万元和 5.5 万元。根据《"十四五"推进农业农村现代化规划》,到 2025 年,粮食综合生产能力要高于 6.5 亿吨。

五、防灾减灾目标

根据国务院发布的《"十四五"国家综合防灾减灾规划》,国家综合防灾减灾规划的总目标是,到 2025 年,自然灾害防治体系和防治能力现代化取得重大进展,基本建立统筹高效、职责明确、防治结合、社会参与、与经济社会高质量发展相协调的自然灾害防治体系;力争到 2035 年,自然灾害防治体系和防治能力现代化基本实现,重特大灾害防范应对更加有力有序有效。

农业部在动植物病虫害方面发布了多项规划和制度,例如《全国蝗虫灾害可持续治理规划(2014—2020 年)》等,确保农业生产安全运行。

六、国外资源利用目标

《全国农业可持续发展规划(2015—2030 年)》指出,要合理利用国际市场。根据国内资源环境承载力、生产潜能和农产品需求,确定合理的自给率目标和农产品进口优先顺序,缓解国内资源环境压力。利用国际耕地资源,适度进口粮食,是实现农业可持续发展的重要保障措施。

根据《"十四五"推进农业农村现代化规划》要求,要建设农业国际贸易高质量发展基地、农产品国家外贸转型升级基地、农业特色服务出口基地,推动农业服务贸易发展。

根据中国农业科学院发布的《中国农业产业发展报告》,报告预测到 2035 年我国可确保"口粮绝对安全,谷物基本自给"的底线要求,主要畜产品和水产品的自给率大致保持在 90％以上。[①]

---

① 中国农业科学院. 中国农业产业发展报告(2018). 经济科学出版社,2018.

七、农产品价格目标

农产品价格既关系农民收入,又关系消费者的生活成本,也关系到农业经济和国民经济的稳定发展。农产品价格大起大落,给农业生产和消费带来诸多困扰。在确保农产品价格稳定的基础上,保障农产品价格适当增长是提高农民生产积极性、增加农民农业收入的重要途径。

生活富裕是乡村振兴战略的重要目标之一。根据《乡村振兴战略规划(2018—2022年)》目标要求,从2020年到2022年,农村恩格尔系数从30.2降到29.2,城乡收入比要从2.69降到2.67。根据《"十四五"推进农业农村现代化规划》要求,以2020年为基期,到2025年,农村居民人均可支配收入增幅要与GDP增长基本同步。在粮食价格方面,国家实施最低价收购保护政策。例如,考虑粮食生产成本、市场供求、国内外市场价格和产业发展等因素,2021年生产的早籼稻(三等),中晚籼稻和粳稻最低收购价分别为每50公斤122元、128元和130元。[①] 农产品价格波动过大时政府适当进行宏观调控,有利于稳定生产和消费,也有利于农业长期健康发展。

总之,从当前到2035年,是我国基本实现农业现代化、实施乡村振兴战略的关键时期,也是新时代实施藏粮于地战略的关键时期。采取有效措施,通过"三步走"实现藏粮于地战略基本目标,是对农业现代化和乡村振兴战略的有力支撑。

---

① 资料来源:国家发改委. 关于公布2021年稻谷最低收购价的通知. 国家发改委网站,2021 - 2 - 26.

第五章　实施藏粮于地战略的政策演进

本章主要阐述实施藏粮于地战略的政策演进。具体从中央一号文件、耕地占补平衡政策、农业部耕地保护政策、国土资源保护政策等方面展开分析。

第一节　中央一号文件关于耕地保护的论述

党的二十大报告着重强调粮食安全和耕地保护问题,具体表述包括要"全方位夯实粮食安全根基""牢牢守住十八亿亩耕地红线"等。表5.1概述了2004年以来我国中央一号文件关于耕地保护的相关表述。从历年相关表述可以看到,不同时期党中央对耕地保护和利用的论断各有所侧重。

表5.1　2004年至2023年中央一号文件关于耕地保护的表述

年份	耕地保护主要论述
2004	各级政府要切实落实最严格的耕地保护制度,按照保障农民权益、控制征地规模的原则,严格遵守对非农占地的审批权限和审批程序,严格执行土地利用总体规划。
2005	坚决实行最严格的耕地保护制度,切实提高耕地质量。
2006	坚决落实最严格的耕地保护制度,切实保护基本农田,保护农民的土地承包经营权。
2007	切实提高耕地质量。强化和落实耕地保护责任制,切实控制农用地转为建设用地的规模。
2008	加强耕地保护和土壤改良。严格执行土地利用总体规划和年度计划,全面落实耕地保护责任制,建立和完善土地违法违规案件查处协调机制,切实控制建设占用耕地和林地。
2009	严格地方政府耕地保护责任目标考核,实行耕地和基本农田保护领导干部离任审计制度。

年份	耕地保护主要论述
2010	坚决守住耕地保护红线,建立保护补偿机制,加快划定基本农田,实行永久保护。落实政府耕地保护目标责任制,上级审计、监察、组织等部门参与考核。
2012	加快永久基本农田划定工作,启动耕地保护补偿试点。
2013	强化农业物质技术装备。落实和完善最严格的耕地保护制度,加大力度推进高标准农田建设。 加大农业补贴力度。按照增加总量、优化存量、用好增量、加强监管的要求,不断强化农业补贴政策,完善主产区利益补偿、耕地保护补偿、生态补偿办法,加快让农业获得合理利润、让主产区财力逐步达到全国或全省平均水平。
2014	完善农村土地承包政策。稳定农村土地承包关系并保持长久不变,在坚持和完善最严格的耕地保护制度前提下,赋予农民对承包地占有、使用、收益、流转及承包经营权抵押、担保权能。
2015	扩大现代农业示范区奖补范围。健全粮食主产区利益补偿、耕地保护补偿、生态补偿制度。
2016	实施藏粮于地、藏粮于技战略,推动粮经饲统筹、农林牧渔结合、种养加一体、一二三产业融合发展,让农业成为充满希望的朝阳产业。 将高标准农田建设情况纳入地方各级政府耕地保护责任目标考核内容。 坚持最严格的耕地保护制度,坚守耕地红线,全面划定永久基本农田。 完善耕地保护补偿机制。
2017	推进耕地轮作休耕制度试点,合理设定补助标准。 深入实施藏粮于地、藏粮于技战略,严守耕地红线,保护优化粮食产能。
2018	夯实农业生产能力基础。深入实施藏粮于地、藏粮于技战略,严守耕地红线,确保国家粮食安全,把中国人的饭碗牢牢端在自己手中。 改进耕地占补平衡管理办法。
2019	稳定粮食产量。毫不放松抓好粮食生产,推动藏粮于地、藏粮于技落实落地,确保粮食播种面积稳定在16.5亿亩。完成高标准农田建设任务。
2020	破解乡村发展用地难题。坚守耕地和永久基本农田保护红线。
2021	提升粮食和重要农产品供给保障能力;坚决守住18亿亩耕地红线。
2022	落实"长牙齿"的耕地保护硬措施;全面完成高标准农田建设阶段性任务。
2023	全方位夯实粮食安全根基,强化藏粮于地、藏粮于技的物质基础,健全农民种粮挣钱得利、地方抓粮担责尽义的机制保障。

将"中央一号文件"和"藏粮于地"设置为对比词,基于百度网站,运用Python获取互联网相关信息,时间设置为2022年6月14日至6月20日。运用数据挖掘和文本挖掘方法对获得的数据进行统计分析。最后制作成关键词词云,具体见图5.1。

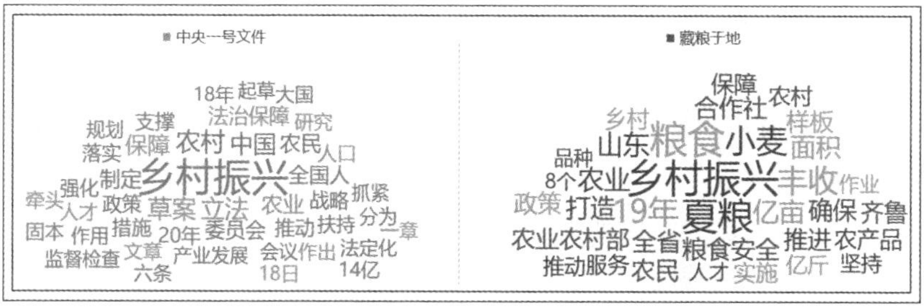

图 5.1　中央一号文件和藏粮于地相关词词云

图 5.1 中，与"中央一号文件"文件有关的互联网信息中，提及频次最高的词语依次为乡村振兴、农村和立法；与"藏粮于地"有关的互联网信息中，提及频次最高的词语依次为乡村振兴、粮食和夏粮。由此可见，中央一号文件和藏粮于地战略与乡村振兴、粮食存在密切关联，受到高度关注。

2004 年至 2022 年的中央一号文件，累计有 21.9 万字。通过文本挖掘分析发现，高频词汇包括农村、农业、农民、建设、发展等。此外，"耕地"出现100 余次，"农田"出现 150 余次等。从中也可以看到，中央一号文件对农业和耕地问题的高度重视。

一、农民增收与耕地问题

农民增收与农业农村发展紧密相关。解决好农村、农业和农民问题是实现改革发展的重要一步，这是推进农业现代化的关键举措，是实现乡村振兴战略的必然要求。从自 2004 年中央发布关于农业的一号文件以来，有关农民增收的文件一共发布了三次。

2004 年是聚焦"农民增收"的首年，提出了对种粮农民的直接补贴、良种补贴、农机补贴"三项补贴"政策，同时，也提出了各级政府要切实落实最严格的耕地保护制度，按照保障农民权益、控制征地规模的原则，严格执行土地利用总体规划。主要是加大补贴力度，降低农业税负这些最直接有效的方式来相应的增加农民的收入，从而达到有效控制城市居民和乡镇居民人均收入相差过大的问题。

2008 年聚焦"农业基础设施建设"，首次提出建立新型农村社会养老保险制度，强调保障农民土地权益。通过加强耕地保护和土壤改良来解决好农村的公共服务问题，强化农业在三个产业中的基础地位，为增加农民收入提供坚实的保障，切实控制建设占用耕地和林地。同时，要把科学、技术、人才、服务等支撑能力落实到农村中去，切实提高农民的基本生活水平。

2009 年聚焦"农业稳定发展"提出了严格地方政府耕地保护责任目标考核,实行耕地和基本农田保护领导干部离任审计制度。这是明确地方政府土地管理责任、建立责任政府的必然要求。充分利用现有的土地管理信息化数据,开发耕地审计信息系统,提高审计的准确性、科学性和时效性。将农村的民生建设作为当年的工作重点,主要是防止国际经济危机波及农业发展,确保粮食产量,保证粮食生产的安全供应。

作为藏粮于地战略中"藏"的实践主体,农民是我国农业经营主体的核心组成部分。我国的农业耕种模式主要是家庭经营,传统小农户在经营中又占多数。保障好农民的根本利益,就要首先保障好农民劳作的基础条件——耕地。这样才能够实现农业现代化,引导农民朝着新型农业经营主体方向发展。

二、农村建设与耕地问题

农村是藏粮于地战略中"地"的主要所在之处。不管是现有耕地还是后备耕地,大部分都在农村。农村是从事农业生产为主的劳动者聚居的地方,只有坚持不懈地保护好耕地,才能不断缩小城乡发展的差距,提高农业生产的总体水平。

2006 年的中央一号文件聚焦"社会主义新农村建设"。在这一年全面取消了农业税,终结了中国延续数千年的农业税历史,把落实农村经济、政治、文化、社会等方面的建设作为建设社会主义新农村的重大任务。坚决落实最严格的耕地保护制度,切实保护基本农田,保护农民的土地承包经营权。

2010 年的一号文件聚焦"统筹城乡发展",强调的重点是协调推进工业化、城镇化和农业现代化。首次提出促进农业发展方式转变,坚决守住耕地保护红线,建立保护补偿机制,加快划定基本农田,实行永久保护。落实政府耕地保护目标责任制,上级审计、监察、组织等部门参与考核。

2014 年中央一号文件聚焦"农村改革",建立了有史以来最严格的食品安全监管制度,要始终确保口粮绝对的安全。完善农村土地承包政策。稳定农村土地承包关系并保持长久不变,在坚持和完善最严格的耕地保护制度前提下,赋予农民对承包地占有、使用、收益、流转及承包经营权抵押、担保权能。

2015 年中央一号文件聚焦"农业现代化",突出强调要在经济增速放慢的环境下也要继续促进农民增收,同时保障农业的基础性地位不动摇。文件首次提出推进农村一二三产业的深度融合发展,扩大现代农业示范区奖补范围。健全粮食主产区利益补偿、耕地保护补偿、生态补偿制度。

2018 年中央一号文件聚焦"乡村振兴战略",夯实农业生产能力基础。深入实施藏粮于地、藏粮于技战略,严守耕地红线,确保国家粮食安全,把中国人的饭碗牢牢端在自己手中。改进耕地占补平衡管理办法,建立高标准农田建设等新增耕地指标和城乡建设用地增减挂钩节余指标跨省域调剂机制,将所得收益通过支出预算全部用于巩固脱贫攻坚成果和支持实施乡村振兴战略。

2021 年中央一号文件要求确保如期实现全面小康,保障重要农产品有效供给和促进农民持续增收,全面完成脱贫任务,加快补上农村基础设施和公共服务短板。

2022 年中央一号文件再次聚集"乡村振兴战略",提出稳定粮食播种面积,合理保障农民种粮收益。严格落实耕地利用优先序,耕地主要用于粮食和棉、油、糖、蔬菜等农产品及饲草饲料生产,永久基本农田重点用于粮食生产,高标准农田原则上全部用于粮食生产。

解决好农村问题,首先就是解决好耕地的问题。始终把耕地作为我国保障农业综合生产能力的基础,是实现农业的综合可持续发展的最可靠的基石,是实现藏粮于地战略最安全的保障。

三、农业现代化与耕地问题

农业现代化的进程必须是有耕地作为基础保障,要确保粮食产品的高质量和绿色发展要依靠农业科学技术的进步,这是实现农业现代化的必由之路。传统农业的生产水平低、剩余的产量少且积累慢,受自然环境的影响较大。改革开放以来,我国的农业现代化水平在逐年提高,从 1978 年的农业机械总动力 11749.9 万千瓦到 2020 年的 105622.1 万千瓦,增长幅度巨大,机械化水平逐年提高。[①] 坚持绿色发展和高质量发展的同时也要实行最严格的耕地保护政策。

2005 年的一号文件聚焦"提高农业综合生产能力",重点是在解决农业生产的总体投入不足的问题,同时坚决实行最严格的耕地保护制度,切实提高耕地质量。继续加大对"两免三补"政策的实施力度,同时为了稳定粮食生产,继续实施最低限价收购政策。

2007 年的中央一号文件聚焦"现代农业",首次提出了现代农业的概念,并提出了要培育现代农业的经营主体,要求在全国的农村地区建立人民生活水平最低保障制度。强化和落实耕地保护责任制,切实控制农用地转

---

① 数据来源:《2021 中国统计年鉴》.

为建设用地的规模。

2013 年的一号文件时隔 6 年再次聚焦"现代农业",这次提出现代农业的核心是创建新的农业经营体系,通过强化农业物质技术装备,来落实和完善最严格的耕地保护制度,加大力度推进高标准农田建设。以最大程度激活农民自身发展的活力,重点解决日益加快的城镇化进程中谁来种地的问题。

2016 年文件继续聚焦"农业现代化",用新的发展理念来解决"三农"问题,加快补齐农业和农村这个短板。把高标准农田建设情况纳入地方各级政府耕地保护责任目标考核内容,并在文件中首次提出要实施"藏粮于地、藏粮于技"战略,同时把培育新型职业农民、"互联网+"现代农业作为新的创新举措。

2017 年的一号文件聚焦"农业供给侧结构性改革",要从根本上解决当前最突出的农业结构性和体制性的矛盾。严守耕地红线,保护优化粮食产能。通过建设指粮食生产功能区、重要农产品生产保护区和特色农产品优势区,来保障国家的粮食供给安全;建设现代农业产业园、科技园、创业园,来打造现代农业创新的高地,为返乡创业的农民和各级人才提供一个创新平台;建设田园综合体,是集循环农业、创意农业和农事体验为一体的新事物。

2018 年中央一号文件围绕乡村振兴提出推动新型工业化、信息化、城镇化、农业现代化同步发展。2021 年中央一号文件聚焦"乡村振兴"和"农业现代化",加快推进农业现代化的主要任务包括提升粮食和重要农产品供给保障能力、坚决守住 18 亿亩耕地红线、构建现代乡村产业体系等。2022 年中央一号文件提出推进农业现代化示范区创建。

农业始终是支撑国民经济建设与发展的基础产业。通过中央一号文件的颁布和实施,持续解决耕地由谁保护、耕地怎样保护的问题、稳定粮食生产,改善农业产业结构和功能来进一步提高农业生产力水平。藏粮于地战略的核心和基础在于保护耕地数量、提高耕地质量,这同时也是农业可持续发展的迫切需要。

中央一号文件是实施藏粮于地战略的重要文件支持。通过相关文件的颁布和实施,保护耕地数量、提高耕地质量,最终保障粮食生产能力。

第二节　耕地占补平衡政策的形成和完善

耕地占补平衡政策是为了保障耕地生产能力不减少,占补平衡要求

"占"地与"补"地质量等同,即要求占地与补地在生产能力上实现平衡。该政策主要着眼于解决发展用地和耕地保护之间的矛盾。表5.2总结了不同部门关于耕地占补平衡的相关政策。

表5.2 不同部门关于耕地占补平衡的相关文件

时间	文 件	部门
2000	关于加强耕地保护促进经济发展若干政策措施的通知	国土资源部
2004—2022	中央一号文件	中共中央、国务院
2004	国务院关于深化改革严格土地管理的决定	国务院
2006	耕地占补平衡考核办法	国土资源部
2007	城乡规划法	住房与城乡建设部
2007	关于完善退耕还林政策的通知	国务院
2007	城乡建设用地增减挂钩试点管理办法	国土资源部
2008	关于进一步加强土地整理复垦开发工作的通知	国土资源部
2008	国家粮食安全中长期规划纲要	国务院
2008	全国土地利用总体规划纲要	国土资源部
2008	严格耕地占补平衡的紧急通知	国土资源部
2008	中共中央关于推进农村改革发展的若干重大问题的决定	中共中央
2010	关于切实加强耕地占补平衡监督管理的通知	国土资源部
2016	关于补足耕地数量与提升耕地质量相结合落实占补平衡的指导意见	国土资源部
2017	关于加强耕地保护和改进占补平衡的意见	国务院
2017	关于改进管理方式切实落实耕地占补平衡的通知	国土资源部
2018	跨省域补充耕地国家统筹管理办法	国务院
2019	关于切实加强高标准农田建设提升国家粮食安全保障能力的意见	国务院
2020	关于坚决制止耕地"非农化"行为的通知	国务院
2021	中华人民共和国土地管理法(修订)	全国人大
2021	中华人民共和国土地管理法实施条例(修订草案)	国务院

时间	文 件	部门
2021	关于严格耕地用途管制有关问题的通知	自然资源部、农业农村部、国家林业和草原局
2022	中华人民共和国黑土地保护法(注:第二十一条涉及耕地占补问题)	全国人大常委会

根据耕地占补平衡政策的几次重大改革和调整,借鉴孙蕊、孙萍、吴金希等(2014)的研究成果[1],可以将政策演变过程划分为三个阶段:数量平衡政策期(1997—2003 年),数量—质量平衡政策期(2004—2010 年)和数量—质量—生态平衡政策期(2011 年至今)。

一、数量平衡政策的阶段(1997—2003 年)

从政策执行的情况来看,在 1998 年全国共有 17 个省(区、市)实现了耕地占补平衡;1999 年增加到了 24 个省;2000 年底增加到 29 个;2001 年和 2002 年全国共有 31 个省(区、市)实现了耕地占补平衡。据《中国环境状况公报》和《国土资源公报》数据统计,1997 年至 2003 年我国非农建设占用耕地 132.63 万公顷,通过土地整理、复垦、开发补充耕地 210.62 万公顷。

从我国的耕地总面积来看,虽然 1997 年到 2003 年之间耕地占补平衡政策执行效果良好,但是我国的耕地总量在持续下降。根据《中国统计年鉴》的统计数据可知,1997 年我国的耕地面积为 19.49 亿亩,下降到了 2003 年的 18.51 亿亩,在 2002 年和 2003 年下降尤为突出,分别下降了 176.66 万公顷和 257.02 万公顷。

从粮食产量上看,根据《中国统计年鉴》数据可知,1997 年至 1999 年的产量基本稳定,保持在 50000 万吨,但是在 2000 年至 2003 年期间,粮食产量严重下降,下降到 2003 年的 43070 万吨。

综上所述,1997 年到 2003 年我国的耕地总量和粮食产量减少情况非常明显,这与高速增长的经济建设需求密不可分。

二、数量—质量平衡政策的阶段(2004—2010 年)

从政策执行情况来看,从 2003 年开始各地区在总体上实现耕地占补平

---

① 孙蕊,孙萍,吴金希等.中国耕地占补平衡政策的成效与局限.中国人口·资源与环境,2014,24(3).

衡政策的数量平衡目标。据 2004 年至 2008 年《国土资源公报》数据计算所得：2004 年至 2008 年我国非农建设占用耕地 92.22 万公顷,通过土地整理、复垦、开发补充耕地 144.47 万公顷。从统计数字上看,补充耕地数量大于非农建设占用耕地数量,符合耕地占补平衡政策在"耕地数量"上的"占补平衡"要求。[①]

从耕地总量来看,2004 年到 2010 年,我国的耕地总量仍然有所下降,耕地总量的红线已经逼近 18 亿亩,耕地面积减少的幅度有所下降。几年间下降了 0.11 亿亩。

从粮食产量上看,从 2004 年到 2010 年,我国粮食产量已经实现连续 7 年增产,自 2003 年的粮食减产高峰过后,粮食产量从 2004 年的 46947 万吨增加到 2010 年的 54648 万吨。

综上所述,在 2004 年到 2010 年之间,我国的耕地总量仍然在持续下降中,但是下降的速度相对之前而言幅度放慢很多。粮食产量的 7 年连增,与国家制定的农业政策密不可分。同时,耕地占补平衡政策也根据新形势下国家发展的要求作出了相应的调整,这也起到了至关重要的作用。

三、数量—质量—生态平衡阶段(2011 年至今)

从政策执行上看,2012 年,全国因建设占用、灾毁、生态退耕等原因减少耕地面积 40.20 万公顷,通过土地整治、农业结构调整等增加耕地面积 32.18 万公顷,年内净减少耕地面积 8.02 万公顷。截至 2016 年末,全国耕地面积为 13495.66 万公顷(20.24 亿亩),2016 年,全国因建设占用、灾毁、生态退耕、农业结构调整等减少耕地面积 34.50 万公顷,通过土地整治、农业结构调整等增加耕地面积 26.81 万公顷,年内净减少耕地面积 7.69 万公顷。这几年期间耕地面积在较少中,耕地的"占"和"补"并未达到平衡。

从耕地总量来看,从 2011 年的 135238.6 千公顷到 2017 年的 134881.2 千公顷,耕地总量在缓慢的下降中。下降了 357.4 千公顷,平均每年下降 51.07 千公顷。耕地保护的问题仍然突出。从粮食产量上看,2011 年我国粮食产量为 58849.3 万吨,2017 年达到 66949.2 万吨,是一个大幅度的上升过程。[②]

---

① 孙蕊,孙萍,吴金希等. 中国耕地占补平衡政策的成效与局限. 中国人口·资源与环境,2014,24(3).

② 数据来源:《2021 中国统计年鉴》.

总体上来看,我国的耕地占补平衡政策已进入"数量—质量—生态"多重平衡的崭新阶段。表5.3汇总了全国耕地面积占补平衡情况。

表5.3　全国耕地面积占补平衡状况(单位:万公顷)

年份	1999	2000	2001	2002	2003	2004	2005	2006	2007	2008
占地面积	20.53	16.33	16.40	19.65	22.91	29.30	21.20	25.85	18.83	19.16
补地面积	25.75	29.11	20.26	26.08	31.08	34.56	30.67	36.72	19.58	29.96
补面—占面	5.22	12.78	3.86	6.43	8.17	5.26	9.47	10.87	0.75	10.8
年份	2009	2010	2011	2012	2013	2014	2015	2016	2017	总计
占地面积	—	21.19	25.30	25.94	40.20	35.47	38.80	30.17	34.50	
补地面积	26.9	37.37	23.37	46.56	32.18	35.96	28.07	24.23	26.81	
补面—占面	—	16.18	−1.93	20.62	−8.02	−0.49	−10.73	−5.94	−7.69	

资料来源:根据自然资源部官方网站公布的数据整理。

表5.3中,2018年以来的数据暂时未公布。表5.3中"占地面积"为建设占用耕地面积,2012年之后的"占地面积"为因建设占用、灾毁、生态退耕等原因减少的耕地面积;"补地面积"为通过土地整理、复垦和开发补充的耕地面积;"补面—占面"为补地面积与占地面积之差值。

第三节　农业部门关于耕地保护的政策沿革

对于一个农业和人口大国,粮食安全是直接关系到社会稳定的头等大事。加快发展保护性耕作,有利于构建资源节约型、环境友好型社会,对保障农业与农村经济发展任务和目标的顺利实现,促进现代农业建设有着重要的意义。

农业农村部是主管农业与农村经济发展的国家部门,指导粮食等主要农产品的生产,组织出台并落实促进粮食等主要农产品生产发展的相关政策文件和措施,引导农业产业结构调整和产品品质的改善,对国家的农产品安全和农产品质量的提升有着不可推卸的责任,是最贴近农民生活的部门。

改革开放至今国家农业部门出台过许多保护耕地的规划和措施。下面主要从几个重要文件来论述农业部对于耕地保护问题的研究。

一、保护性耕作工程建设规划(2009—2015 年)

保护性耕作是一种革命性农耕措施,具有生产性、生态性和公益性等特征,实现了生态效益和经济效益同步发展,在兼顾当前利益的同时做到不破坏长远利益。这是近些年来发展可持续农业的重要技术内容之一。

农业部提出的《保护性耕作工程建设规划(2009—2015 年)》将我国划分为六个保护性耕作类型区。[①]

东北平原垄作区,涉及黑龙江、吉林、辽宁三省的 178 个县(场),总耕地面积 2.06 亿亩。是我国重要的商品粮基地,机械化程度较高。文件指出可通过秸秆根茬覆盖及少免耕等措施,解决土壤肥力下降问题。

东北西部干旱风沙区,本区主要包括东北三省西部和内蒙古东部四盟 83 个县(场),总耕地面积 1.28 亿亩。主要作物为玉米、大豆、杂粮和经济林果。可通过留茬覆盖,提高地表覆盖度和粗糙度,解决冬春季节的农田风蚀问题。

西北黄土高原区,包括陕西、山西、甘肃、宁夏、青海等省(区)的 195 个县(场),总耕地面积 1.17 亿亩。这个区域是我国水土流失比较严重的地区。该区域主要是实行以控制水土流失为主要目标的坡耕地沟垄蓄水保土耕作技术、坡耕地等高耕种技术。

西北绿洲农业区,总耕地面积 0.57 亿亩,是我国重要的粮、棉、油、糖、瓜果商品生产基地。通过秸秆等地表覆盖及免耕、少耕技术应用,节约灌溉用水,增加植被和土壤覆盖度,控制农田水蚀和荒漠化。

华北长城沿线区主要包括河北坝上、内蒙古中部和山西雁北等地区的 66 个县,总耕地面积 0.64 亿亩。该地区减少地表的裸露,增加地表粗糙度,遏制农田草地严重退化、沙化趋势;覆盖免耕栽培,减少或降低农田水分蒸发,提高水分利用效率等。

淮海两茬平作区涉及北京、天津、河北中南部、山东、河南、江苏北部、安徽北部及陕西关中平原等 8 个省份 480 个县(场),总耕地面积 3.8 亿亩,是我国粮食主产区。该地区主要利用机械化免耕技术,实现省工、省力、省时和节约费用等措施有效解决小麦、玉米秸秆机械化全量还田的作物出苗及高产稳产问题。

制定保护性耕作工程建设规划,在更大范围开展保护性耕作示范推广

[①]　农业部　国家发展改革委关于印发《保护性耕作工程建设规划(2009—2015 年)》的通知,农业农村部网站,2009 - 09 - 20。http://www.moa.gov.cn/nybgb/2009/djiuq/201806/t20180608_6151425.htm.

和试验示范,完善保护性耕作技术创新和建设保障体系,对促进我国保护性耕作发展有着十分重要的意义。此外,农业农村部和财政部印发了《东北黑土地保护性耕作行动计划(2020—2025年)》,在东北黑土地积极推广保护性耕作。

二、全国粮食生产发展规划(2006—2020年)

我国在第十一个五年计划中提出"坚持粮食基本自给,稳定发展粮食生产,确保国家粮食安全"的要求,农业部就根据此要求研究制定了《全国粮食生产发展规划(2016—2020年)》。[①]

"十五"期间,全国耕地面积净减少9240万亩,由2000年的19.24亿亩减至2005年的18.31亿亩,目前人均耕地面积1.4亩,仅为世界平均水平的40%左右;农田有效灌溉面积仅占总耕地的40%左右,仍有40%的耕地处于不断退化的状态;超级稻等增产科技尚未大面积推广,高产栽培配套技术推广力度弱;种粮每亩收益一直在几百元左右徘徊,相对于经济作物等其他生产效益一直偏低,粮食播种面积难以稳定,2005年比1998年净减少1.5亿亩。

粮食始终是经济发展、社会稳定和国家自立的基础。藏粮于地战略的内涵也表明国内耕地资源的农业综合可持续生产能力是我国粮食安全最可靠、最安全、最重要的基石。

从长期趋势看,我国耕地减少、水资源短缺的问题不可避免,粮食增产的难度越来越大,随着人口的刚性增长和人民生活水平的提高,保持粮食长期供求平衡的任务十分艰巨。

从现实情况看,要想维持住粮食安全,国家就要采取切实可行的措施,调动农民种粮和地方政府抓粮的积极性;要稳定住耕地面积,必须采取最严格的耕地保护制度,确保耕地数量稳定在合理水平,大力提高单产水平,以确保粮食生产能力和产量的稳定与增长。

三、全国农业可持续发展规划(2015—2030年)

农业关乎国家食物安全、资源安全和生态安全。大力推动农业可持续发展,是实现"五位一体"战略布局、建设美丽中国的必然选择,是中国特色新型农业现代化道路的内在要求。农业的可持续发展关乎着藏粮于地战略

---

① 资料来源:农业部关于印发《全国粮食生产发展规划(2006年—2020年)》的通知,农业农村部网站,2006 - 10 - 12。http://www.moa.gov.cn/gk/ghjh_1/201006/t20100606_1533136.htm。

是否能够实现绿色发展和高质量发展。依靠现代科学技术来改善农业耕作方式和耕种质量,才能够实现生态环境优美和粮食绿色生产的目标。

该规划将全国划分为优化发展区、适度发展区和保护发展区等三大区域,分别采取因地制宜、梯次推进和分类实施政策等措施。具体见表5.4。

表5.4　农业可持续发展分区情况表

分区		区域范围
优化发展区	东北区	黑龙江、吉林、辽宁,内蒙古东部
	黄淮海区	北京、天津,河北中南部,河南、山东,安徽、江苏北部
	长江中下游区	江西、浙江、上海,江苏、安徽中南部,湖北、湖南大部
	华南区	福建、广东、海南
适度发展区	西北及长城沿线区	新疆、宁夏,甘肃大部,山西,陕西中北部,内蒙古中西部,河北北部
	西南区	广西、贵州、重庆,陕西南部,四川东部,云南大部,湖北、湖南西部
保护发展区	青藏区	西藏、青海,甘肃藏区,四川西部,云南西北部
	海洋渔业区	我国管辖海域

资料来源:《全国农业可持续发展规划(2015—2030年)》发布,中央政府门户网站,2015-05-28。http://www.gov.cn/xinwen/2015-05/28/content_2869902.htm。

优化发展区是我国大宗农产品主产区,农业生产条件好、潜力大,应坚持生产优先、兼顾生态、种养结合,在确保粮食等主要农产品综合生产能力稳步提高的前提下,实现生产稳定发展、资源永续利用、生态环境友好。适度发展区农业生产特色鲜明,但水土配置错位、资源环境承载力有限,应坚持保护与发展并重,适度挖掘潜力、集约节约、有序利用。保护发展区在生态保护与建设方面具有特殊重要的战略地位,应坚持保护优先、限制开发,适度发展生态产业和特色产业,促进生态系统良性循环。

四、"十四五"推进农业农村现代化规划(2021—2025)

国务院发布了《"十四五"推进农业农村现代化规划》(国发〔2021〕25号)。[①] 该规划提出"深入实施国家粮食安全战略和重要农产品保障战略,落实藏粮于地、藏粮于技"等要求。"十四五"推进农业农村现代化主要指标

---

① 资料来源:国务院关于印发"十四五"推进农业农村现代化规划的通知,中国政府网,2022年02月11日。http://www.gov.cn/zhengce/zhengceku/2022-02/11/content_5673082.htm.

中,与农业相关指标包括粮食综合生产能力、农业科技进步贡献率、高标准农田面积、农作物耕种收综合机械化率等。

此外,国家发展改革委、农业农村部 2021 年 8 月联合印发的《"十四五"现代种业提升工程建设规划》,农业农村部、自然资源部等六部委联合印发的《"十四五"全国农业绿色发展规划》等规划,均有助于"藏粮于地、藏粮于技"战略的实施。

第四节　国土资源管理部门耕地保护政策

国土资源部在 2018 年 3 月,经全国人民代表大会批准进行整改,将国土资源部的职责整合,组建中华人民共和国自然资源部,将国土资源部有关农业投资项目管理职责整合,组建中华人民共和国农业农村部。

一、关于加强耕地保护促进经济发展若干政策措施的通知

该通知是为了适应当前国土资源管理工作的新形势,在进一步深入贯彻落实《土地管理法》的基础上,妥善解决当前土地供需矛盾的突出问题,正确地处理好耕地保护和经济发展的关系,为了加强耕地保护,提出的有关政策措施。

文件指出要妥善处理耕地保护与经济发展关系的重要前提就是坚持土地管理严而又严的原则,加强和规范各级土地利用规划管理;农民居住向中心村和小城镇集中,工业向工业园区集中,是正确处理耕地保护和经济发展关系,解决建设用地的供需矛盾的有效途径;进一步加大落实耕地占补平衡的力度,坚持实行建设占用补充耕地与土地开发整理项目挂钩制度,对占补实行按建设项目进行考核,确保补充耕地的责任、资金和方案落实。有条件的地区要推行耕地储备制度,实现耕地先补后占的措施。

在藏粮于地战略中"地"的形式有多样,但是耕地资源仅占我国土地面积的 20% 左右,我国的耕地资源存在稀缺性。要始终保持复垦耕地的面积要大于建设占用耕地的面积,建设占用耕地指标的安排也要符合土地利用总体规划。严格控制非农建设占用基本农田,对依法批准占用的基本农田要及时调整补划。

二、耕地占用税暂行条例

国务院于 1987 年发布的现行条例实施以来,对保护耕地、促进合理利

用土地资源起到了积极的作用。但随着经济的发展,现行条例越来越不适应新形势的需要,保护耕地的作用日益弱化。在 2007 年末,国务院发布了新的《中华人民共和国耕地占用税暂行条例》,从 2008 年 1 月 1 日起实行。这主要是为了加强土地的管理,保护国家的耕地,合理利用土地资源。

《条例》主要作了四个方面的修改:一是提高了税额标准,将现行条例规定的税额标准的上、下限都提高 4 倍左右。多年来随着物价上涨和地价上涨的因素,耕地占用税在用地成本中的比例越来越低。为了贯彻落实国家最严格的耕地保护制度,通过提高耕地占用税税额标准,减少占用耕地,充分利用城市现有土地。为重点保护基本农田,《条例》规定,占用基本农田的,适用税额还应当在上述适用税额的基础上再提高 50%。二是统一了内、外资企业耕地占用税税收负担。随着我国经济的高速发展和城市化进程的加速推进,耕地保护的形势越来越严峻,如继续对外商投资企业和外国企业不征收耕地占用税,既有悖于税收公平原则,也会影响税收调控功能的有效发挥。三是从严规定了减免税项目,取消了对铁路线路、飞机场跑道、停机坪、炸药库占地免税的规定。四是加强了征收管理,明确了耕地占用税的征收管理适用《中华人民共和国税收征收管理法》。

三、节约集约利用土地规定

为贯彻十分珍惜、合理利用土地和切实保护耕地的基本国策,落实最严格的耕地保护制度和最严格的节约集约用地制度,提升土地资源对经济社会发展的承载能力,促进生态文明建设,根据《中华人民共和国土地管理法》和《国务院关于促进节约集约用地的通知》,国土资源部在 2014 年 3 月制定了《节约集约利用土地规定》并于 2014 年 9 月 1 日起施行。

节约集约利用土地,是指通过规模引导、布局优化、标准控制、市场配置、盘活利用等手段,达到节约土地、减量用地、提升用地强度、促进低效废弃地再利用、优化土地利用结构和布局、提高土地利用效率的各项行为与活动。

土地管理和利用应当遵循的原则包括坚持节约优先的原则,各项建设不占或者少占耕地,珍惜和合理利用每一寸土地;坚持合理使用的原则,盘活存量土地资源,构建符合国情的城乡土地利用新格局等等。

四、永久基本农田保护制度

(一) 永久基本农田保护制度的确立和巩固

2008 年党的第十七届三中全会通过的《中共中央关于推进农村改革发

展若干重大问题的决定》首次提出"永久基本农田"的概念。之后,相关部委先后颁布了永久基本农田保护的部门规章及规范性文件。

2009 年中央一号文件要求实行最严格的耕地保护制度和最严格的节约用地制度。基本农田必须落实到地块、标注在土地承包经营权登记证书上,并设立统一的永久基本农田保护标志,严禁地方擅自调整规划改变基本农田区位。严格地方政府耕地保护责任目标考核,实行耕地和基本农田保护领导干部离任审计制度。2010 年,中央一号文件提出要"坚决守住耕地保护红线,建立保护补偿机制,加快划定基本农田,实行永久保护。落实政府耕地保护目标责任制,上级审计、监察、组织等部门参与考核"。

2014 年,国土资源部、农业部联合下发《关于进一步做好永久基本农田划定工作的通知》,要求在已有划定永久基本农田工作的基础上,将城镇周边、交通沿线现有易被占用的优质耕地优先划为永久基本农田。2016 年,《关于全面划定永久基本农田实行特殊保护的通知》提出,全国 15.46 亿亩基本农田保护目标任务落实到用途管制分区,落实到图斑地块[①]。2017 年,1 月 9 日发布的《中共中央国务院关于加强耕地保护和改进占补平衡的意见》(中发〔2017〕4 号,以下简称 2017 中央 4 号文件)中要求严格控制建设占用耕地,加强土地规划管控和用途管制,严格永久基本农田划定和保护。

(二)永久基本农田特殊保护

为了加快构建数量、质量、生态"三位一体"耕地保护新格局,建立健全永久基本农田"划、建、管、补、护"长效机制,全面落实特殊保护制度,国土资源部在 2018 年 2 月发布《全面实行永久基本农田特殊保护的通知》。

耕地是我国最为宝贵的资源,永久基本农田是耕地的精华,完成永久基本农田控制线划定功在当前、利及长远。全面实行永久基本农田特殊保护,是落实藏粮于地的重要途径,是确保国家粮食安全,加快推进农业农村现代化的有力保障,是深化农业供给侧结构性改革,促进经济高质量发展的重要前提,是实施乡村振兴,促进生态文明建设的必然要求,是贯彻落实新发展理念的应有之义、应有之举、应尽之责,对全面建成小康社会、建成社会主义现代化强国具有重大意义。

2022 年中央一号文件不仅再次重申永久基本农田重点用于粮食生产,而且明确要按照耕地和永久基本农田、生态保护红线、城镇开发边界的顺序,统筹划定落实三条控制线,将永久基本农田置于空间保障的首位。2022

[①] 《关于全面划定永久基本农田实行特殊保护的通知》. 2016. http://www. moa. gov. cn/xw/qg/201608/t20160810_5235197. htm.

年 10 月,党的二十大报告提出要逐步将永久基本农田转化为高标准农田。坚持最严格的耕地保护制度和最严格的节约用地制度,以守住永久基本农田控制线为目标,以建立健全"划、建、管、补、护"长效机制为重点,巩固划定成果,完善保护措施,提高监管水平,逐步构建形成保护有力、建设有效、管理有序的永久基本农田特殊保护格局,筑牢中华民族伟大复兴的土地资源基础。

第六章　实施藏粮于地战略的经验总结

本章主要总结我国及各地区实施藏粮于地战略的主要经验。在总结全国实施藏粮于地战略经验基础上,重点总结部分地区的典型经验。

第一节　全国实施藏粮于地战略的主要经验

本节阐述实施藏粮于地战略的主要经验。从国内耕地保护、农业生产条件、生态保护、国外资源利用等七方面展开分析。总结我国耕地保护和利用的实践经验,对于今后更好地贯彻藏粮于地战略、维护国家粮食安全,具有非常高的借鉴价值。

一、国内耕地保护持续推进

新中国成立以来,我国耕地保护既取得了显著成就,又存在一些问题。从图 6.1 可看出,我国耕地面积呈现阶段性增减的发展态势。

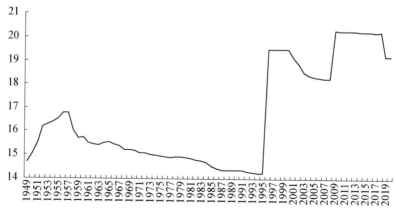

图 6.1　1949—2020 年全国耕地面积变化趋势

数据来源:根据 1981 年至 2021 年《中国统计年鉴》和自然资源部数据整理绘制。单位:亿亩。

1949 年至 1957 年我国耕地面积呈现增长趋势,从 14.7 亿亩上升到 16.8 亿亩。尤其是 1949—1952 年,每年保持约 0.5 亿亩的增长。因为新中国成立后,我国废除了地主阶级封建剥削的土地所有制,实现了农民土地私有制革命初衷,解放了农村生产力,提高了农民种地的积极性。《土地改革法》的颁布使农民开荒整地的积极性高涨,从随后几年的农业增长中可以看出。1953—1957 年我国实行互助合作的土地制度,在保留土地和其他生产资料农户私有制的基础上,农户间通过人工互变等多种形式,解决生产中的困难或借此提高农民收入。1957 年后耕地面积继续保持增长,但因生产力还比较弱,劳动工具较落后,农民的文化素质普遍较低,导致增长速度缓慢。

1958 年至 1977 年耕地面积呈现下滑趋势,在 1977 年达到最低,由 1957 年的 16.77 亿亩降为 14.89 亿亩,下降 11.2%。党中央及时做出调整,1978 年建立了家庭联产承包责任制,把土地的经营权和所有权分开,即在坚持土地公有制的前提下,实行包产到户、包干到户、自负盈亏。这使农民获得生产和分配的自主权,调动了农民生产的积极性,解放了农村生产力,推动了我国农业的发展。但从图 10.1 可以看出,耕地面积并没有太大的变化,这与当时农民虚报耕地面积、实际测量有误差等因素有关。

1996 年耕地由 1995 年 14.25 亿亩上升到 19.51 亿亩,增加了 5.26 亿亩,但这并不表示耕地的实际变化量。据第一次普查数据显示,农作物播种面积、粮食作物播种面积均没出现大波动。增加的主要原因包括调查技术由人工转变为卫星遥感技术,测量更准确等等。

1996 年至 2003 年,我国耕地呈现减少趋势。这是因为随着我国工业化和城镇化的推进,大量耕地被占用,我国耕地质量总体不高,局部出现退化。2001 年全国耕地为 12761.58 万公顷。2003—2008 年,耕地面积基本在 18.3 亿亩上下波动,没有打破 18 亿亩红线。加上 2006 年全面取消了土地面积农业税,地方政府和农民都没有瞒报耕地面积的必要了,客观上也说明耕地数据真实性。

2009 年我国耕地面积达到一个高点。这是因为,各部门贯彻落实耕地占补平衡等政策;《土地承包法》等法律颁布保障了农民的权益,提高了农民种地、开荒的积极性;很多外出人员开始返乡,为农业发展提供了充足的劳动力;耕地统计标准持续完善,借助卫星遥感技术提高了耕地统计的准确性等等。2009 年以后,我国耕地面积整体有轻微减少的趋势。据全国土地利用数据预报结果显示,2017 年年末,全国因建设占用、灾毁、生态退耕、农业结构调整等减少耕地面积 32.04 万公顷,通过土地整治、农业结构调整等增加耕地面积 25.95 万公顷,年内净减少耕地面积 6.09 万公顷。

总之,新中国耕地保护和发展的实践表明,通过立法支持、政策支持等方式积极保护耕地,调动农民种粮积极性,对于坚守耕地红线、提升耕地质量具有重要意义。耕地占补平衡制度在应对城镇化建设占用耕地的现象起到了很好的平衡和作用。

二、农业生产条件得到极大改善

新中国成立以来,尤其是改革开放以来,我国农业生产条件得到显著改善。

1952 年,我国农业机械总动力为 18.4 万千瓦。1978 年为 11749.9 万千瓦,2017 年为 98783.3 万千瓦。2017 年我国农业机械总动力比 1952 年增加了 638 倍,比 1978 年增加了 7 倍。

由表 6.1 可以看出,改革开放以来,我国农业生产条件发生了巨大变化,取得了辉煌成就。

表 6.1　主要年份我国农业生产条件比较

年份	机械总动力(万千瓦)	有效灌溉面积(千公顷)	农村用电量(亿千瓦小时)
1952	18.4	19959	0.5
1978	11749.9	44965	253.1
2017	98783.3	67816	9524.4
2020	105622.1	69160.5	9717.2

资料来源:1983 年、2021 年《中国统计年鉴》。

在粮食种植面积方面,1952 年为 123979 千公顷,1978 年为 120587.2 千公顷,2017 年为 117989 千公顷。可见,改革开放以来,我国粮食种植面积有所下降。

我国农业科技也取得了显著进步。根据《中国统计年鉴》粮食产量、面积计算,全国粮食每亩单产水平,1952 年为 88.1 千克,1978 年为 168.5 千克,2017 年为 373.8 千克,2020 年为 382.2 千克。全国粮食单产水平的显著提升,反映了我国农业科技取得的巨大成就。农作物育种也取得了丰硕成果。

三、生态保护成效显著

改革开放以来,随着工业化和城镇化的快速发展,生态环境破坏现象持续出现。根据 1981 年和 2015 年《中国统计年鉴》数据,1980 年,我国工业废水排放量为 2335512 万吨,2014 年达到峰值 7161751 万吨,此后开始下降。

废气排放在 2011 年达到峰值后开始下降。这说明近些年我国环境治理成效开始显现。

良好的生态环境是人类宜居发展的基本要求,也是农业可持续发展的客观要求。农业部在 1980 年总结我国农业三十年发展经验教训时,指出中国式的农业现代化的目标是发达的农业、富庶的农村和良好的生态环境。[①]要认真保护自然生态环境,在当时已经达成共识。1982 年中央一号文件已经强调要保护农业自然资源,"制止某些地区生态环境继续恶化"。2018 年中央一号文件从乡村振兴战略高度,强调"良好生态环境是农村最大优势和宝贵财富"。2022 年中央一号文件强调"推进农业农村绿色发展"。

生态保护也是实施藏粮于地战略的重要条件。没有良好的生态环境,藏粮于地将无处可"藏"。

四、农业综合产出能力显著提升

新中国成立以来,我国粮食产量整体呈现持续增长的态势。除部分年份粮食产量有所降低以外,2003 至 2015 年我国保持了粮食产量连续十二年增长的势头。我国农业粮食生产能力稳定提升。

图 6.2 中,我国粮食产量阶段性增长的特征比较明显。在粮食数量方面,我国粮食供给经历了从供给数量短缺到供给数量充裕的深刻变化。在粮食质量方面,随着我国居民消费结构从温饱型向小康型转变,我国粮食种植逐渐向绿色、健康、营养的方向发展。

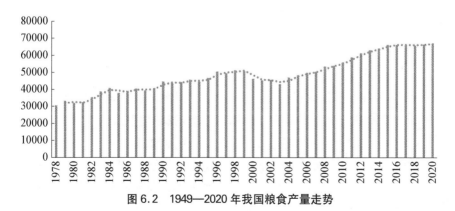

图 6.2 1949—2020 年我国粮食产量走势

资料来源:1983 年、2021 年《中国统计年鉴》。单位:万吨。

---

① 资料来源:《中国农业年鉴》(1980).

农副产品供应的数量和质量显著提升。以棉花和水果为例,1952年我国棉花、水果产量分别为130.4万吨、244.3万吨,1978年产量分别为216.7万吨、657.0万吨,2017年分别为565.3万吨、25241.9万吨。

总之,新中国成立以来,我国农业综合生产能力得到显著提升。农业综合生产能力提升是农业产出水平提高的体现,也是藏粮于地战略的主要目标。

五、农业防灾抗灾减灾能力进一步增强

改革开放以来我国防灾抗灾减灾能力显著提升。我国农业受灾面积在50000千公顷以上的年份包括1978、1980、1988、1994、1997、1998、2000、2001、2003年等。

2002年以来到2017年,我国受灾面积和成灾面积均显著下降。1986年,我国完成造林面积110.67万公顷。2016年完成造林面积250.55万公顷;其中,退耕还林工程完成造林面积68.33万公顷。

我国启动的林业重点生态工程包括天然林保护工程、退耕还林工程、京津风沙源治理工程、太行山绿化工程、三北及长江流域等防护林工程。[①] 这些都说明我国农业生态环境有一定改善,我国防灾抗灾减灾能力进一步加强。

六、国外农业资源利用日益优化

我国利用国外农业资源,主要途径包括粮食进口、国际农业技术交流、国际农业合作等。改革开放以来,随着居民生活水平的提高,居民食用油尤其是大豆油消费量迅速增长。

在国内大豆产量无法满足国内消费的背景下,我国大豆进口量迅速提高。1997年我国大豆进口量为287.6万吨,2018年达到8803万吨,2020年达到9652万吨。进口大豆在弥补国内大豆需求缺口的同时,也给国内大豆种植和加工带来一定消极影响。但从整体看,我国粮食及肉类等农副产品进口,丰富了人民群众的日常生活,提高了生活质量。

国际农业合作方面,我国在改革开放过程中,通过"引进来"和"走出去"的方式,扩大对外开放,提高农业国际合作水平。在"一带一路"的倡议下,我国国际农业合作发展到新的阶段。

充分利用国际农业资源,可以在一定程度上减轻国内耕地压力,是实施藏粮于地战略的有益补充。

---

① 资料来源:《2017中国农村统计年鉴》.

七、农产品市场价格机制逐渐形成

改革开放以来,我国逐渐建立社会主义市场经济体制。价格在市场中的主导作用逐步显现。在农业领域,农产品价格也逐渐在农业资源配置过程中起到主导作用。农产品最低收购价制度保护了农民种粮的积极性。

从图 6.3 可以看到,我国玉米价格呈现阶段性、周期波动的特点。玉米价格波动对调节玉米种植起到了积极作用。2017 年我国提出推动农业供给侧结构改革,玉米也需要及时调整生产结构,完成去产能、去库存等任务。

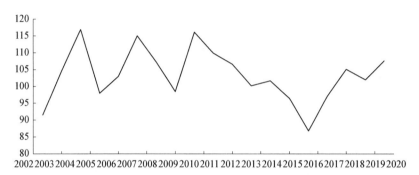

图 6.3　2002—2020 年我国玉米生产价格指数走势

资料来源:2003 年至 2021 年《中国统计年鉴》。

农产品市场价格机制逐渐形成,加强了市场在农业供需关系调节的地位和作用。今后,随着我国社会主义市场经济机制的进一步完善,农产品价格的调节作用将更加有效。农产品价格在农产品供需平衡、优质优价、调整农业种植结构等方面将发挥积极作用,有利于调动农民生产的积极性,有利于提高藏粮于地战略实施的经济效益和社会效益。

第二节　各地区实施藏粮于地战略的主要经验

本节主要阐述我国部分地区实施藏粮于地战略的典型经验。具体相关地区包括黑龙江、河南、江苏、甘肃等。

一、黑龙江的黑土地模式

(一)黑龙江黑土地现状及保护的原因

黑土地是一种珍贵的土壤资源,属于性状好、肥力高、适宜农业耕作的优质土地。我国东北典型黑土区耕地面积约 2.78 亿亩,其中黑龙江省占 1.56 亿亩,占黑土区耕地总面积的 56.1%。自上个世纪 50 年代以来的大规模开垦之后,黑龙江境内的黑土地渐渐地由自然生长的林地草地生态系统演变为人为耕作的农田系统,黑龙江省的黑土地面临着水土流失、有机质下降、土壤酸碱化和污染等问题。根据农业部的相关统计数据可得,2012 年,黑龙江省黑土地水土流失面积已达 1.34×10^7 公顷,与 2000 年相比,新增水土流失面积 0.23×10^7 公顷,年均流失 18.3 万公顷;其中,耕地水土流失面积 0.67×10^7 公顷,约占水土流失总面积的 50%、耕地总面积的 77%。受灾严重的黑土层已经由开垦初期的 80 厘米到 100 厘米左右下降到了 20 到 30 厘米之间。[1]

最近几年,黑龙江把黑土耕地保护作为促进农业可持续发展的重大措施摆上重要位置,加大资金投入,加强保护建设,提升黑土地质量,做到"藏粮于地",助力粮食稳定发展的要求。

保护和提升黑土地的生态环境是黑龙江稳定本省粮食生产能力的重要基础,是守住"谷物基本自给、口粮绝对安全"国家战略底线的重要保障。是实施"藏粮于地、藏粮于技"战略的迫切需要,是国家提出的第十三个五年计划里明确要求的重点生态工程,这个黑土区的水土流失综合治理工程,对于保障国家粮食安全和加强生态修复问题具有十分重要的意义。

(二) 农企合作,打造黑土保护新模式

自 2015 年以来,国家相关部门就颁布了一系列政策措施,在我国东北四个省区开展黑土地保护利用的试点工作。黑龙江省绥化市按照《2015 年黑龙江省黑土地保护利用试点项目实施指导意见》的要求,实施定点建设 3 年的黑土地保护试点项目。绥化市结合当地黑土地质量实际情况,把耕地质量建设和黑土地资源保护为项目实施的重点,与大型企业相结合、与示范基地建设相结合、与农业科技园区建设相结合、与"互联网十农业"相结合,使用统一的组织管理、统一的技术指导、统一的供应良种、统一测土配肥供肥、统一的田间作业、统一的农产品收储,推进了黑土地保护的连片治理,优化了农业生产的布局,大力推广了资源节约型和环境友好型的生产技术。

将一批粮食收储公司,从事研发、生产、加工、销售为一体的种子企业,植物保护领域的优秀企业等进行联合,将服务体系和物流体系贯穿到普通农户和企业之中,将农企联合后共同在试点区域内组成了优秀的农业合作

---

[1] 李宁宁,赵雨森,朱丽娟.黑龙江省黑土地水土流失治理现状、困境及对策.农机化研究,2015,37(11):259—263.

社,最终形成了一套"企业服务企业＋农业合作社＋农户"的三级经营管理体系的黑土地保护方式。通过对国家级试点县的有益探索,总结出了一套能够广泛应用于我国东北及世界各地区黑土区的黑土保护利用开发模式,并且这个模式能够得到可持续的运行。绥化市通过藏粮于地、藏粮于技,提升耕地地力,增强了黑土地的持续生产能力。

(三)亲土种植,探索黑土保护新途径

为探索黑土地保护利用的新途径。2018年10月农业领域的领军企业金正大集团将亲土种植这一全球领先的理念引入到了中国,并凭借根植种植业多年的积累,形成了具有中国特色的亲土种植四个步骤:改土养地、减肥增效、品质提升、综合服务。[①]

亲土种植是一种生态友好型种植模式。是采取对土壤"亲和、友好"的方式来开展种植作业,将农作物的优质高产和耕地质量提升作为目标,保障农业的可持续发展。该理念倡导优质种植从保护土壤开始,利用环境友好的科技手段实现增加收益,保护耕地;通过减少肥料和减少农药的使用来提升农产品的品质,改善环境;顺应土地集约化的趋势,在全程实施科学化的管理服务和机械化的种植模式。与传统的种植方式相对比,亲土种植模式最大的不同在于对土地的可持续养护,通过改善土壤的健康状况,来提升作物的品质与产量,减少对农药与化肥的过量使用,做到绿色种植、提质增收。

金正大企业利用自身的资源优势,与黑龙江当地的农业合作社联合开展试点工作。这种模式的好处有:一是由一定规模的龙头企业提供适用于农户本身的技术和产品;二是由农业部门提供贴身的技术指导,帮农户在实践操作中解决问题;三是由农业合作社提供综合性的服务,种养过程中的施肥、后期的粮食收购问题。这种操作下的黑土地保护模式,可以实现低成本、高效率和可持续发展。一边种地一边养地,可以从根本上实现黑土地的综合保护与开发利用的同步进行。

(四)黑土地保护的经验探索

仔细分析东北黑土地保护成功的经验,一是将与农业有关的利益主体进行联合。在试点项目实施的过程中将农户、农业合作社和资金雄厚的大企业进行联合,有机肥厂、农业新型经营主体等联结起来,推进黑土地保护工作的全面开展。

二是将农业生产的全产业链进行联合。将土壤、肥料、水源、种子、施肥、收储等农业种植的全流程的工艺进行升级创新,从根本上实现黑土地的

---

① 焦自宣.亲土种植为"黑土地保护"量身打造新模式.中国农资,2018(37).

综合保护与开发利用的同步进行，实现农业生产的全产业链循环。这既提高了耕地质量，又减少了环境污染，同时保障了黑土地保护的高效率运作。

三是将技术进行联合。通过农企联合的新模式，将产业链上的相关技术进行标准化管理和操作，为种植户和农民合作社提供一整套的全产业链的技术和服务。将产业链上与之有关的技术模式因地制宜的进行创新，并开展与保护工作相关的技术集成。

二、江苏的休耕轮作模式

（一）江苏省实施轮作休耕的意义

江苏省既是经济大省，也是农业大省，它以占全国 1.06％的土地、3.9％的耕地，保障了江苏省主要农产品供求平衡，粮食、蔬菜、畜禽等重要农产品产量均居全国前列。农村劳动力人均农业增加值、亩均农业增加值分别居全国第一位和第三位。[①]

江苏省是属于农业生产水平较高的省份，稻米和蔬菜等主要农产品的综合生产能力在全国居于前列，但是耕地的复种指数也相对较高，耕地的开发利用强度大，化肥使用多，土壤污染和水污染的问题突出。而苏南地区又是江苏省的经济发达地区，包括南京、苏州、无锡、常州、镇江，拥有广袤的太湖平原，水网密集，长江东西横贯境内。苏南地区面临着耕地数量减少、地力严重透支、地下水超采、水污染严重等问题，生态环境脆弱，亟需加快推进结构调整和绿色优质高效发展。

实行轮作休耕制度，有利于耕地休养生息和农业可持续发展。轮作休耕制度是切实保护耕地、推进农业结构调整的重大举措，做到藏粮于地、藏粮于技。率先在苏南地区整体推进轮作休耕，有利于强化太湖流域保护，降低资源利用强度，美化农业农村生态环境，推动形成绿色生产方式和生活方式，为江苏省的农业供给侧结构性改革、高质量发展提供了坚定的支撑力。

江苏的实践表明，休耕轮作在我国具有实施的空间和必要性。积极探索适合我国国情的休耕轮作模式，对于实施藏粮于地战略具有重要意义。

（二）粮绿轮作，创造轮作休耕新看点

粮绿轮作，"绿"指绿肥，又称粮肥轮作。2016 年六合区在江苏省率先开展耕地轮作休耕试点，六合区试点规模达三万亩。六合区属南京北侧，耕地面积为 5.88 万公顷，农作物常年播种面积 9.87 万公顷。六合区为了推进

---

① 资料来源：陈兵.用地养地结合 生产生态双赢——江苏省自主开展耕地轮作休耕试点促进农业可持续发展纪实.农业农村网，2017－09－14.

农业供给侧结构性改革,促进农业可持续发展,自 2016 年起就积极组织开展耕地轮作休耕制度的试点工作。2016 年实施耕地轮作休耕 2000 公顷,其中粮绿轮作 800 公顷,休耕培肥 1200 公顷;实施区域共涉及 5 个街镇、16 个社区村、34 户休耕主体。2017 年实施耕地轮作休耕 2000 公顷,其中粮绿轮作 673 公顷、深耕晒垡 533 公顷、休耕培肥 794 公顷;实施区域共涉及 5 个街镇、24 个社区村、100 户休耕主体。[①] 轮作休耕的试点规模在逐年扩大。

六合区从实施轮作休耕以来,种植了一批与水稻能够顺利接茬、观赏效果好,生育周期相对较短的优质绿肥草品种——紫云英。探索出来的粮绿轮作模式有效地减少了化肥农药的使用,更好的修复了农业面源污染,促进农业可持续发展。南京市休闲农业的发展规模和速度一直走在全国前列,不只是六合区,南京市各个牵涉到农业的地区都将休耕种植的绿色植物紫云英当成观赏花卉来打造,每年的四月中下旬,紫云英开出的花成为游客乡村旅游的新看点。

(三) 稻菜轮作,引导轮作休耕新模式

沭阳县是江苏省三个省直管试点县之一,是江苏省蔬菜种植大县,蔬菜栽培面积达 70 万亩,目前全县已形成六大特色蔬菜生产基地,其中汤涧镇、华冲镇、吴集镇等镇蔬菜生产基地享誉省内外。但由于同一块地长期连年种植同一作物,导致重茬现象严重,造成病害加重、土壤养分失衡、土壤生态恶化等问题,最终造成产量下降,经济效益降低。

江苏省实施轮作休耕制度以来,沭阳县华冲镇结合本地的农业特色,积极发展具有高效率的特色农业,实施稻米和蔬菜轮流耕种的新型种植模式,把以往常年种植的水稻和小麦模式,调整为水稻和西红柿轮流耕种的水稻蔬菜轮作种植模式,每亩地的纯收入均超过五千元。大大提高了土地的利用率和有效率,增加了菜农们的经济收入。在江苏省大力推行农业结构调整的同时,稻绿轮作、稻瓜轮作等一批新型种养模式也在该县涌现。

稻菜轮作的模式,显著增加了作物的产量和经济效益,蔬菜茬的种植使土壤结构与肥力均有所改善,秋熟水稻产量明显提高;该模式的示范和推广,社会效益显著,有效缓解了茬口和季节之间的矛盾,减轻了农民秋收秋种和夏收夏种之间的劳动强度;该模式显著提高了田地复种指数,可以提高土壤中有机质的含量,减少化肥的使用量,增强了农产品生产安全,满足广大市民对"菜篮子"的需求。

---

① 何玉奎,王克春.南京市六合区耕地实施轮作休耕的现实意义及对策.现代农业科技,2018(22).

(四)稻虾共作,探索轮作休耕新特色

盱眙县,是江苏省淮安市下辖县,地处长江三角洲地区,位于淮安西南部,淮河下游,洪泽湖南岸,江淮平原中东部。盱眙县盛产龙虾,有着中国"龙虾之都"的称号。

盱眙县河桥镇的沿淮沿湖,水资源丰富,立足这一优势种养大户结合本地区的地理特点,在地势低洼、水源比较丰富的稻作地区,通过稻田四周及中间开挖网状养殖沟放养龙虾,稻田成为了龙虾的活动空间和觅食场所,龙虾又为水稻生长提供有机质等养分,还相应的减少了虫源,农田里少打农药,减少了施肥,同时产出的稻米比没有龙虾的稻田更优质。从最开始的几个种养大户,到现在的稻虾共作大户70多户,盱眙县加快农业产业结构调整,积极发展稻虾共作产业,通过各种形式的宣传引导,依靠典型人员带动,激发农户从事稻虾共作产业。并通过请进来、送出去等措施,加强稻虾共作的生产技术指导和培训,培养了一批懂技术,善经营的稻虾共作能人。

稻虾共作的新型种养模式,提高了农民种植水稻的积极性;在保障国家粮食安全的同时,促进了江苏省的粮食增产、农民增收;由于龙虾可以为水稻生长提供养分,因此农药和化肥的使用量减少,有些地区甚至不用,给当地的生态安全和食品安全提供了有力的保障,农村地区的生态效益有了显著提高。

三、河南的科技支撑模式

(一)河南省实现藏粮于地的战略意义

河南省是传统农业大省和粮食生产大省,用不到全国十五分之一的耕地生产出来了全国十分之一的粮食和超过四分之一的小麦,成为中国名副其实的粮仓。但河南的粮食生产在发展过程中也存在着许多问题,例如耕地的后备资源枯竭、耕地的质量不断下降、农业建设基础设施落后、农业生态环境薄弱和农民的劳动力素质低下等问题。这些问题使得河南省的粮食生产想要保持连续稳定的增产带来了很大的难度。作为全国粮食生产的核心区,近年来国家对中原地区的经济战略定位是"国家重要的粮食生产和现代农业基地,全国三化协调发展示范区"。

"藏粮于地"的主要含义,一是要坚守住耕地的红线,"像保护大熊猫一样保护耕地",确保耕地数量不减少,保有足够的粮食种植面积;二是要通过不断提高耕地质量和土地生产力,实现粮食生产稳产高产,保障土地的可持续生产能力。[①] 目前,我国的传统农业生产方式已经难以继续下去,农业发

---

① 焦国栋,廖富洲,张廷银等.藏粮于地、藏粮于技厚植河南新优势,河南日报,2016-03-11.

展需要依靠现代农业科学技术来摆脱资源环境的约束,最主要的做法是提高每亩地粮食的单产。河南省依靠不断创新的农业科学技术进步来推进全省的农业信息化,发展具有地方特色的现代农业,这是河南省作为粮食生产大省的必然选择。

(二)"鹤壁模式"的高标准农田建设

鹤壁市浚县土地肥沃,气候适宜,盛产小麦,是全国粮食生产的先进县,是推进粮食高产创建的试点县。现如今的浚县在国家和河南省的帮扶下持续加大对现代化的农业基础设施建设和农业科技人才的投入,基本上已经实现了从小麦种植到收割的全过程机械化作业模式。从种植到收割,一个农民就能对二百多亩的高标准农田进行管理,鹤壁市走出了属于自己的一套"藏粮于地、藏粮于技"的"鹤壁模式"。

在农户和农田负责人的手机上安装上智能 APP,点开手机上的实景监测模式,农田里的农作物生长态势、墒情、生态环境等都可以随时看到,目前该系统星陆双基物联系统 APP 已经覆盖到了鹤壁市所有的集中连片、设施完善、农电配套的高标准农田。高科技的生产装备给农民带来的是标准化和规范化的农业耕种作业方式,提高了农业生产的质量和速度。高标准农田建设下的"鹤壁模式",实现了从劳动力资源、清洁能源、优良种子和化肥农药的高效率利用,鹤壁模式下的藏粮于地的做法,让田地里的浇水和化肥农药的使用数量有减无增,亩产量却连年提高。

(三)"鹤壁模式"的农业硅谷支持

中国(鹤壁)的农业硅谷产业园作为全国唯一的农业高科技产业基地,其团队通过高精尖的技术手段包括云计算、大数据、物联网等科技,依托农业部的 12316 平台成立了益农信息社,以便民、惠民、利民、富民为目标,采取专业的市场化运行模式,为农民提供免费的网上咨询,包括农业生产、农技推广和农资买卖等各个方面的信息。通过这个平台,从事农业方面的专家技术人员可以根据现场实时视频或照片,远程操作浇水、施肥等生产环节,从空间和时间上打破了限制。根据消费者的不同需求,合作社就红薯这一产品培育出了满足不同消费群体的五个大类的二十余种品种,同时带动了周边 2000 多个因山地多且干旱导致的土壤贫瘠地区。粮食产量低的家庭,开始普遍种植适合在这种贫瘠土地里生长的而且经济效益很高的红薯,红薯年销售额突破 4000 万元。帮助长期困难农民解决了今年种啥赚钱、买谁的农资最实惠、哪里的粮食收购价格高等难题。

因为有鹤壁农业硅谷产业园区的大力支持,截至目前,益农信息社在鹤壁市共有 794 家,累计为农民提供各类服务信息 23 万余条,电商平台总交易额达 14.57 亿元。① 目前农民获取信息的渠道大部分都来自于益农信息社,已经形成一种高效的服务模式,模式中包括了惠农信息的获取、鲜活农产品的交易、实时农情的咨询、农业专家的远程诊断和全程物流的配送等多方面的服务。将最新的农业信息和前沿的农业科技资源延伸到了每一个乡村和每一个农户手中,把农业生产过程中能够遇到的问题都包含在内,通过全程化、高质量的发展推动了鹤壁市农业现代化的进程。

(四)藏粮于地"鹤壁模式"建设的成功经验

河南省作为产粮大省,为了保证粮食生产的重要地位,河南省率先出台了国家关于高标准粮田建设以及保护的地方性法规,以法律的手段明确了高标准粮田只能用于主要粮食作物的种植上,有效解决了我国土地的"非粮化"问题,为提高粮食产量和质量保驾护航。河南省的粮食产量已经是第十三个年头超过了千亿斤的产量,"河南粮"已经成为中国人饭碗里必不可少的粮食了。鹤壁市关于"藏粮于地、藏粮于技"的新型农业探索使得农业现代化发展水平位于全省第一位,像鹤壁浚县这样的高标准农田国家级藏粮于地的典型示范区,在河南省内遍地开花铸就了"中原粮仓"的美誉。

鹤壁市依靠农业科技的投入,通过使用一些绿色的、高效率的技术模式和标准化的生产流程,促进了当地农业的提质增效和种植业的转型升级,为以后创建更大规模、更深层次的农业现代化发展积累了宝贵的经验。鹤壁市围绕着乡村振兴战略的要求,立足于当地农业资源的特殊优势,重点发展以市场为导向的产供销加内外贸一体化的现代农业,全方位多层次地促进农村一二三产业的融合,让新兴产业蓬勃发展。不断延伸的产业链,不断优化的供应链和不断提升的价值链,都使得农业给社会带来的经济效益显著提高。

四、福建的绿色发展模式

(一)福建省推动农业绿色发展的意义

福建省山多、人多、耕地少,素有"八山一水一分田"之称。根据《2021中国统计年鉴》数据可知,2020 年福建省耕地总面积 932.0 千公顷,人均耕地面积较少。随着福建省经济和社会的快速发展,非农建设用地和农业用地的矛盾持续加深,人民用地与耕地之间的矛盾越来越严重。因此,通过科学合理的手段来化解人与耕地之间、耕地与粮食安全之间的矛盾,这对耕地资源异常珍贵的福建省而言显得尤为重要。

---

① 资料来源:渠稳.农业插上"智慧"翅膀　农民腰包鼓起来.鹤壁新闻网,2018 - 12 - 10.

农业绿色发展是农业发展观的一场深刻变革,是满足消费升级、实现可持续发展、形成生产生活生态相互协调的必然选择。福建省以保障粮食安全、农产品质量安全和农业绿色发展为目标,树立耕地保护"量质并重"和"用养结合"理念,坚持科学管理。在注重耕地质量的建设与管理的同时,严格落实"数量红线";围绕"提质增效转方式、稳粮增收可持续"的工作主线,以耕地土壤肥力提升、耕地退化污染重点区域和占补平衡补充耕地为重点,坚持因地制宜的治理原则。

(二) 种植绿肥,推动耕地质量建设新方案

福建省泰宁县有良好的生态环境,山多雾浓,丹霞地貌,部分紫色土壤,全县茶叶种植达一万余亩,由于化肥使用方便,用量增多,导致茶园土壤板结、有机质降低、地力退化等现象严重。

为提高茶叶品质,减少化肥用量,近几年来该县茶园种植绿肥面积不断扩大。茶园种植绿肥可以改善土壤的通气作用。茶园种植绿肥后,由于绿肥根系大,伸展深广,吸收能力强,在根系生长和活动过程中可在较紧实的土壤中生长,由于生长的机械作用从而使土壤变得疏松,绿肥根系腐烂后留下根系空间增加了土壤孔隙度,有利于土壤通透性的改善。所以,茶园种植绿肥无论是它的生长还是腐烂分解都在一定程度上增加了土壤的孔隙度,提高了土壤的通气性,改善土壤生态环境,有利于茶树根系的生长。

长泰县以保障粮食安全、农产品质量安全和农业生态安全为目标,以耕地质量建设为重点,在冬季空闲农田种植紫云英作为绿肥。长泰县通过乡镇示范推广冬种紫云英 500 亩,辐射带动推广绿肥种植 5000 亩。在陈巷镇上花村、岩溪镇湖珠村建立连片种植 30 亩以上的示范片 2 片。这是改良土壤,培肥地力,减少化肥用量,提高耕地质量,提升农业综合生产能力的有效措施。

(三) 秸秆还田,创新耕地质量保护新方向

耕地质量保护,涉及很多方面,包括防治土壤污染、防止水土流失、防止土壤肥力下降等。根据科研机构长期的对比研究,可以得出结论,保护土地肥力的根本途径是秸秆还田。福建省按照农业部制订的《到 2020 年化肥使用量零增长行动方案》和《到 2020 年农药使用量零增长行动方案》,调整化肥农药使用结构、改进施肥施药方式,推动秸秆还田,增施有机肥。

由于现代农业种植方式和人们管理理念的改变,这些剩余的庄稼秸秆从农家的一笔财富变成了人们需要处理掉的"废物",大部分被废弃或者直接堆在农田间焚烧掉了,不仅浪费了大批的资源,也给环境造成了严重污染。因此,禁止焚烧秸秆被环保部门列为秋冬两季大气污染防治的重要内

容。另一方面,露天焚烧秸秆所带来的火灾隐患,也给森林防火和农村防火、救援等增添了巨大的压力。秸秆的有效利用,这从根本上解决了秸秆露天焚烧所造成的环境污染问题,同时又减少了火灾隐患。2017 年,福建省在浦城、宁化、长汀等 30 个粮食主产县推广全喂式水稻收割机,将稻草粉碎就地翻压回田,实施稻田秸秆还田 100 万亩。有条件的地方要及时灌水,适量施用氮肥与秸秆腐熟剂,加快稻草腐烂。同其他措施比较,秸秆还田技术上最成熟,经济投入成本最小。美国等发达国家长期保持土地肥力的主要措施,也是秸秆还田。

(四) 福建省推动农业绿色发展的经验探索

推进农业绿色发展,是贯彻新发展理念、推进农业供给侧结构性改革的必然要求和重大举措。福建省践行绿色发展的理念,结合水土资源和气候的因素,形成与之相匹配的农业产业,对农业特色产业进行合理科学的布局,积极探索推广绿色发展新模式。针对于当前农业绿色发展以及耕地保护的宏观背景,福建省政府印发了《关于创新体制机制推进农业绿色发展加快建设生态农业的实施意见》政策文件,旨在推进耕地保护,践行绿色发展理念。

绿肥产业发展符合绿色发展理念,对于推动化肥减量增效、耕地质量保护提升、农业可持续发展有着重要意义。福建省充分利用好产业技术体系的平台优势,积极发挥了绿肥作为清洁有机肥的优势,把绿肥科研和产业发展紧密结合,在实践中发现和解决问题,保障国家粮食安全的同时也确保了农产品的质量安全。

福建省经过产业园区的推广及示范,带动了地级市里使用商品有机肥的地区在 100 万亩以上、推行秸秆还田政策的地区在 100 万亩以上、实施种植紫云英等绿肥的地区在 100 万亩以上。以水果、蔬菜、茶叶种植为重点区域,在果蔬茶的优势产区实施绿色有机肥代替化肥,减少农药化肥的使用量。社会上的专业化的服务组织为农民提供化肥农药的统一检测、统一配比、统一生产、统一供应、统一施肥的高效服务模式。

五、甘肃的荒漠治理模式

(一) 甘肃省土地荒漠化治理的意义

甘肃省地处中国西北黄土高原,境内的地形地貌复杂多变,山地、高原、沙漠、戈壁、平川和河谷呈现交错分布的态势。甘肃省的平原及河谷川地仅占全省面积的三分之一左右。

甘肃省地处西北内陆地区,绝大部分地区因为降水稀少导致了水资源缺乏,农业生产常年受到水资源稀缺的限制导致以干旱为主的多种农业自然灾害气象频发,农业供给和需求矛盾尖锐,且严重制约了当地的农业发展。水资源已经成为制约甘肃省国民经济快速发展的最大因素。甘肃省加强土地荒漠化治理,发展节水农业,对于实施藏粮于地战略具有重要意义。

(二) 大力发展节水农业,因地制宜保护耕地

因为甘肃省特殊的自然条件,甘肃省为了逐步改善生产条件和生态环境,因地制宜地发展节水农业。在国家政策的大力扶持下,坚持不懈地修建了一大批大型、中型和小型的水利工程设施,在开源与节流措施共同执行的效果下,已经形成了供水、农业灌溉、防洪、发电、水土保持、生态治理为一体的水利体系。从源头上缓解了甘肃地区水资源紧缺的问题,为农村经济可持续发展提供了良好的保障。

一是从宣传教育的角度出发,增强全省人民的水资源紧缺意识。利用世界水日和中国水周等一些众所周知的节日,向全社会发布水资源公报,通过大范围多层级的宣传和教育,唤起全民众的水患意识。

二是做好普查调研。开展水资源普查活动,为民众的节水工作提供可靠的数据来源和保护水资源依据。

三是通过改革使用水资源的收费标准,来增强水作为稀缺资源的商品意识,促进节水灌溉的发展。

四是建立节水示范区,通过节水示范项目和节水重点县的建设,探索出一条适合全省不同生态环境的节水灌溉模式和技术路线。通过项目示范区的经验成果表明,针对于设施农业中的经济类作物采用滴灌的效果最好,不仅节水的效果最为显著,而且还相应的减少了病虫害,提高了经济作物的产量和质量。因此为农民带来收入大幅度增加的同时还调整了农业的种植结构。这些典型的有可借鉴意义的成功经验,为以后的水资源匮乏地区开展节水灌溉工作提供了可复制参考的对象。

五是抓综合的节水措施,要采取因地制宜的做法进行分类指导。甘肃省是属于东西狭长的地区,从东到西的地形和气候等都差距较大,因此水土资源的条件也各不相同。为了使节水灌溉能够在全省同步发展,需要依据各个地方的不同情况进行分类指导,采用了管道输水、喷滴灌、地膜覆盖、集雨节灌等多种技术与调整农业种植结构相结合的模式,使得农业综合节水措施,取得了良好的节水效果。

(三) 科技治沙,保护耕地生态环境

临泽县隶属于甘肃省张掖市,位于甘肃省河西走廊中部,全县七个镇有三分之二的土地都是沙漠戈壁,沙漠面积达 19 万亩,是甘肃省典型的沙荒

地区之一。沙荒地恶化的生态环境,对人民生产生活以及工农业生产造成了威胁,给当地农业、交通、通信等产业造成不同程度的破坏。

近年来,临泽县在沙荒地综合治理方面上下大力气,取得了一定的成效,建成了以红枣、枸杞、葡萄为主的生态经济林15.2万亩;充分利用沙漠、戈壁、荒滩资源,引导和支持农民群众发展设施农业2万亩;涌现出一批科技治荒的现代农业示范园、红桥设施葡萄标准园等一批沙产业试验示范基地。但是由于缺乏沙荒地改良后高效农业种植技术,造成沙荒地改良后耕地漏肥漏水,农业生产成本高,耕地反荒现象日益突出。

为通过科学的手段改善我国沙荒地生态环境问题,甘肃省科技厅大力谋划立项实施了省级民生科技计划"沙荒地生态治理及非耕地高效农业关键技术集成示范"项目,该项目由临泽县的龙头企业牵头开展工作,以中国科学院的寒区旱区环境与工程研究所等科研力量作为依托,主要开展了集沙荒地综合利用技术、精准施肥和无公害施肥技术的高效农业技术应用、生产,集成研究与示范推广作用。

第七章　实施藏粮于地战略的绩效评价

本章主要阐述实施藏粮于地战略的绩效评价体系。藏粮于地绩效评价体系由国内耕地保护、农业生产条件、生态保护、国外资源利用等七方面组成，分为全国和地区两个评价层次。

第一节　藏粮于地绩效分析框架

2015 年我国提出"藏粮于地、藏粮于技"战略。"十三五"时期各地区积极贯彻，积累了丰富的实践经验。如何科学评价"十三五"时期"藏粮于地、藏粮于技"战略实施绩效，对于"十四五"时期进一步落实该战略、巩固国家粮食安全具有重要意义。为聚焦研究内容，本节着重分析"藏粮于地"的实施成效，评价体系兼顾"藏粮于技"的贡献。

关于耕地利用和效率评价，已有成果主要集中在指标选取、评价方法等方面。耕地利用评价相关指标包括土地、劳动力、资本、经济和科技水平等，评价方法包括结构方程模型、随机前沿生产函数、DEA 模型等。廖柳文等（2021）选取了农户家庭劳动力要素，运用结构方程模型分析农户耕地利用效率。冀正欣、王秀丽等（2021）就选取了指标分析耕地利用效率的问题，例如选取了除土地、劳动资本的影响指标外，还选取了区域经济发展水平、自然条件等指标，分析了南阳盆地耕地利用率，测算结果为南阳耕地利用率整体水平较高，但是还有提升空间。卢新海、匡兵等（2017）选择了宏观层面的耕地资源，经济发展水平和科学技术发展水平以及政府的重视程度等指标分析在碳排放的管控下如何实现耕地利用的效率。除了耕地利用效率的影响指标外，有的学者在空间差异方面测算耕地利用效率进行了研究，唐放（2020）等利用随机前沿生产函数研究了贵州省 1995—2016 年的耕地利用效率，得出了贵州省耕地利用率较高的趋势，但是各个地区之间在耕地利用率上存在着明显的差距。王海力等（2018）从投入产出视角，利用 DEA 模型分析耕地利用效率的变化趋势特征,再结合 GWR 模型分析影响西南地区的耕地利用效率的因素。

耕地利用效率测算主要方法包括 SBM-Undesirable 模型、随机前沿生产函数模型、DEA-GWR 模型、超效率 EBM 模型等。例如文高辉等(2021),刘蒙罢等(2021),匡兵等(2018),盖兆雪等(2017)运用了 SBM-Undesirable 模型分析耕地利用效率。唐放和蔡广鹏(2020),方方(2019),采用了随机前沿生产函数模型(SFA)测算耕地利用效率。邹秀清等(2019),吴郁玲(2021)等,利用超效率 EBM 模型测度耕地利用效率。王海力等(2018),赵倩石等(2021),桂政、於冉(2021)运用 DEA 模型测度耕地利用效率。冀正欣等(2021)运用 DEA-GWR 模型,研究南阳县市级微观层面的耕地利用效率的演变过程,分析了影响南阳盆地区耕地利用效率的影响因素,得出了南阳盆地区在时间和空间的耕地利用率上都呈现出增长、扩大的态势。蔡葵等(2020)利用 DEA 模型,测度了西藏 237 个高寒耕地村的耕地利用效率,从测算结果角度来看,西藏耕地村整体耕地利用效率不高。利用空间关联模型从空间分布的状态也进行了分析,结果显示耕地村的耕地利用效率差异显著性较强。大部分耕地村的耕地利用率有待提高。

经济-社会-生态是常见的效益评价框架。部分学者研究了经济、社会、生态与耕地资源之间的关系。方斌等(2012)基于耕地的经济、社会和生态价值,测算出了耕地易地补偿的价值。李恒哲等(2015)以河北省黄骅市为例,用收益还原法、分解求和法、价值质量评价方法,计算了 2004—2012 年耕地资源的经济、社会、生态价值。田京京、赵红安等(2017)认为耕地资源系统是经济-社会-生态环境系统综合发展的反映。蒋正云、周杰文等(2021)基于地区发展的不平衡因素,把经济、社会和生态三个方面结合构建了农业现代化的协调发展指标,利用熵值赋权法和耦合协调度模型对中部地区农业经济指标进行了测量和对比分析。

结合上述研究,本书基于经济-社会-生态分析框架构建藏粮于地绩效评价体系。运用 2016—2020 年全国和 31 个地区相关数据,采用熵权法和 TOPSIS 法,对"十三五"时期我国和各地区藏粮于地绩效进行综合评价;在地区评价中,运用库兹涅兹曲线和空间计量模型分析"十三五"时期各地区藏粮于地经济效益和生态效益之间的变动关系,运用耦合协调度测算各地区藏粮于地经济-社会-生态效益的协同发展水平。

第二节　研究方法及数据来源

一、指标体系构建及说明

《全国高标准农田建设规划(2021—2030年)》从经济、社会、生态三方面评价高标准农田建设的效益。本节借鉴这一思路,基于经济-社会-生态框架构建藏粮于地指标评价体系,具体见表7.1。

表7.1　藏粮于地绩效评价指标体系

维度	准则	指标	属性	权重
经济效益	数量	耕地保有量	正向	0.0634
	数量	粮食种植面积	正向	0.0817
	产量	粮食产量	正向	0.0821
	技术	粮食单产	正向	0.0683
	技术	灌溉面积	正向	0.0482
	效益	粮食工业总产值	正向	0.0647
	效益	农民收入	正向	0.0669
社会效益	安全	人均粮食水平	正向	0.0610
	安全	粮食自给率	正向	0.0780
	结构	供需结构系数	正向	0.1399
生态效益	环境	化肥施用量	负向	0.0809
	环境	农业用水	负向	0.1153
	环境	受灾面积	负向	0.0496

表7.1中,经济效益指标包括三类。一是粮食生产方面,耕地保有量、粮食种植面积、粮食产量、粮食单产、灌溉面积。由于"藏粮于地""藏粮于技"密不可分,这里用粮食单产水平评估农业科技贡献。二是粮食产业经济发展方面,用年度和各地区粮食工业总产值表示。三是种粮主体积极性方面,用农民收入表示。

社会效益指标从安全、结构两方面度量。用人均粮食水平、粮食自给率表示粮食安全水平,用供需结构系数表示藏粮于地满足社会消费需求的水平。谷物、豆类不仅用于口粮消费,也是渔业、畜牧业的饲料来源。考虑到我国当前食物消费结构正在升级的特点和数据的完整性,这里选择谷物、食用植物油、肉类、水产品、奶类作为代表性食物。粮食供需结构系数计算思路是,计算食物供给结构(X_i)与我国居民食物消费结构(X_j)的相关系数ρ_{ij}。

设 $X_i = \{X_1, X_2, \cdots, X_i\}$,$X_j = \{X_1, X_2, \cdots, X_j\}$,$X_i$、$X_j$ 长度相同,X_i、X_j 分别代表供给结构和需求结构各项指标,具体见表 7-2。

表 7.2 粮食供需结构系数指标

指标编号	供给结构指标(X_i)	需求结构指标(X_j)
1	人均谷物产量	人均谷物消费量
2	人均油料产量	人均食用植物油消费量
3	人均肉类产量	人均肉类消费量
4	人均水产品产量	人均水产品消费量
5	人均奶类产量	人均奶类消费量

经过反复测算和比较,本节选择刘思峰、党耀国、方志耕等(2010)灰色接近关联度计算方法,作为测算粮食供需结构系数的方法。这是因为灰色接近关联度基于接近性视角测算 X_i、X_j 在空间中的接近程度,适合本节的研究。灰色接近关联度 ρ_{ij} 计算公式如下:

X_i、X_j 为系统行为序列。设 $X_i = \{x_i(1), x_i(2), \cdots, x_i(n)\}$,$X_j = \{x_j(1), x_j(2), \cdots x_j(n)\}$,$S_i - S_j = \int_1^n (X_i - X_j) dt$ $\qquad(1)$

则 $\rho_{ij} = \dfrac{1}{1 + |S_i - S_j|}$ $\qquad(2)$

生态效益指标包括化肥施用量、农业用水、受灾面积等。这些指标属性为负向。

表 7.2 中,粮食工业总产值数据来自 2017—2020 年相应年份的《中国粮食发展报告》《中国粮食和物资储备发展报告》和国家粮食和物资储备局网站。农业用水数据来源于 2017—2020 年《中国农村统计年鉴》和水利部《2020 年中国水资源公报》。其他指标数据来自《中国统计年鉴》(2017—2021 年)。

二、综合绩效评价方法

（一）采用熵值法确定各指标权重

根据 2017—2021 中国统计年鉴数据，得到全国 13 个指标以及 31 个省（区、市）13 个指标，共五年的统计数据。借鉴刘云菲、李红梅、马宏阳（2021）等学者成果，利用熵值法和 TOPSIS 法进行绩效评价。建立初始数据矩阵将 m 个样本中的 n 个指标按照顺序排列成原始数据矩阵，$X=(x_{ij})_{m\times n}(1\leqslant i\leqslant m, i\leqslant j\leqslant n)$，$x_{ij}$ 表示第 i 个样本中的第 j 个指标。

其中"＋"代表正向指标，即越大越好；"－"代表负向指标，即越小越好。对数据进行无量纲化处理，使其具有可比性。

对于正向指标，令

$$X'_{ij}=\frac{X_{ij}-\min\{X_{ij}\}}{\max\{X_{ij}\}-\min\{X_{ij}\}}(i=1,2,\cdots,m;j=1,2\cdots,n) \tag{3}$$

对于负向指标，令

$$X'_{ij}=\frac{\max\{X_{ij}\}-X_{ij}}{\max\{X_{ij}\}-\min\{X_{ij}\}}(i=1,2,\cdots,m;j=1,2\cdots,n) \tag{4}$$

计算各指标体系的比重矩阵。

$$(P_{ij})_{m\times n}=\frac{X'_{ij}}{\sum_{i=1}^{m}X'_{ij}}(j=1,2,\cdots,n)，其中 0\leqslant p_{ij}\leqslant 1 \tag{5}$$

计算各个指标的熵值 e_j。

$$e_j=-k\sum_{i=1}^{m}(p_{ij}\ln p_{ij}), i=1,2,\cdots,m \text{ 其中} k=\frac{1}{\ln m}, 0\leqslant e_j\leqslant 1 \tag{6}$$

在熵值的计算中，若出现 p_{ij} 为 0 的情况，为了避免出现计算错误，均按照

$$\ln p_{ij}=0 \tag{7}$$

计算差异系数 g_j。

$$g_j=1-e_j(j=1,2,\cdots,n) \tag{8}$$

计算指标权重 w_j。

$$W_j = \frac{g_j}{\sum\limits_{i=1}^{n} g_i}(j=1,2,\cdots,n), \text{其中} \sum_{j=1}^{n} W_j = 1 \tag{9}$$

计算每个样本的综合得分水平 F_i。

$$F_i = \sum_{j=1}^{n} W_j X'_{ij} \tag{10}$$
$$\text{其中} \ 0 \leqslant F_i \leqslant 1$$

(二) TOPSIS 方法及修正

熵值法可以计算各个指标的权重,以及各项样本的综合得分。TOPSIS 方法可以解决因为某个指标的数值离散程度大导致的指标权重有误差问题与数据准确性。因此选择引入欧氏距离测量各项指标方案与其最优(劣)解之间的相对距离,由此可以得出综合评价指数,并对其进行排序对比。更准确地表达藏粮于地的变动趋势与地区差异。步骤如下:

(1) 计算各指标的加权标准化矩阵。

$$R = (r_{ij})_{m \times n}, r_{ij} = w_j x'_{ij} (1 \leqslant i \leqslant m, 1 \leqslant j \leqslant n)。 \tag{11}$$

(2) 拟定最优解 S_j^+ 与最劣解 S_j^-。$S_j^+ = \max(r_{ij})$、$S_j^- = \min(r_{ij})$ 其中 $1 \leqslant i \leqslant m, 1 \geqslant j \leqslant n$。

(3)计算各方案与最优解的欧氏距离。

$$sep_i^+ = \sqrt{\sum_{j=1}^{n}(S_j^+ - r_{ij})^2}, sep_i^- \sqrt{\sum_{j=1}^{n}(S_j^- - r_{ij})^2}。 \tag{12}$$

(4) 计算各方案的综合评价指数。

$$C_i = \frac{sep_i^-}{sep_i^+ + sep_i^-}, C_i \in [0,1]。 \tag{13}$$

第三节 "十三五"我国藏粮于地绩效评价

一、"十三五"全国藏粮于地绩效评价

采用熵权法计算的各年度指标权重见表 7.1。表 7.1 中,经济效益各指标权重合计为 0.4753,社会效益指标权重合计为 0.2789,生态效益指标权重合计为 0.2458。采用修正后的 TOPSIS 方法对藏粮于地各指标数据进

行处理,得到表 7.3 的计算结果。

表7.3　"十三五"全国藏粮于地绩效评价

年份	经济效益	社会效益	生态效益	藏粮于地绩效
2016	0.076800	0.059675	0.000010	0.1365
2017	0.089738	0.030069	0.020854	0.1407
2018	0.087086	0.022981	0.052465	0.1625
2019	0.110888	0.094627	0.070721	0.2762
2020	0.110830	0.071512	0.101743	0.2841

从表 7.3 可知,"十三五"时期我国藏粮于地绩效整体呈现逐年提升的趋势,2019、2020 年成效更为显著。分指数看,经济效益、社会效益增长平稳,2020 年有所下降;生态效益增长迅速,近 2 年增速较快。这充分说明,"十三五"时期藏粮于地整体成效显著,经济和社会效益增长基本稳定,生态效益持续提高。这是我国长期坚持"五位一体"和"四个全面"战略方针取得的重要实效。

二、"十三五"时期各地区藏粮于地绩效评价

藏粮于地绩效评价由经济指标、社会指标、生态指标构成,根据熵权法和 TOPSIS 法算出藏粮于地 2016—2020 年的综合得分,结果见表 7.4。

表7.4　"十三五"时期各地区藏粮于地绩效评价结果

地区	2016 年	2017 年	2018 年	2019 年	2020 年
北京	0.1660	0.1527	0.1210	0.1586	0.1727
天津	0.2235	0.2667	0.2175	0.1929	0.3028
河北	0.4258	0.3559	0.3552	0.3788	0.3920
山西	0.3661	0.3730	0.4239	0.2375	0.3121
内蒙古	0.3902	0.3565	0.3642	0.3476	0.3835
辽宁	0.3140	0.2695	0.2608	0.2949	0.3089
吉林	0.4676	0.3918	0.3681	0.3474	0.4074
黑龙江	0.6543	0.5882	0.6097	0.5165	0.6193

地区	2016 年	2017 年	2018 年	2019 年	2020 年
上海	0.1789	0.1542	0.1233	0.1775	0.1826
江苏	0.4843	0.4091	0.4047	0.3953	0.4372
浙江	0.2190	0.1841	0.1766	0.2100	0.2498
安徽	0.4862	0.4177	0.4194	0.3953	0.4092
福建	0.1930	0.1704	0.1579	0.2157	0.2253
江西	0.3098	0.2597	0.2513	0.2716	0.2821
山东	0.5939	0.5020	0.5091	0.4909	0.5157
河南	0.5747	0.4669	0.4841	0.4490	0.4681
湖北	0.4178	0.3212	0.3345	0.3391	0.2903
湖南	0.3762	0.2973	0.3093	0.3230	0.2864
广东	0.2886	0.2439	0.2449	0.2591	0.2842
广西	0.2647	0.2173	0.2105	0.2385	0.2063
海南	0.1240	0.1178	0.1047	0.1600	0.1687
重庆	0.2892	0.4208	0.3944	0.2324	0.4007
四川	0.4340	0.3673	0.3606	0.3465	0.3363
贵州	0.2650	0.2246	0.2102	0.2197	0.2613
云南	0.2830	0.2363	0.2296	0.2451	0.2033
西藏	0.1385	0.1228	0.1054	0.1519	0.1887
陕西	0.2520	0.2175	0.2212	0.2129	0.2101
甘肃	0.2687	0.2118	0.2249	0.2142	0.2337
青海	0.1109	0.1033	0.0901	0.1385	0.1637
宁夏	0.1582	0.1443	0.1334	0.1747	0.1946
新疆	0.3322	0.2696	0.2654	0.2954	0.2255

数据来源：根据《中国统计年鉴》(2017—2021 年)等相关数据计算。

　　"十三五"时期各地区藏粮于地绩效存在较大差异。由图 7.1，"十三五"时期各地区藏粮于地绩效整体保持稳定。黑龙江、山东、河南、江苏等粮食主产区藏粮于地绩效处于较高水平,青海、海南、北京、上海、西藏、宁夏等

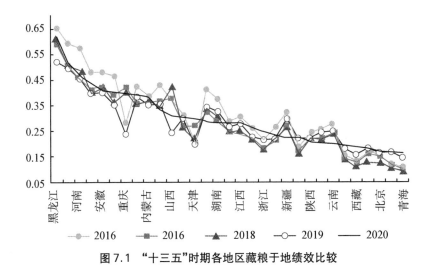

图 7.1　"十三五"时期各地区藏粮于地绩效比较

地区藏粮于地绩效处于较低水平。

　　各地区藏粮于地的经济、社会、生态效益存在较大差异。以 2020 年为例,由图 7.2 知,黑龙江、山东、河南、江苏、安徽等地区藏粮于地的经济效益较高,但生态效益不高。北京、上海、天津、西藏、青海、浙江、海南、福建等地区藏粮于地的生态效益较高,但经济效益不高。藏粮于地社会效益较高的地区包括重庆、黑龙江、天津、陕西、吉林、内蒙古等地区。

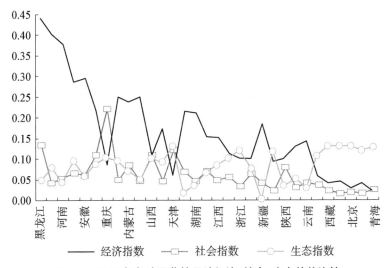

图 7.2　2020 年各地区藏粮于地经济、社会、生态效益比较

三、藏粮于地经济绩效与生态绩效的空间计量分析

藏粮于地的经济、社会和生态效益中,各地区社会效益差距相对较小。这里着重讨论各地区藏粮于地经济效益、生态效益之间的变动关系,通过实证检验"十三五"时期各地区藏粮于地经济效益、生态效益是否符合环境库兹涅兹曲线走势。

(一) 模型构建

关于环境库兹涅兹曲线的模型检验包含线性、二次和三次检验三种,借鉴赵小曼、张帅、袁长伟(2021)等学者的 EKC 模型空间计量模型,构建经济指标和生态指标之间的关系。因为经济指标和生态指标具有区域性特征,经济指标的作用对于生态指标有一定的滞后作用,因此选择滞后空间计量模型,具体模型如下:

$$\ln(TC)_{it} = \beta_0 + \rho W\ln(TC)_{it} + \beta_1\ln(JJ)_{it} + \beta_2\ln(JJ)_{it}^2 +$$
$$\theta_1 W\ln(JJ)_{it} + \theta_2 W\ln(JJ)_{it}^2 + \mu_i + \lambda_t + \varepsilon_{it} \qquad (14)$$

其中 TC 为生态指标;JJ 为经济指标;i 代表 31 个省(区、市),t 代表不同的年度。ρ 为空间回归系数;W 为空间权重矩阵,文章中其为 0—1 空间权重矩阵;β_1,β_2,β_3 分别为经济指标的一次项、二次项、三次项的系数;$W\ln(TC)_{it}$ 是因变量的空间滞后项。$W\ln(JJ)_{it}$、$W\ln(JJ)_{it}^2$ 是自变量的空间滞后项。λ_t、μ_i 和 ε_{it} 分别代表时间固定效应、空间固定效应和随机误差项。并依据其可将环境库兹涅茨曲线分为 J 型($\beta_1>0$,$\beta_2=\beta_3=0$),倒 J 型($\beta_1<0$,$\beta_2=\beta_3=0$),U 型($\beta_1<0$,$\beta_2>0$,$\beta_3=0$),倒 U 型($\beta_1>0$,$\beta_2<0$,$\beta_3=0$),N 型($\beta_1>0$,$\beta_2<0$,$\beta_3>0$),倒 N 型($\beta_1<0$,$\beta_2>0$,$\beta_3<0$)。

建立空间权重矩阵。比较经典的空间权重矩阵有三种。在这里采用了地理空间距离矩阵,直观地表达区域空间关联性。

$$W_{ij} = \begin{cases} \dfrac{1}{(d_{ij})^2} & i \neq j \\ 0 & i \neq j \end{cases}$$

(二) 模型检验

空间自相关检验。文章采用 stata16.0 软件对 2016—2020 年经济指标(JJ)、生态指标(ST)进行全局 Moran's I 计算,结果如下表 7.5。

Moran's I 检验结果表明,被解释变量和解释变量均通过了 5% 的显著性检验。因此拒绝非空间性,选用空间计量模型。

表 7.5　2016—2020 年 Moran's I 测算结果

年份	JJ	ST
2016	0.238(1.885)	0.180 (1.488)
2017	0.225 (1.801)	0.280 (2.179)
2018	0.226 (1.811)	0.220 (1.771)
2019	0.226 (1.809)	0.203 (1.699)
2020	0.216 (1.747)	0.263 (2.047)

注:括号内为 z 统计量。

模型检验,采用计量软件 Stata 16.0 对 2016—2020 年空间面板数据进行 LM 检验、wald 检验,进而确定模型选择。根据欧变玲等(2015)的研究,从检验功效来看,空间权重矩阵的时变特征影响越大,稳健的 LM 检验越有效。因而在本节的 LM 检验当中选用稳健的 LM 检验结果,由表 7.6 稳健的 LM 检验结果显示,模型存在空间滞后和空间误差,但是相比于空间误差,存在空间滞后的可能性更大,因此选择空间滞后模型。

表 7.6　LM 检验结果

检验类型	p-value
Moran's I	0.000
Lagrange multiplier	0.000
Robust Lagrange multiplier	0.114
Lagrange multiplier	0.000
Robust Lagrange multiplier	0.164

表 7.7　空间杜宾模型优选

	个体固定效应模型	时间固定效应模型	双固定效应模型
sigma2_e	3.20e−06	4.56e−06	2.58e−06
Log-likelihood	744.5247	717.0543	776.8409
R-squared	0.7017	0.5525	0.6775

表 7.8　地区固定效应的空间杜宾模型效应分解估计结果

固定效应下的空间杜宾模型		
变量名称	直接效应	间接效应
JJ	0.071*** (0.00)	−0.313* (0.07)
JJ²ˉ2	−0.041 (0.37)	0.511 (0.26)

注：*、**、***分别表示在1%、5%、10%显著性水平显著。

在选择 SDM 模型的基础上，进一步分析比较固定效应模型的类型：个体固定效应、时间固定效应或双固定效应。由表 7 可知，在 SDM 模型对应的三种固定模型效应中，双固定效应模型的 $sigma^2$(2.58e-06)值最小，个体固定效应其次，应优先选用。同时排除 $sigma^2$(4.56e-06)值最大的时间固定效应模型。双固定模型的对数似函数值 $Log\text{-}likeihood = 776.8409$ 最大，同时判定系 $R^2 = 0.6775$。个体固定模型的 $R^2 = 0.7017$。综合对比，双固定效应模型优于时间固定效应和个体固定效应模型。但是相比双固定模型，个体固定效应模型的 R^2 更优，因此本节选择空间杜宾模型的个体固定效应模型。

（三）模型实证结果

模型回归的结果：

$$\ln(TC)_{it} = 0.7861 + \rho W\ln(TC) + 0.0957\ln(JJ)_{it} - 0.0802(JJ)_{it}^2 -$$
$$(3.96) \qquad\qquad (-1.65)$$
$$0.1439W\ln(JJ)_{it} + 0.1733W\ln(JJ)_{it}^2$$

$$(15)$$

由于库兹涅茨曲线主要分析模型一次项和二次项拟合系数的特征，由模型拟合结果来看，一次项系数为正值，二次项系数为负值，满足库兹涅茨曲线的特征。总体上经济效益和生态效益呈现出库兹涅茨曲线的特征。

阈值点计算。根据库兹涅茨曲线分析方法，估计出经济指标由增加转为递减的阈值点。对公式求一阶导数和二阶导数。

$$\frac{\partial W}{\partial\ln(JJ)} = 0.0957 - 0.1604\ln(JJ) \qquad\qquad (16)$$

二阶导数等于−0.1604<0，令一阶导数等于0，求得 $\ln(JJ) = 0.5966$

该结果表明，$\frac{\partial W}{\partial\ln(JJ)} = 0$，达到了经济效益和生态效益阈值点，此时经济效益为 0.5966,即在经济效益为 0.5966 时,生态效益随着经济指标的增加而下降。

目前从全国 31 个地区的经济指标和生态指标来看,均未达到库兹涅茨曲线的阈值点,说明经济和生态效益仍然存在着较大的共同增长空间。把阈值点分为三类,0.1 以下为一类;大于 0.1 并且小于阈值点的平均值为一类;大于阈值点的平均值为一类。由表 7.9 可知,Ⅰ类省份距离阈值点距离最远,说明这些省份的经济和生态共同增长的空间很大。Ⅱ类的省份距离阈值点较近,经济和生态共同增长的空间较大。Ⅲ类的省份距离阈值点最近,只有黑龙江一个农业大省,相较于Ⅰ类和Ⅱ类地区,经济和生态共同增长的空间有限,黑龙江作为农业大省,在 2016—2020 年间,生态的发展远低于Ⅰ类和Ⅱ类地区生态发展,说明此类省份一定程度上忽视了生态的发展。

表 7.9　各地区藏粮于地经济和生态效益分类

类型	指标	地区
Ⅲ类:经济-生态效益高增长型	JJ>0.2983	黑龙江
Ⅱ类:经济-生态效益中增长型	0.1 < JJ < 0.2983	河北,内蒙古,辽宁,吉林,江苏,安徽,江西,河南,湖北,湖南,四川,新疆,山东
Ⅰ类:经济-生态效益潜力型	JJ<0.1	北京,天津,山西,上海,浙江,福建,广东,广西,海南,重庆,贵州,云南,西藏,陕西,甘肃,青海,宁夏

(四) 藏粮于地经济-社会-生态效益的耦合协调分析

借鉴丛晓男(2019)系统耦合度模型计算经济-社会、经济-生态、社会-生态、经济-生态-社会指标之间的耦合度,粮食主产区各指标的平均耦合度结果见表 7.10。耦合度反映了指标之间相互依赖的影响程度,但难以全面地反映二者间的整体功效与协调效应,为此,引入耦合协调度函数。耦合协调度函数、耦合度等级区间、耦合协调度等级及类型借鉴蒋正云、周杰文、赵月(2021)的公式和分类办法,计算结果见表 7.10。

表 7.10 中,由经济-生态、经济-社会、生态-社会和经济-社会-生态的耦合协调度平均值可以看出,粮食主产区的协调程度仍有较大的提升空间。13 个粮食主产区中吉林省的生态-社会处于中度失调,其余 12 个省份的耦合协调度全部处于严重失调阶段,表明了粮食主产区农业发展过程中社会、生态 2 个系统之间协调程度小,紧密融合发展的关系密切度很低。内蒙古、黑龙江、河南、湖北、湖南的经济-生态耦合协调度处在严重失调阶段,而这

表 7.10 粮食主产区 2016—2020 年耦合协调度均值及类型

地区	经济-生态		经济-社会		社会-生态		经济-社会-生态	
	耦合协调度均值	耦合阶段	耦合协调度均值	耦合阶段	耦合协调度均值	耦合阶段	耦合协调度均值	耦合阶段
河北	0.2102	中度失调	0.2955	中度失调	0.1853	严重失调	0.2078	中度失调
内蒙古	0.1935	严重失调	0.3159	轻度失调	0.1788	严重失调	0.2091	中度失调
辽宁	0.2035	中度失调	0.2689	中度失调	0.1925	严重失调	0.2012	中度失调
吉林	0.2051	中度失调	0.3411	轻度失调	0.2012	中度失调	0.2310	中度失调
黑龙江	0.1711	严重失调	0.3917	轻度失调	0.1444	严重失调	0.2039	中度失调
江苏	0.2185	中度失调	0.3056	轻度失调	0.1921	严重失调	0.2148	中度失调
安徽	0.2081	中度失调	0.3031	轻度失调	0.1787	严重失调	0.2057	中度失调
江西	0.2024	中度失调	0.2598	中度失调	0.1943	严重失调	0.1994	严重失调
山东	0.2189	中度失调	0.2994	中度失调	0.1695	严重失调	0.2007	中度失调
河南	0.1909	严重失调	0.3132	轻度失调	0.1489	严重失调	0.1916	严重失调
湖北	0.1720	严重失调	0.2791	中度失调	0.1499	严重失调	0.1772	严重失调
湖南	0.1858	严重失调	0.2715	中度失调	0.1658	严重失调	0.1858	严重失调
四川	0.2020	中度失调	0.2895	中度失调	0.1795	严重失调	0.2008	中度失调
地区均值	0.1986	严重失调	0.3026	轻度失调	0.1755	严重失调	0.2022	中度失调

些省份的经济-社会耦合协调度趋势较经济-生态协调关系不断趋于优化。江西、河南、湖北、湖南的协调度得分在 0.1700—0.200 之间,总体的发展水平较为接近,在等级上都是属于严重失调阶段。河北、内蒙古、辽宁、吉林、黑龙江、江苏、安徽、山东、四川等省份的经济、社会、生态之间的密切关联度在中度失调阶段,较其他各省协调水平趋势有所提升。粮食主产区农业发展中,经济与生态、社会的紧密度要大于社会与生态的紧密度,因此要协调好生态和社会的关系。

表 7.11 2016—2020 年粮食主产区经济-社会-生态耦合协调度

地区	2016 年	2017 年	2018 年	2019 年	2020 年
河北	0.1833	0.1944	0.1755	0.2200	0.2659
内蒙古	0.1834	0.2053	0.1839	0.2033	0.2694
辽宁	0.1828	0.1888	0.1682	0.2095	0.2564

地区	2016 年	2017 年	2018 年	2019 年	2020 年
吉林	0.2223	0.2205	0.1981	0.2154	0.2989
黑龙江	0.1976	0.2064	0.1937	0.1282	0.2938
江苏	0.1930	0.2139	0.1803	0.2056	0.2810
安徽	0.1905	0.2094	0.1820	0.1966	0.2499
江西	0.1820	0.1928	0.1682	0.2044	0.2494
山东	0.1830	0.1937	0.1752	0.1942	0.2573
河南	0.1879	0.1816	0.1732	0.1803	0.2350
湖北	0.1709	0.1699	0.1668	0.2041	0.1743
湖南	0.1804	0.1753	0.1678	0.2030	0.2024
四川	0.1961	0.2096	0.1797	0.1960	0.2225

2016—2020 年粮食主产区的经济-社会-生态 3 个系统耦合协调度普遍较低,除吉林省、湖北省外,协调度状态均由严重失调向中度失调过度。但是在 2018 年间,各个省份的经济-生态、经济-社会、社会-生态、经济-社会-生态耦合协调度均出现了拐点。在 2018 年中央一号文件提出了深入实施藏粮于地、藏粮于技战略、数字乡村战略等一系列重要的战略加快了农业在经济-生态-社会方面的发展,在 2019 年以后,粮食主产区的经济-社会、经济-生态、社会-生态、经济-社会-生态之间的耦合协调程度都有提升,但是提升的幅度有限,在粮食主产区与非粮食主产区耦合协调度中,生态与社会系统之间的耦合协调关系明显最低,协调好生态和社会的关系对农业发展有重要的调节作用。

四、结论与启示

基于经济-社会-生态框架构建了藏粮于地绩效评价体系。藏粮于地的经济效益指标包括耕地保有量、粮食种植面积、粮食产量、粮食单产、粮食灌溉面积等。藏粮于地的社会效益指标包括人均粮食水平、粮食自给率、粮食供需结构系数等。藏粮于地的生态效益指标包括化肥施用量、农业用水、农作物受灾面积等。

利用 2016—2020 年我国 31 个地区数据,评价了"十三五"时期我国和各地区藏粮于地的绩效,并分析了各地区经济、社会和生态效益的空间差异。研究表明,"十三五"时期我国藏粮于地取得了显著成效,并呈现稳定上升态势;分地区看,粮食主产区藏粮于地整体绩效较高;各地区生态效益呈现上升趋势,但还有较大的提升空间。从藏粮于地经济、社会、生态效益的耦合协调水平看,粮食主产区需要继续增强经济、社会、生态效益的协同发展水平。

从土地利用的安全性、可持续性角度看,"十四五"时期我国实施藏粮于地战略,需要进一步协调经济、社会和生态效益之间的关系。本章引入粮食供需结构系数观测藏粮于地的社会效益,目的是通过优化粮食种植结构满足居民实务消费结构升级的需求,提高粮食供需一致性水平。粮食主产区在稳定藏粮于地经济效益的同时,需要提高化肥、水等资源的利用效率,提升生态效益。

第八章 实施藏粮于地战略的影响因素及路径分析

本章在分析中国实施藏粮于地战略环境的基础上，基于潜力、韧性、回旋余地分析框架，分析了中国实施藏粮于地战略成效的影响因素及路径。

第一节 中国实施藏粮于地战略的 SWOT 分析

本章主要运用 SWOT 分析方法，从内部优势（Strengths），内部劣势（Weaknesses），外部机遇（Opportunities），外部挑战（Threats）等方面分析阐述实施藏粮于地战略的内外部环境，并进行策略选择。

中国实施藏粮于地战略的内部优势包括党的坚强领导优势、强有力的农业政策保障优势、丰裕的农业资源优势等，内部劣势包括农业从业者队伍素质有待提高、耕地可持续能力不强、农业种植结构亟待调整等。中国实施藏粮于地战略的外部机遇包括国际粮食进口有一定空间、"一带一路"带来国际农业合作机遇、国际耕地资源丰富等，外部挑战包括世界经济处于低谷、国际粮食市场波动较大、国际农业合作容易受到各种因素干扰等。

一、实施藏粮于地战略的内部优势（S）

（一）党的坚强领导优势

作为改革开放的领导者，中国共产党带领中国人民成功实现了从贫穷到温饱、从温饱到全面建成小康社会的伟大历史转变，人民群众的获得感、幸福感、安全感明显提高；脱贫攻坚战取得决定性进展，六千多万贫困人口稳定脱贫，贫困发生率从百分之十点二下降到百分之四以下；农业现代化稳步推进，粮食生产能力达到一万二千亿斤。城镇化率年均提高一点二个百分点，八千多万农业转移人口成为城镇居民。

党在十九大报告中提出,要实施乡村振兴战略。把解决好"三农"问题作为全党工作重中之重。深入实施藏粮于地、藏粮于技战略,严守耕地红线,确保国家粮食安全,把中国人的饭碗牢牢端在自己手中,这是夯实农业生产能力的基础条件。在2019年的中央一号文件指出,要强化五级书记抓乡村振兴的制度保障。这体现出党对"三农"工作的领导,落实农业农村有限发展的总方针。实行中央统筹、省负总责、市县乡抓落实的农村工作机制,牢固树立了农业农村优先发展的政策导向。

2022年10月,党的二十大报告指出:"从现在起,中国共产党的中心任务就是团结带领全国各族人民全面建成社会主义现代化强国、实现第二个百年奋斗目标,以中国式现代化全面推进中华民族伟大复兴。"党的二十大报告再次强调了"全面推进乡村振兴,坚持农业农村优先发展""牢牢守住十八亿亩耕地红线"等重要论断。

(二) 强有力的农业政策保障优势

农业、农村和农民的问题关系到国家整体农业现代化的实现,巩固发展农业农村好形势,关系到国家安全。国家从2004年至2020年已经是连续第十七个年头发布了以"三农"问题为主题的中央一号文件。这说明农业、农村、农民问题在中国特色社会主义现代化建设中具有"重中之重"的地位。

农业农村部和国家自然资源部是主管农业与农村经济发展以及土地合理利用的国家部门,对国家的农产品安全和农产品质量的提升肩负重要责任。这两个部门发布了许多农业政策文件,比如《保护性耕地工程建设规划(2009—2015)》《全面实行永久基本农田特殊保护的通知》《全国农业可持续发展规划(2015—2030年)》等文件。多个部门的配合,多种政策的实施,都体现了藏粮于地战略内部优势的政策保障。

(三) 丰裕的农业资源优势

中国农业的自然资源有以下优势:

一是光、热条件优越。中国南北相距5500多公里,跨近50个纬度,大部分地区位于北纬20°至50°之间的中纬度地带。太阳辐射条件优于世界上不少平均温度相似的其余地方,如仅就热量条件而言,夏季都可种植多种喜温作物,大部地区并可复种,一年种二熟或三熟。二是土地资源的绝对量大。全国土地总面积约占世界土地总面积的7.3%,耕地面积约为世界耕地总面积的7%。三是河川径流总量大。全国河川多年平均径流总量为27115亿立方米,居世界第六位。四是生物种属繁多,群落类型丰富多样。就全国范围看,植物区系的丰富程度仅次于马来西亚和巴西,居世界第3位,如此多样的生物资源是农业多种经营的重要物质基础。

中国农业的社会经济资源包括两个方面：

一是丰富的农业劳动力资源。根据 2017 年第三次全国农业普查主要数据公报，我国有 20743 万农业经营户，共有 31422 万农业生产经营人员。[①]

二是农业科技贡献持续提高。中国是农业大国，农民的生活也随着农业科技的发展越来越好。农业科技对中国农业发展的贡献越来越大，机械化、智能化、标准化等等都是中国农业发展的新趋向。2017 年农业科技对中国农业发展贡献率超过 56％。[②] 这意味着科技进步对农业增长的贡献达到了一个新高度。

二、实施藏粮于地战略的内部劣势（W）

我国实施藏粮于地战略的内部劣势包括农业从业者队伍受教育水平整体不高、耕地可持续能力不强等方面。

（一）农业从业者队伍受教育水平整体不高

随着经济社会的发展，对于农业从业人员的要求也不断增加。但是我国农业从业人员整体学历水平较低，科学素养亟待提高，不能适应农业经济不断发展的需求。

一是新型职业农民队伍规模需要继续扩大。很多基层农业从业人员学历不高或者是知识储备不够。当前从事农业劳动的农民年龄结构偏大，农业科技知识缺乏，中青年农民务农的积极性有待提高。

二是农业科技基层从业人员比例不高。由于农业编制的问题和机构的精简，近些年从事乡村一线相关农业科技工作的人员数量在逐渐减少。农业技术人员缺乏，科技推广工作开展存在一定困难。

（二）耕地可持续能力不强

耕地资源是农业发展的物质基础。我国耕地资源可持续利用面临的问题主要有以下几方面：

一是耕地面积减少速度快，人均耕地数量不足。近年来，全国耕地面积锐减，根据国土资源部 2018 年发布的《中国土地矿产海洋资源统计公报》显示，截至 2018 年 5 月，中国耕地面积为 20.23 亿亩，比 2009 年的 20.31 亿亩净减少了 800 万亩。人均耕地面积不足 1.35 亩，不足世界平均水平的 40％，仅相当于美国的 1/5。

二是耕地整体质量不高。我国不仅人均耕地资源少，而且现有耕地总

---

① 资料来源：第三次全国农业普查主要数据公报（第一号）.国家统计局网站，2017－12－14.

② 资料来源：蒋建科.我国农业科技进步贡献率达 57.5%.人民日报，2018－9－26(06 版).

体质量不高,优等地面积占全国耕地面积的 2.90%,主要分布在我国的东南地区,恰巧这一地区又是我国经济发展建设活跃区,占用的土地资源相对较多;高等地面积占 26.59%;中等地面积占 52.72%;低等地面积占 17.79%。[①] 不合理的施肥、过度使用农药和农用地膜残留的影响影响耕地质量。

三是后备资源不足,开发利用难度大。我国耕地后备资源严重不足。全国耕地后备资源总面积为 8029.15 万亩,其中可开垦土地 7742.63 万亩,占 96.4%;可复垦土地 286.52 万亩,占 3.6%。[②] 补充耕地的潜力有限。

(三) 农业生产结构亟待调整

农产品供需结构存在偏差,农产品质量不高。农产品同质化现象严重,农业种植结构与市场需求脱节。农户种植品种选择的自发性特征比较明显,缺乏根据市场导向调整种植结构的动力。在销售环节,农产品"优质优价"的机制尚未完全实现。

农业产业结构高级化水平不够。这主要表现在农业生产规模不大、农业现代化程度不高、农业生产成本偏高等方面。农业龙头企业是农业产业结构高级化的重要推动力量,可以有效衔接农户和市场。但各地区农业龙头企业数量不足,大中型农业龙头企业数量有限。

三、实施藏粮于地战略的外部机遇(O)

实施藏粮于地战略的外部机遇包括国际粮食进口有一定空间、"一带一路"带来国际农业合作机遇、国际耕地资源丰富等。

(一) 国际粮食进口有一定空间

粮食是国民经济命脉,粮食问题是关系国计民生的大问题,是社会稳定和国民发展的基础。随着我国经济发展和工业化进程加快,粮食进口需求和对外依存度日益增加,粮食问题成为我国除能源、金融之外的另一大隐忧,关系着整个宏观经济运行。

美国是世界上大豆的主要出口国,在 2016 年的出口量达到 577.7 万吨左右,是出口量最大的国家。同时,美国也是世界上玉米的主要出口国,2016 年的出口量达到了 560 万吨左右,是位居第二的阿根廷的两倍多。泰

---

① 数据来源:自然资源部. 2017 年中国土地矿产海洋资源统计公报. 自然资源部网站,2018 - 5 - 18.

② 数据来源:自然资源部. 全国耕地后备资源调查结果. 自然资源部网站,2016 - 12 - 28.

国和印度是世界上稻米的主要出口国,在 2006 年的出口量达到 98.7 万吨左右。俄罗斯是世界上小麦出口量最多的国家,在 2016 年达到了 253.3 万吨左右。

从表 8.1 可看出,在近十年间,全球的小麦、稻米、大豆和玉米的出口量整体上升,小麦和大豆的出口量增加最多,国际市场上进口粮食的空间仍然存在。

表 8.1 近些年全球粮食出口量

年份	小麦	稻米	大豆	玉米
2007	12464.5	3356.4	7442.2	11002.5
2008	13117.0	3008.6	7902.2	10209.9
2009	14696.7	3019.8	8154.2	10032.3
2010	14574.0	3361.8	9731.6	10873.2
2011	14834.8	3761.4	9097.7	10994.4
2012	16462.1	3981.8	9691.1	12045.0
2013	16279.8	3712.7	10616.9	12422.2
2014	17390.0	4328.1	11857.7	14120.6
2015	17066.6	4245.0	13107.5	14632.6
2016	18989.0	4048.3	13636.5	15386.3
2017	19678.9	4451.9	15183.8	16125.3
2018	19090.2	4605.0	15258.6	17368.0
2019	18017.1	4310.4	15533.5	18471.0
2020	19852.7	4559.5	17336.7	19289.1

数据来源:FAOSTAT 数据库。单位:万吨。

(二)"一带一路"带来国际农业合作机遇

经过多年实践,"一带一路"建设取得了显著成效,并成为国际公共平台。党的二十大报告提出"推进高水平对外开放""推动共建'一带一路'高质量发展"。

借助"一带一路"发展机遇,积极开展国际农业合作。在新发展格局下,着眼于弥补国内供给缺口,积极主动利用国际农业资源,通过粮食进口、海外租地等方式实现合作共赢。在农业资源方面,俄罗斯、哈萨克斯坦、泰国、越南等国家有较大合作潜力。

(三) 国际耕地资源丰富

在主要依靠国内生产粮食的基础上,积极利用国际耕地资源,是弥补国内粮食需求的有效途径。比如俄罗斯、乌克兰以及不少中亚国家,地广人稀、土地肥沃、劳动力成本相对低廉。在中亚五国中,耕地面积最大的哈萨克斯坦,谷类单产却是比较低的,粮食增产潜力十分巨大。再比如在俄罗斯远东地区,一公顷优质耕地的租金非常低。利用优越的国际自然耕种环境来缓解我国人多地少、水资源分配不均,且有限的土地资源等突出的问题。既能大大降低生产成本,也能解决当地从事农业生产劳动力不足的矛盾,还能间接缓解我国耕地资源紧张、生产成本过高的问题。当然,农民的收入也能进一步提高。

四、实施藏粮于地战略的外部挑战(T)

实施藏粮于地战略的外部挑战包括贸易保护主义盛行、国际粮食市场波动较大、国际农业合作容易受到各种因素干扰等。

一是世界经济复苏困难,贸易保护盛行。全球经济复苏困难重重,导致贸易保护盛行。这给国际农业合作带来诸多挑战。贸易保护背景下各个国家的对外政策更容易趋向保护国内市场,不利于国际粮食贸易。全球新冠疫情持续存在,加剧了全球经济下行趋势。多数农产品出口大国减少了农产品出口规模,优先保障国内供应。

二是国际粮食市场波动较大。国际粮食价格主要受突发事件、供求关系波动、期货投机等因素影响。国际粮食价格大起大落,对粮食进口和国内粮食市场稳定形成巨大挑战。近期俄乌冲突进一步加剧了全球粮食市场的不稳定性,国际粮食价格上涨较快。国际粮食价格持续上涨容易导致进口国国内物价上涨,带来通货膨胀压力。

三是国际农业合作容易受到各种因素影响。国际农业合作容易受到国家政策调整、气候变化、汇率波动等因素影响。当前全球变暖以及全球气候不稳定性增加对农业的影响越来越显著。由于各物种对气候变化的敏感程度不同,生长周期的变化有时也会破坏生物之间的联系以及生态系统的平衡。汇率变化对农业经济的影响也十分显著。一个国家汇率稳定,有利于本国农业的发展,也有利于国际之间的农业合作。

五、实施藏粮于地战略的策略选择

前文分析了我国实施藏粮于地战略的内部优势、内部劣势、外部机遇和外部挑战,总结成表8.2。

表 8.2　实施藏粮于地战略的策略选择

策略选择	内部	
	S(优势) (党的领导,政策保障,农业资源)	W(劣势) (农业从业人员,耕地可持续力,农业生产结构)
外部 O(机遇) (国际粮食进口有一定空间,国际农业合作,国际耕地资源丰富)	优势发展策略 (发挥内部优势,抓住外部机遇)	劣势扭转策略 (克服自身劣势,抓住外部机遇)
外部 T(挑战) (贸易保护主义,国际农业合作容易受到各种因素影响,国际粮食市场波动)	优势防御策略 (发挥内部优势,克服外部挑战)	防御策略 (克服自身劣势,克服外部挑战)

由表 8.2 可知,在各种组合选择中,WT 组合实施困难较大。WT 组合可行性较弱,因为农业是幼稚产业,农民是在市场活动中也处于弱势地位。ST 组合,发挥了内部优势,但较为保守。SO 组合形成的优势发展策略最为积极,能够充分发挥自身优势,也能够抓住发展机遇。

在实施藏粮于地战略过程中,要坚持优势发展策略,以便在最大程度上将自身优势与外部机遇结合起来,确保国家整体粮食安全。从国内看,强调守住耕地红线,是国家粮食安全的基本保障,是发展底线。若要筑牢国家粮食安全基石,国内方面需要采取开发后备耕地资源、提高农业综合水平等措施;国际方面需要加强农业合作,适当进口粮食,缓解国内耕地压力。实施藏粮于地战略,需要全方位、多层次地开展耕地资源保护和利用活动。

党的领导坚强有力、农业政策保障有效、农业资源丰富是我国实施藏粮于地战略的重要优势。充分发挥这一优势,才能够抓住外部机遇,克服外部挑战,巩固国内粮食安全,补齐耕地保护和利用短板。

第二节　实施藏粮于地战略的潜力

2015 年 7 月,习近平总书记在长春召开的座谈会上强调我国经济韧性好、潜力足、回旋空间大的基本特质没有变,[①]此后,潜力、韧性、回旋余地成为分析我国经济发展的一种分析范式。本书采用这种分析范式研究我国实

---

① 资料来源:习近平:加大支持力度增强内生动力　加快东北老工业基地振兴发展.中国政府网,2015－07－19.

施藏粮于地战略的潜力、韧性与回旋余地。

我国实施藏粮于地战略的潜力,指我国耕地数量和质量在提高农业综合生产能力方面的发展空间。我国实施藏粮于地的潜力比较大,具体包括耕地资源利用潜力大、耕地质量提升潜力大、农业综合产出潜力大、农业政策实施潜力大、农业结构调整潜力大等。

一、耕地资源利用潜力大

我国耕地资源利用潜力大,表现在耕地总量较大、耕地灌溉条件改善空间大等方面。

(一)我国耕地总量较大

我国耕地总量较大,决定了我国耕地资源利用潜力大。

虽然我国人均耕地面积较低,但从世界范围看,我国耕地面积总量较大。根据《中国统计年鉴》(2021)统计数据,我国 2020 年人口规模为 141212 万人,耕地面积 127.9 万平方公里(约相当于 191850 万亩),人均耕地面积 1.36 亩。若按照粮食种植面积计算,2020 年我国粮食种植面积为 116768 千公顷,折算人均粮食种植面积 1.24 亩。由于各地区人口密度不同,有些地区人均不足一亩地。

从世界范围比较看,我国耕地面积仅低于美国、印度。改革开放以来,我国以现有耕地养活了位居世界第一的人口。这就是我国耕地的巨大潜力。

耕地是宝贵的农业资源。我国耕地总量大,只要科学开发、充分利用,就会释放出巨大的生产潜力。

(二)耕地灌溉条件改善空间大

根据《土地利用现状分类》(GBT 21010 - 2017),耕地指种植农作物的土地,包括熟地,新开发、整理、复垦地,休闲地(含轮歇地、休耕地)等等。具体类型包括水田(编码为 0101),水浇地(编码为 0102)和旱地(编码为 0103)。水浇地有水源保障和灌溉设施;旱地则无灌溉设施,靠天然降水种植作物。2020 年我国耕地灌溉面积为 69160.5 千公顷,是 1978 年的 1.54 倍。[①]

图 8.1 表明,改革开放以来,我国耕地灌溉面积呈现快速增长态势。这说明我国农业灌溉条件已经得到极大改善。

尽管如此,我国还有约一半的耕地需要改善灌溉条件。因此,在灌溉条

---

① 资料来源:《2021 中国农村统计年鉴》.

图 8.1　1978 至 2020 年我国耕地灌溉面积走势

资料来源:《2021 中国统计年鉴》。单位:千公顷。

件改进方面,我国耕地潜力提升的空间还很大。

积极改善旱地的灌溉条件,可以有效提升我国耕地潜力。分地区看,我国旱地比重较高的地区包括吉林、辽宁、黑龙江、陕西、云南、陕西、甘肃、内蒙古等。这些地区中有些是粮食主产区,更需要加强农田水利建设,完善农田灌溉设施。通过发展节水农业、雨养农业等途径,可以有效促进干旱区农业发展。从长远看,随着西北干旱区农业的发展,我国耕地利用潜力将进一步提升。

二、耕地质量提升潜力大

目前,我国高质量耕地比例较低,耕地质量提升有较大潜力。

我国地域广阔,各地区耕地质量差异较大。根据国土资源部《2016 年全国耕地质量等别更新评价主要数据成果》,截至 2015 年末,全国耕地质量等别调查与评定面积为 20.19 亿亩。

全国耕地评定为 15 等,1 等耕地质量最好,15 等最差。国土资源部将全国耕地按照 1—4 等、5—8 等、9—12 等、13—15 等划分为优等地、高等地、中等地和低等地。优等地主要分布在湖北、湖南、广东 3 个省,占全国优等地 90%左右。高等地主要分布在河南、江苏、山东、湖北、安徽、江西、四川、广西、广东 9 个省(区),合计占全国高等地的 80%左右。中等地主要分布在黑龙江、吉林、云南、辽宁、四川、新疆、贵州、河北、安徽、山东 10 个省(区),合计占全国中等地的 70%左右。低等地主要分布在内蒙古、甘肃、黑龙江、山西、河北、陕西 6 个省(区),合计占全国低等地的 85%左右。[1] 中西部地区耕地质量差异较大。

---

[1] 国土资源部关于发布 2016 年全国耕地质量等别更新评价主要数据成果的公告(2017 年第 42 号).自然资源部网站,2017 - 12 - 26.

由表8.3,截至2015年底,我国耕地中,优等地和高等地合计占全国耕地面积的比重为29.49%,中等地和低等地占全国耕地面积的70.51%。

表8.3 2015年底我国耕地质量等级分布

等级	面积(万亩)	比重
优等地	5848.59	2.90%
高等地	53693.57	26.59%
中等地	106462.4	52.72%
低等地	35931.4	17.79%
合计	201935.96	100%

数据来源:国土资源部《2016年全国耕地质量等别更新评价主要数据成果》。

从上述分析可见,积极改造中低产田,积极提高中西部地区耕地质量,还有很大的潜力可以挖掘。郝晋珉(2018)认为耕地质量建设具有综合性,可以划分为三个阶段。一是重点治理阶段,要消除旱、涝、盐、碱等障碍因素,重在低产田改造;二是综合保障阶段,要做好水、肥、气、热等要素供给与保障,重在高产田建设和基础设施建设;三是效率提升阶段,要素利用与转换效率、劳动生产率等综合效率提升,重在推进高标准农业田建设。[1]

党的二十大报告提出逐步将中低产田改造为高标准农田。由于我国中低产田比重较大,科学、有序推进中低产田改造,对于提升我国耕地质量和潜力具有重要意义。

三、农业综合产出潜力大

受农业生产条件差异、农业技术进步等因素的影响,我国农业综合产出水平仍有较大的提升潜力。

(一)农业单产水平有较大提升空间

我国农业综合产出水平,地区差异非常大。东部地区农业综合发展水平较高,但耕地面积较少;中西部地区耕地相对丰富,但产出水平有待提高。

图8.2中,粮食单产水平较高的省份如吉林、辽宁、湖南等,粮食种植面积并不突出。黑龙江、河南粮食种植面积较大,但粮食单产水平还有增长的空间。河北、四川、安徽、云南等地区粮食单产水平较高,但粮食种植面积

---

[1] 郝晋珉.藏粮于地的产能布局思考——兼论我国耕地保护格局.中国农用地质量发展研究报告(2017).中国农业大学出版社,2018.

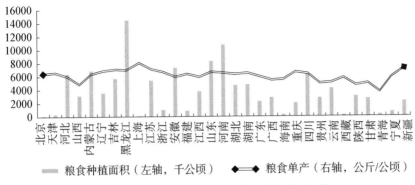

图 8.2　2020 年我国各地区粮食面积和单产比较

数据来源：《2021 中国统计年鉴》。

有限。

从上述分析可以看出，我国种植面积大、单产高的地区并不算多。大部分地区粮食单产还有提升的潜力。尽管从具体粮食品种看，单产提升的空间有限。但是分地区看，中低产田改造完成后，耕地产出水平仍将会得到有效提升。

（二）农作物品种较为丰富

目前，我国的粮食品种比较丰富。在现有粮食统计口径中，粮食包括谷物、豆类和薯类。除大豆进口依存度较高外，我国是世界上谷物、薯类重要的生产国和消费国。当前，我国正在推进马铃薯主食化发展。将来马铃薯有望继续扩大消费，对谷物形成部分替代。

花生、油菜籽、芝麻等油料作物对豆类消费也可以形成一定的替代。此外，肉禽蛋奶类食物消费增加也会降低口粮消费需求。丰富的农作物品种结构，为耕地资源高效利用提供了多元选择空间。例如当前玉米供给出现阶段性过剩，可以调减玉米种植面积，改种其他农作物，提高农业种植收益。

（三）农作物综合产出质量提升潜力大

新中国成立以来，我国粮食供求变化，经历了粮食供给短缺、粮食供求基本平衡、粮食供给结构性过剩、粮食供给质量提升等不同阶段。我国粮食生产，逐渐从追求粮食数量增长逐步转变为积极推动粮食质量提升。

我国发展不平衡不充分的矛盾表现在粮食等农作物生产领域，就是数量供给充足与高质量供给不足之间的矛盾。

2017 年国务院发布了《关于建立粮食生产功能区和重要农产品生产保护区的指导意见》。该意见指出划定粮食生产功能区 9 亿亩，其中 6 亿亩用于稻麦生产;划定重要农产品生产保护区 2.38 亿亩,主要种植大豆、油菜籽、糖料蔗等作物。2019 年印发的《国家质量兴农战略规划(2018—2022年)》提出,通过绿色化、优质化、特色化、品牌化等途径实现农业高质量发展。在质量兴农主要指标中,"产品质量高"的指标包括农产品质量安全例行监测体合格率(2022 年高于 98%)和绿色、有机、地理标志、良好农业规范农产品的认证登记数量年均增长(2022 年大于 6%)。

良好农业规范认证(GAP)是针对初级农产品安全控制,属于国家自愿性产品认证。良好农业规范认证基本原则包括关注食品安全、环境保护和农业可持续发展、动物福利及员工健康安全等。国家认证认可监督管理委员会 2015 年发布了《良好农业规范认证实施规则》和《良好农业规范认证目录》。良好农业规范认证范围包括作物类、畜禽类、水产类等,粮食划归作物类的大田模块。

在国家认监委推动下,2017 年 3 月"国家良好农业规范认证示范区(县)"创建活动展开。陕西省富县成为 2017 年度第一批良好农业规范认证示范区(县),宁夏回族自治区中宁县和同心县成为第一批国家良好农业规范认证示范创建区(县)。[①]

目前,我国绿色、有机、良好农业规范认证等认证工作还处于积极推进阶段。这些认证将极大激发农业经营主体提高农产品质量的积极性,我国农产品质量将大幅提高。

四、农业政策实施潜力大

农业政策实施效果有较大的提升潜力。

课题组成员在农村调研时,经常会遇到不同地区年龄较大的农民感叹说,还是那块地,改革开放以前粮食不够吃,改革开放以后粮食就够吃了。这充分说明,在耕地资源总量一定的情况下,农业政策在调动农民种地积极性和提高农业生产效率方面发挥着重要的作用。

改革开放以来,我国农业政策不断优化,逐渐形成了完善的农业政策支持和保障体系。农业政策代表政府农业决策能力,是一种软实力,也是提高农业生产力的重要力量。

实施藏粮于地战略,涉及到耕地保护和利用,涉及到农业科技,更关系到农民种地的积极性和农业生产的效率。农业支持政策可以覆盖农业生产

---

① 资料来源:国家认监委关于开展国家良好农业规范认证示范区(县)创建活动的通知(国认注〔2017〕23 号).中国食品科技网,2017-3-9.

的全过程,协调农业各类主体、各种资源,从整体上提高农业生产效率。当前,政府大力推进现代农业发展、积极建设高标准农田等政策措施,都有利于农业生产力的快速发展,有利于提高农业综合生产能力,有利于实施藏粮于地战略。

表8.4为本书藏粮于地专项调查第C11题,该题目旨在了解公众对"我国农业政策实施效果有较大的提升潜力"的认知度。根据该题的问卷调研结果,选择"完全同意""同意""基本同意"的人数占参与问卷调查有效人数的90.7%。这说明大多数受访者认可我国农业政策实施效果有较大的提升潜力。今后政府需要加大农业政策的落实力度,继续大幅提高农业政策的实施效果。

表8.4　问卷题目C11"我国农业政策实施效果有较大的提升潜力"调查结果

选项	各选项合计人次	占比
完全同意	326	23.6%
同意	619	44.8%
基本同意	308	22.3%
不同意	114	8.2%
完全不同意	15	1.1%
本题有效填写人次	1382	100.0%

资料来源:本书藏粮于地专项调查。

五、农业结构调整潜力大

随着我国粮食产量连续多年稳定增长和居民消费结构升级,我国粮食供需出现结构性和阶段性矛盾,农业结构调整潜力巨大。农业结构调整到位后,我国农产品产出质量、经济效益将得到较大提高。

(一)种植结构调整潜力大

当前粮食供给充足,玉米等部分粮食产品出现阶段性过剩现象。及时调整农业种植结构,有利于缓解农产品供需矛盾,推动农业高质量发展。2016年农业部发布《全国种植业结构调整规划(2016—2020年)》,提出构建适应市场需求的品种结构。国家粮食局2016年下发了《关于加快推进粮食行业供给侧结构性改革的指导意见》,要求加快推动粮食"去库存"。

2011年以来,我国玉米产量和库存逐年递增。受进口玉米和玉米替代品的影响,我国玉米出现阶段性的供过于求的现象。2015年11月,农业部发布《关于"镰刀弯"地区玉米结构调整的指导意见》,适当减少非优势区的玉米种植,巩固优势区域的玉米生产。

"镰刀弯"地区包括东北冷凉区、北方农牧交错区、西北风沙干旱区、太行山沿线区及西南石漠化区等区域,涵盖黑龙江、吉林、辽宁、内蒙古、河北、陕西、陕西、甘肃、广西、云南、贵州、新疆等地区。2017 年该区域玉米产占我国玉米总产量的 69.46%。

2017 年以来,我国玉米需求回升,玉米供需逐渐开始趋向平衡。根据中国玉米网的中国玉米供需平衡表预测,2018 至 2019 年度,我国玉米供给量为 23775 万吨,需求量为 25180 万吨。[1] 饲料消费需求旺盛,玉米"去库存"压力逐渐下降。这说明我国农业供给侧结构性改革的政策效果开始显现。农业农村部 2019 年 1 月预测本轮玉米去库存接近尾声,玉米库存有望恢复到正常水平。[2]

从表 8.5 可知,认可"当前我国农业结构调整取得初步成效"的受访者占到 93.8%。今后,根据我国全面建成小康社会的要求,农业结构需要根据居民小康消费结构进行及时调整,调整潜力非常大。

表 8.5　问卷 B7 题"当前我国农业结构调整取得初步成效"调查结果

选项	各选项合计人次	占比
完全同意	129	9.3%
同意	647	46.8%
基本同意	520	37.6%
不同意	80	5.8%
完全不同意	6	0.4%
合计	1382	100.0%

资料来源:本书藏粮于地专项调查。

(二)粮食产业经济发展潜力大

粮食种植是基础。积极发展粮食产业经济,提高粮食加工和深加工水平,积极提高粮食流通效率,对于提升农业结构调整的经济效益和社会效益具有显著的强化作用。

粮食产业是提升农业发展潜力、凸显农业结构调整经济效益的重要途

---

① 资料来源:2019 年 2 月全国供需平衡表.中国玉米网,2019 - 2 - 27.
② 资料来源:农业农村部预测 2019 年玉米去库存有望进入尾声.新华网,2019 - 1 - 26.

径,也是提升藏粮于地经济效益的重要杠杆。粮食细分产业中,农副食品加工业、食品制造业等行业与农业密切相关,对农业发展的带动作用非常显著。

图8.3反映了各地区2020年农副食品加工业销售产值的情况。可以看出,山东、河南、湖南等粮食主产区的粮食生产优势转化为经济优势比较显著,吉林、辽宁、内蒙古等粮食主产区农副食品加工业还有较大提升潜力。广东、福建等粮食主销区农副食品加工业优势也比较明显。

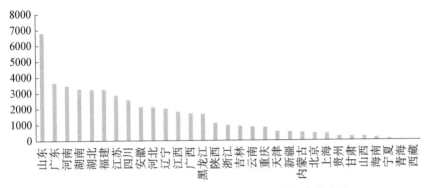

图8.3　2020年各地区农副食品加工业销售产值比较

资料来源:《中国工业经济年鉴》(2021)。单位:亿元。

从农副食品加工业出口情况看,山东、福建、广东、辽宁等沿海地区出口优势明显,中西部地区农副食品加工业还有较大出口潜力。

粮食产业涉及粮食生产、加工、物流、销售、研发等诸多领域,是连接粮食供需的重要环节,也是推动农业现代化的重要抓手。大力发展粮食产业经济,对于增强农业结构调整的经济效益,挖掘藏粮于地潜力,具有重要作用。

(三) 农村一二三产业融合潜力大

农村一二三产业的范围,要远大于粮食产业。农业结构调整是农村一二三产业融合发展的一部分。

当前,我国农村一二三产业发展相对分散,融合深度不够,产业间缺乏有机衔接。农业产业链条短,产业上下游连接不够紧密。例如,部分农产品价格上涨过快,给农产品加工企业带来较大压力;优质农产品生产成本相对较高,但农产品优质不优价的现象还大量存在。理顺农业价值链条,推动农村一二三产业融合,增加农民收入,挖掘农业结构调整潜力,具有积极意义。

  根据国家统计局《国民经济行业分类》(2017)的一级行业分类,与农业结构调整相关的行业包括:农林牧渔业,制造业(相关行业如农副食品加工业、医药制造业等),电力、热力、燃气及水生产和供应业,批发和零售业,交通运输、仓储和邮政业,住宿和餐饮业,信息传输、软件和信息技术服务业,金融业,科学研究和技术服务业,水利、环境和公共设施管理业(相关行业如水利管理业、土地管理业等),教育等行业。这些行业都可以服务于农业结构调整,提高农业结构调整的成效。

  表8.6为其他行业对农业(农林牧渔业)的直接消耗系数。该系数越大,说明该行业对农业的投入较大,联系较为密切。从表8.6可以看出,农、林、牧、渔业,食品、饮料制造及烟草制品业,批发零售贸易、住宿和餐饮业等行业和农业发展联系密切。随着各产业间联系增强,农业发展还有较大的潜力。

表8.6 其他行业对农业的投入直接消耗系数

年　　份	2010	2012	2015
总投入	1.000000	1.000000	1.000000
中间投入合计	0.415267	0.414471	0.412421
农、林、牧、渔业	0.133010	0.137781	0.129836
食品、饮料制造及烟草制品业	0.102779	0.105253	0.122992
电力、热力及水的生产和供应业	0.010232	0.084763	0.090992
批发零售贸易、住宿和餐饮业	0.016412	0.015633	0.012506
运输仓储邮政、信息传输、计算机服务和软件业	0.022342	0.013111	0.011863
金融业	0.007955	0.012356	0.010206
其他制造业	0.002891	0.016214	0.008748
非金属矿物制品业	0.001424	0.008174	0.008287
其他服务业	0.016209	0.008696	0.007973
机械设备制造业	0.009753	0.009976	0.006761
金属产品制造业	0.003409	0.000749	0.000661
纺织、服装及皮革产品制造业	0.000523	0.000444	0.000454
化学工业	0.078507	0.000480	0.000396
房地产业、租赁和商务服务业	0.001689	0.000358	0.000389

年　　份	2010	2012	2015
炼焦、燃气及石油加工业	0.007070	0.000324	0.000231
建筑业	0.000249	0.000091	0.000085
采矿业	0.000811	0.000067	0.000037

资料来源:根据 2011、2013、2016 年《中国统计年鉴》数据整理。

根据 2020 年中国投入产出表数据(153 部门),计算出 2020 年中国投入产出表中各行业作为投入对农林牧渔业的产出数据(完全消耗系数),按照降序排列取完全消耗系数大于 0.01 的部门绘制成图 8.4。

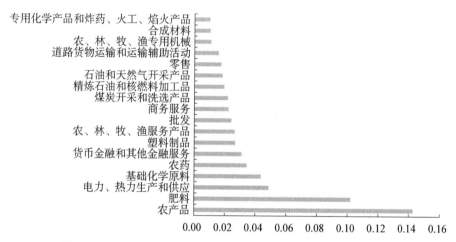

图 8.4　2020 年部分行业与农林牧渔业投入产出完全消耗系数比较

资料来源:国家统计局网站。

完全消耗系数由全部直接消耗系数和全部间接消耗系数之和构成,可以更深刻反映不同行业或产业之间的联系。由图 8.4 可知,农林牧渔业受农产品,肥料,电力、热力生成和供应,基础化学原料,农药等相关部门的影响很大,和这些产业联系更密切。农林牧渔业作为原材料投入支持其他部门,按照其他行业对农林牧渔业的需求来看,完全消耗系数大于 0.1 的有 20 多个部门,包括谷物磨制品、植物油加工品、饲料加工品、方便食品、纺织制成品、乳制品等相关行业。因此,积极加强农村一二三产业融合,可以推动农业结构优化调整,进一步将藏粮于地的潜力发挥出来。

因此,农业结构调整,不仅仅是农业内部的结构调整,而是与农业相关的一系列产业协同调整,最终实现农业供需平衡,实现农业高质量发展。从长远看,随着相关行业的快速发展,以及农村一二三产业融合发展,我国农业结构调整潜力非常大。

第三节 实施藏粮于地战略的韧性

本节主要阐述实施藏粮于地战略的韧性。我国实施藏粮于地战略的韧性,指我国耕地遭受数量减少、质量下降、产能不稳定、国际市场冲击等风险后及时恢复正常状态的调节能力。我国实施藏粮于地战略的韧性强,主要表现在化解农业经济风险的能力强、应对耕地资源减少的措施强、防御农业自然灾害的力量强、应对国际市场冲击的机制强等方面。

一、化解农业经济风险的能力强

改革开放以来,我国农业经济发展经历各种风险均化险为夷,体现了我国政府较强的风险化解能力。

(一) 积极推进农产品价格市场化改革,强调市场作用

社会主义市场经济是我国改革开放以来的重要发展目标。农业经济是我国社会主义市场经济的重要组成部分。改革开放以来,我国农产品价格改革虽然遇到一定困难,但改革持续推进,成效显著。

价格是市场经济的核心。农产品价格中粮食价格改革具有重要意义。我国粮食价格经历了"双轨制"到单一的市场价格发展,粮食流通体制也从统购统销、合同订购过渡到粮食购销市场化改革,粮食价格的市场化水平越来越高。

从图 8.5 可以看出,2004 年前后种植业生产价格指数波动较大。但2005 年以来,种植业生产价格指数基本围绕指数 100 小幅上下波动,走势基本平稳,没有再出现大起大落的情况。这说明,随着改革开放的深入,我国农产品价格机制逐渐形成,并走向成熟,价格调控能力逐渐增强。以小麦为例,2002 年至 2017 年,小麦生产价格指数平均值为 104.8,最高年份为2004 年的 131.2,最低年份为 2016 年的 94.1。不论是极大值还是极小值,第二年价格指数均逐渐恢复到正常波动状态。

农产品价格机制的形成,使我国农业向现代农业迈向了一大步。在农产品市场价格的指导下,政府通过政策引导不断提高农业投入,调整农业结构,增强农业经济效益。

(二) 积极解决农民卖粮难问题,多途径增加农民收入

农民收入问题关系社会稳定,也关系国家粮食安全。改革开放初期,随

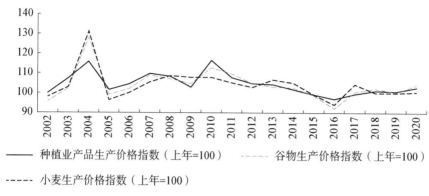

图 8.5　2002 年至 2020 年种植业生产价格指数走势

资料来源:国家统计局统计数据库。

着我国粮食产量持续增加,农民增产不增收、"卖粮难"的现象开始出现。单靠市场波动调节农产品供求关系存在一定弊端和隐患。为了防止"谷贱伤农"、维护农民种粮经济性,2004 年国家开始托市收购,实施最低保护价收购政策,极大保护了农民种粮的积极性和利益。

从图 8.6 可以看出,2003 年是我国粮食产量的低谷。2004 年开始的最低保护价收购政策,改变了 2000 年至 2003 年粮食产量下滑的不利局面,实现了 2004 年至 2015 年连续十二年粮食增产的局面。最低保护价收购政策及时化解了粮食减产的风险,不仅提高了粮食产量,也稳住了农民种粮积极性,提高了农民的种植收入。

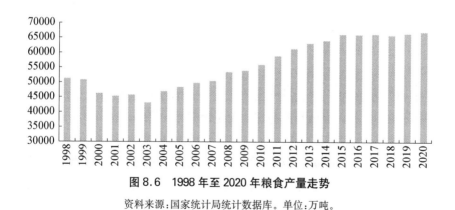

图 8.6　1998 年至 2020 年粮食产量走势

资料来源:国家统计局统计数据库。单位:万吨。

农业收入只是农民收入的一部分。随着我国农业产值在国民经济中的比重下降,农民的种植收入在农民收入中的比重也呈现下降态势。2017 年党的十九大报告谈到乡村振兴战略时,提出要拓宽增收渠道。2019 年中央一号文件提出发展壮大乡村产业,拓宽农民增收渠道。通过就业、创业、劳动力转移就业等形式,增加农民工资性收入。党的二十大报告指出要"健全种粮农民收入保障机制""赋予农民更加充分的财产权益",这将进一步提升农民收入水平。

总之,通过多种措施积极解决农民卖粮难问题,多途径拓宽农民收入渠道,化解了诸多农业经济风险,夯实了农业生产的基础。

(三) 积极完善粮食宏观调控体系,化解系统性风险

积极完善粮食宏观调控体系,是确保国家粮食安全的重要保障。我国粮食宏观调控体系包括粮食收购制度、粮食调控机制、粮食储备调节体系、粮食应急保障体系等内容。

最低保护价收购政策的实施,成效显著,但也带来粮食生产价格大幅上涨超过国际价格等问题,导致国内粮食库存增加。针对这些问题,国家调整了最低保护价收购政策,从 2014 年开始暂停上调小麦和稻谷的最低收购价格。以水稻最低收购价为例,2015 年价格保持平稳,2016 年至 2018 年均有所下调。根据国家发改委公布的数据,2019 年生产的小麦(三等)最低收购价为每 50 公斤 112 元,比 2018 年下调 3 元。[①] 最低保护价能升能降,反映出我国的粮食市场经济逐渐成熟,粮食价格在农业资源配置、农业结构调整方面将发挥更加明显的作用。今后,最低保护价收购政策还有很大的改进空间。

粮食储备是我国粮食宏观调控的重要基石。在社会主义市场经济条件下,我国逐渐形成中央与地方储备、政府与社会储备协调发展的格局。2008年汶川地震后,我国政府除完成应急救援外,还积极恢复当地粮食流通能力。到 2011 年 5 月,灾区 161 个粮食储备库和 494 个军粮供应网点等设施已经完成,粮食批发市场和粮油应急加工厂得到修复或重建。[②] 这充分说明,我国政府有足够的能力化解突发灾害带来的农业经济风险。

(四) 完善农村土地制度稳定农业经营

土地改革在我国历史进程中占据重要地位,是我国实现民族独立和国家富强的重要推动力量。安徽凤阳县小岗村的"大包干"拉开了全国农村土地改革的序幕。我国土地制度改革大致分为四个阶段。一是新中国成立到改革开放前,集体所有、统一经营的农村土地制度建立;二是 1978 年至 1993

---

① 资料来源:国家发改委. 关于公布 2019 年小麦最低收购价格的通知(发改价格〔2018〕1680号). 新浪网,2018 - 11 - 16.

② 资料来源:汶川地震灾后三年粮食流通领域恢复重建成效显著. 中国政府网,2011 - 05 - 27.

年,"统分结合的双层经营体制"形成;三是1993年至2008年,土地承包经营权稳定阶段;四是2008年至今,土地制度的动态稳定阶段。[①]

中共十一届三中全会决定将工作重心转移到经济建设上来。这是党和国家在历史紧要关头做出的伟大决断。习近平指出:"改革开放是我们党的一次伟大觉醒,正是这个伟大觉醒孕育了我们党从理论到实践的伟大创造。"[②]家庭联产承包责任制是农村土地制度改革的重大创新,解决了农民吃饭问题,极大激发了农民种地的积极性。

改革开放以来,每次土地制度改革均体现了党和国家化解农业经济系统风险,妥善解决"三农"问题的信心和智慧。十八届三中全会后我国积极推动农村土地制度改革。十九大报告强调完善承包地"三权"分置制度,稳定土地承包关系并长久不变,第二轮土地承包到期后再延长三十年。2019年中央一号文件指出"指导各地明确第二轮土地承包到期后延包的具体办法,确保政策衔接平稳过渡"。绝大多数地区土地承包经营权证书已经发放至农户手中。

新时代通过土地制度改革,农业经营稳定、高效发展,有效化解了各类风险和矛盾,适应了社会主义生产力发展的要求,体现了党和政府强大的化解农业经济风险的能力。

二、应对耕地资源减少的措施强

城镇化发展给耕地资源保护带来巨大压力。党和政府应对耕地资源减少的措施得力,成效显著。

(一)通过提高单产水平抵消耕地面积下降带来的消极影响

现代化是我国改革开放的重要发展目标。在工业化和城镇化过程中,建设用地需求较大,建设用地挤占耕地的情况长期存在。这就需要协调建设用地与农业用地之间的关系。

改革开放以来,我国耕地面积出现了阶段性下降的过程,坚守18亿亩耕地红线的压力较大。在我国耕地面积呈现下降趋势的背景下,我国农业产出水平持续上升,部分抵消了耕地面积下降带来的产能损失。

改革开放以来,粮食总产量基本保持稳定上升的态势,2016年以后粮食总产量有所下降。粮食种植面积呈现出先降后增、再降的周期性变化。根据2021年中国统计年鉴数据,2020年与1978年相比,我国粮食种植面积

---

① 资料来源:王芳.土地改革40年:演进中的巨变.经济,2018(13).

② 资料来源:习近平.庆祝改革开放40周年大会上的讲话.新华网,2018-12-18.

由 1978 年的 120587 千公顷下降到 2020 年的 116768 千公顷,下降了 3.17%;我国粮食总产量由 1978 年的 30476.5 万吨增加到 2020 年的 66949.2 万吨,增加了 1.2 倍。

粮食种植面积下降与粮食总产量增加形成的鲜明对比充分说明,我国耕地产出潜力大,实施藏粮于地战略的韧性非常强。

(二) 通过耕地占补平衡制度坚守耕地红线

耕地占补平衡是党和国家应对耕地减少问题采取的有力措施。一"占"一"补",既把握了城镇化对建设用地的需求,又保证了耕地资源总量满足国家粮食安全要求。

我国从法律、政策、地方政府考核等各个方面,严格落实耕地占补平衡制度,取得了良好效果。针对各地区耕地资源供给和需求分布不平衡的问题,国务院出台了跨区域耕地占补平衡的实施办法,在更高层次和范围上实现耕地占补平衡,实现"五化"协同发展。

(三) 通过农业结构调整优化产出质量

农业种植结构不合理,但调结构成效初显。

随着我国农业供给时代的结束,农业生产结构性问题日益凸显。2016 年 4 月,农业部下发《2016 全国种植业结构调整规划(2016—2020 年)》,提出种植业结构调整的目标,主要是"两保、三稳、两协调",包括保口粮、保谷物等。2016 年 12 月,中共中央和国务院发布《关于深入推进农业供给侧结构性改革 加快培育农业农村发展新动能的若干意见》指出,当前农业发展的突出矛盾是阶段性供给过剩与供给不足并存,要推进农业供给侧结构性改革,改革内容包括优化产品产业结构、推行绿色生产方式、壮大新产业新业态等。

经过多年调整,我国农业生产结构得到进一步优化,过剩产能得到调减,有效产能日益形成。以玉米种植为例,近些年来,我国玉米库存增加、产能出现阶段性过剩,大豆进口需求旺盛。经过调整,2017 年,我国玉米种植面积 3545 万公顷,比 2016 年减少 132 万公顷;油料种植面积 1420 万公顷,比 2016 年增加 7 万公顷。[①]

农业种植结构调整,是一个渐进、长期的过程。根据国内食物消费结构升级变化,及时调整种植结构,可以有效释放我国耕地产能,增强实施藏粮于地战略的韧性。

---

① 国家统计局.中华人民共和国 2017 年国民经济和社会发展统计公报.国家统计局网站,2018 - 02 - 28.

三、防御农业自然灾害的力量强

改革开放以来,我国农业防灾减灾抗灾害能力显著提高。

我国农业灾害的类型主要包括干旱、水涝、台风、冰雹、冻害、病虫害等。其中,常见的旱灾和病虫害对农作物产量影响较大。以 2015 年为例,全国农作物受灾面积 21770 千公顷。经过抗灾防灾,实际成灾 12380 千公顷,比2014 年减少 298 千公顷;绝收 2233 千公顷,比 2014 年减少 857 千公顷。2015年因灾损失粮食 2635 万吨,比 2014 年减少 515 万吨。根据《中国统计年鉴》(2017)的数据,2015 年与 2014 年相比,我国粮食总产量保持增长态势。

在病虫害防治方面,以小麦为例,2015 年小麦病虫害发生偏重,累计发生 64866 千公顷次,比 2014 年增长 4.3%。小麦虫害主要包括蚜虫、吸浆虫等。小麦穗期蚜虫在黄淮海部分麦区比较严重,发生面积达 16890 千公顷,接近 5 年平均值,明显高于 2001 年以来的平均值。尽管如此,通过采取各类防范和应对措施,2015 年比 2014 年小麦产量仍然有所增加。

改革开放以来,我国在农业防灾、减灾、抗灾方面形成了较为完善的应对体系,积累了丰富的成功经验。这为保障我国农业生产顺利进行起到了重要作用。我国农业抗灾害能力显著改善,也增强了实施藏粮于地战略的韧性。

表 8.7 列出了 2010 年至 2020 年我国农业受灾面积情况。由表 8.7 可知,2010 年至 2017 年,我国农作物受灾面积占农作物总播种的 16.7% 左右,农作物成灾面积和农作物绝收面积分别占农作物总播种的 10.6%、1.8% 左右。与农作物受灾面积相比,经过防灾抢灾,农作物最终的成灾面积和绝灾面积大幅下降。

表 8.7　2010 年至 2020 年农作物受灾面积情况

年份	农作物总播种面积	农作物受灾面积	农作物成灾面积	农作物绝收面积	占成灾面积比重	占农作物总播种面积比重
2010	156785	37425.9	18538	4863.2	12.99%	3.10%
2011	159859	32470.5	12441	2891.7	8.91%	1.81%
2012	161827	24962.0	11475	1826.3	7.32%	1.13%
2013	163453	31349.8	14303	3844.4	12.26%	2.35%
2014	164966	24890.7	12678	3090.3	12.42%	1.87%
2015	166829	21769.8	12380	2232.7	10.26%	1.34%

年份	农作物总播种面积	农作物受灾面积	农作物成灾面积	农作物绝收面积	占成灾面积比重	占农作物总播种面积比重
2016	166939	26220.7	13670	2902.2	11.07%	1.74%
2017	166332	18478.1	——	1826.7	9.89%	1.10%
2018	165902	20810	10570	2585.0	12.42%	1.56%
2019	165931	19260	7910	2802.0	14.55%	1.69%
2020	167487	19660	1990	2706.0	13.76%	1.62%

资料来源:国家统计局统计数据库和《中国农村统计年鉴》(2011—2021 年)。单位:千公顷。

2017 年 1 月,《中共中央国务院关于推进防灾减灾救灾体制机制改革的意见》发布,提出"坚持以防为主、防抗救相结合,坚持常态减灾和非常态救灾相统一",要求完善统筹协调体制、健全属地管理体制、完善社会力量和市场参与机制等。

2018 年国务院机构改革方案增强了我国防灾减灾救灾的应急管理能力。根据 2018 年国务院机构改革方案,设立应急管理部,整合了原民政部的救灾职责、国土资源部的地质灾害防治、水利部的水旱灾害防治、农业部的草原防火、国家林业局的森林防火相关职责,以及国家防汛抗旱总指挥部、国家减灾委员会相关职责。组建国家粮食和物资储备局,把原国家粮食局的职责,与国家发展和改革委员会的组织实施国家战略物资收储、轮换和管理,以及民政部、商务部、国家能源局等部门的组织实施国家战略和应急储备物资收储、轮换和日常管理职责整合在一起。[①]

四、应对国际市场冲击的机制强

粮食进口和国际粮食合作是实施藏粮于地战略的必要补充。同时,为应对国际市场风险,我国形成了一系列应对国际市场冲击的管理机制,取得了较好的防范效果。

(一)通过配额促进粮食有序进口

进口配额是管理进口、维护国内市场稳定的重要方式。我国农业与发达国家相比,竞争力较弱,在入世之初若完全放开国内农业市场,不利于农业的稳定发展,所以我国谷物进口采取进口配额管理。根据《农产品进口关税配额

---

① 资料来源:第十三届全国人民代表大会第一次会议关于国务院机构改革方案的决定. 人民日报,2018－03－18(06 版).

管理暂行办法》（商务部、国家发展和改革委员会令 2003 年第 4 号），我国对小麦、玉米、大米、豆油、菜籽油、棕榈油等农产品实行进口关税配额管理。

2019 年我国粮食进口配额量中，小麦 963.6 万吨，国营贸易比例 90％；玉米 720 万吨，国营贸易比例 60％；大米 532 万吨（其中：长粒米 266 万吨、中短粒米 266 万吨），国营贸易比例 50％。2018 年，我国小麦进口 310 万吨，玉米进口 352 万吨，稻米进口 308 万吨。多年来，我国谷物进口量没有超过配额，这是因为配额外的关税税率较高，这在一定程度上有效保护了我国农业的稳定发展。

我国多数农产品价格高于国际市场，降低农业生产成本还需要一定的时间。粮食进口配额管理为我国农业提高国际竞争力提供了有效的缓冲空间，避免短期内国际市场农产品对国内市场造成剧烈冲击，化解了系统性农业风险。

（二）利用国际经贸规则维护国内市场秩序

改革开放以来，我国出口产品在国外市场多次遭遇反倾销、反补贴等贸易调查。1997 年，我国根据《对外贸易法》《反倾销条例》《反补条例》等法律法规发起贸易救济调查，维护国内市场秩序，维护国内相关产业安全和企业合法权益。1997 年至今，我国对全球发起贸易救济原审立案累计 292 起，其中，2018 年共 20 起。1997 年至今，我国农产品发起贸易救济原审立案累计 12 起。其中，2006 年 1 起，2009、2010、2016 年各 2 起，2017 年 1 起，2018 年共 4 起。[①]

2006 年 2 月，商务部发起对原产于欧盟的马铃薯淀粉采取反倾销措施。历时十多年，有效保护了国内马铃薯淀粉产业的正常发展。具体立案和裁定过程见表 8.8。

表 8.8　原产于欧盟的马铃薯淀粉反倾销调查情况

进度	时间	结果简要说明
原审立案	2006 - 2 - 6	对原产于欧盟的马铃薯淀粉进行反倾销调查
原审初裁	2006 - 8 - 18	实施最终反倾销措施，期限 5 年。
原审终裁	2007 - 2 - 5	原产于欧盟的进口马铃薯淀粉存在倾销，中国马铃薯淀粉产业遭受了实质损害，而且倾销与实质损害之间存在因果关系。自 2007 年 2 月 6 日起 5 年，征收反倾销税。

① 资料来源：中国贸易救济网，2019 - 3 - 3.

进度	时间	结果简要说明
期中复审立案	2010 - 4 - 19	根据复审裁定分类征收反倾销税。
期中复审终裁	2011 - 4 - 18	
日落/期终复审立案	2012 - 2 - 3	根据裁定结果,如果终止反倾销措施,原产于欧盟的进口马铃薯淀粉对中国的倾销可能继续发生,原产于欧盟的进口马铃薯淀粉对中国国内产业造成的损害可能再度发生。自2013年2月6日起5年,征收反倾销税。
日落/期终复审终裁	2013 - 2 - 5	
情势变迁终裁	2016 - 12 - 14	根据裁定结果,荷兰某公司适用马铃薯淀粉反倾销反补贴税率的相关规定。
日落/期终复审立案	2018 - 2 - 5	行业协会提出复审申请。
日落/期终复审终裁	2019 - 2 - 1	根据复审裁定,继续征收反倾销税。

资料来源:根据中国贸易救济网案件资料整理。

表8.8中,对原产于欧盟的马铃薯淀粉反倾销调查完全符合WTO规则要求。欧盟是世界上最大的马铃薯粉生产地区,对出口市场依赖程度较高。反倾销措施实施期间,欧盟马铃薯粉存在闲置产能,并继续向中国出口马铃薯粉。调查机关通过对国内同类产业就业人数、税前利润等方面的分析,国内产业处于较为脆弱的状态,抗风险能力较弱,容易受到进口产品等相关因素的冲击和影响。2019年2月,商务部根据调查结果裁定,如果终止反倾销措施,原产于欧盟的进口马铃薯淀粉的倾销可能继续或再度发生,对国内产业造成的损害可能继续或再度发生。

马铃薯淀粉反倾销调查案有效保护了国内同类产业的健康发展。反倾销、反补贴等措施是WTO的重要贸易救济方式。在国际经济活动中,需要用好WTO规则,宜依照国际贸易规则维护自身合法权益,符合国际通行做法。

当前国内外市场联系密切,统筹协调国内外市场关系,也是应对国际市场冲击需要考虑的重要方面。

(三) 通过市场多元化分散进口风险

进口和出口市场过于集中,都容易产生市场风险。加入世贸组织后,伴随着居民植物油消费需求上升,我国大豆进口增长迅速。大豆成为我国粮食进口最大的类别。

改革开放以来,中美两国之间多次发生贸易摩擦。2018年1月,以特朗普为首的美国政府对我国施加压力,挑起贸易摩擦。到2019年3月,中美举行了多次贸易谈判,尚未达成最终一致。大豆成为中美贸易博弈的工具。

2018年,受中美贸易摩擦影响,我国从美国进口大豆急剧下降。根据海关统计数据,2018年,我国大豆进口8803.1万吨;其中,从巴西进口6610万吨,同比增长30%,占中国大豆进口总量的75%;从美国进口大豆仅为1664万吨,同比下降49%,仅占中国大豆进口总量的18.9%。从美国大豆进口规模下降,既是中美贸易博弈的短期结果,也反映出我国大豆虽然高度依赖进口,但绝不依赖单一某个国家的坚强信心和灵活的调控能力。2021年我国大豆进口规模有所下降,但大豆进口来源仍然比较集中。

目前,我国大豆进口主要来自巴西、美国、阿根廷、乌拉圭、加拿大、俄罗斯等国家。从长期看,我国会进一步扩大大豆进口来源。东欧、非洲等地区都适合种植大豆,有望在我国大豆进口份额中增加比例。

(四)积极防控农业对外投资风险

农业对外投资风险包括政治风险、保护主义、国际农业投资规则变动、农业自身风险等方面。农业"走出去"的战略已经实施多年,取得了显著成效。在"一带一路"背景下,我国农业"走出去"充满机遇,但同时也面临一系列风险。改革开放以来,我国采取多种措施,积极防控农业对外投资风险。

一是通过多边、双边国际合作,优化投资和贸易环境,降低各种风险。例如我国已经同东盟、新加坡、智利、冰岛、新西兰等国家签署自由贸易协议,正在与以色列、挪威、巴拿马等国家开展自贸区谈判,与部分国家已经完成自贸区升级谈判。在当前WTO多边谈判进展困难的背景下,双边谈判在优化我国对外投资环境和促进贸易便利化方面具有积极意义。

二是通过各种措施促进农业对外投资和贸易增长。商务部投资促进事务局通过主办"中国投资指南"积极介绍境外国家投资环境,为我国企业对外投资提供信息和风险提示,并在境外设立投资服务机构。农业农村部国际合作司积极推动农业"走出去""一带一路"农业合作和农业国际贸易。农业农村部在各地举办农业"走出去"政策宣讲会,举办国际农业展览会推动农业贸易。

总之,随着我国与国际市场深度融合,我国利用国际规则和国内政策应对国际市场风险和冲击的能力越来越强。

新时代,随着国内耕地资源保护加强和农业技术进步,防范国际风险和利用国际农业资源的效果进一步显现,我国实施藏粮于地战略的韧性将逐渐增强。

第四节　实施藏粮于地战略的回旋余地

本节主要阐述实施藏粮于地战略的回旋余地,并通过问卷调查提炼出影响我国实施藏粮于地战略的潜力、韧性与回旋余地的具体因素。

我国实施藏粮于地战略的回旋余地,指我国耕地在满足国内居民食物消费需求时可以选择的范围或途径。我国实施藏粮于地战略的回旋余地广,主要表现在:

一、提升农业科技进步的空间广

我国农业科技进步具有广阔的提升空间。前文分析也提到,改革开放以来我国耕地总量呈现阶段性下降趋势,但农作物产出水平持续上升。这其中贡献最大的是我国农业科技水平的持续提升。

今后,我国农业科技进步贡献率还有很大的提升空间。2012 年我国农业科技进步贡献率为 53.5%,2017 年为 57.5%。《全国农业可持续发展规划(2015—2030 年)》指出到 2020 年我国农业科技进步贡献率达到 60%以上,主要农作物耕种收综合机械化水平达到 68%以上。

随着城镇化的推进,农村人口逐渐减少,农业科技的重要性将进一步凸显出来。农业机械化将成为弥补农业劳动力减少、提高农业生产效率的重要手段。我国农业机械化水平还有较大的增长空间。

在积极推进现代农业、发展农业适度规模经营的背景下,我国农业科技和农业机械化水平还有巨大的提升空间,也扩大了实施藏粮于地战略的回旋余地。

二、满足居民消费升级的产品广

随着我国全面建成小康社会,居民对食物消费的需求更趋向多元化。当前,口粮消费在食物消费的比重日益下降。2017 年,我国城镇居民人均粮食(原粮)消费量为 109.7 千克,比 1985 年的 134.76 千克下降了 18.0%;2017 年,农村居民人均粮食(原粮)消费量为 154.6 千克,比 1985 年的 257千克下降了 39.8%。

表8.9 我国农村家庭主要食物人均消费数量比较

年份	原粮	食用油	肉类	禽类	蛋类	水产品	蔬菜	奶类
1978	248	1.96	5.76	0.25	0.8	0.84	142	——
1988	260	4.76	10.71	1.25	2.28	1.91	130	——
1998	249.28	6.13	13.2	2.33	4.11	3.66	108.96	0.93
2008	199.07	6.25	15.79	4.39	5.43	5.25	99.72	3.43
2017	154.6	10.1	23.6	7.9	8.9	7.4	90.2	6.9
2020	168.4	11	21.4	12.4	11.8	10.3	95.8	7.4

数据来源:《中国统计年鉴》(1983—2021年),《中国奶业年鉴2020》。单位:千克。1978、1988年水产品统计口径为鱼和虾。

1978、1988年农村奶类消费在《中国统计年鉴》中尚未开始统计。这说明当时全国农村奶类消费尚不普及。近些年,农村奶类消费量迅速上升,奶制品成为农村居民家庭日常消费和节日礼品消费的重要商品。

从表8.10可以看到,改革开放以来,我国油料、肉类、禽蛋、水产品、奶类等农业产品产量快速增长,基本满足了我国居民消费结构升级的多元化需求。我国土地类型丰富,为各类农产品生产提供了基础,增强了实施藏粮于地战略的回旋余地。

表8.10 部分年份我国主要农业产品产量比较

年份	油料	肉类	禽蛋	水产品	奶类	水果
1978	521.79	856.3	——	465.4	97.9	657
1988	1320.3	2193.6	695.5	1060.9	418.9	1667.9
1998	2313.9	5723.8	2021.3	3906.5	744.5	5452.9
2008	3036.8	7370.9	2702.2	4895.6	3236.2	19220.2
2017	3475.2	8654.4	3096.3	6445.3	3148.6	25241.9
2020	3586.4	7748.4	3467.8	6549.0	3440.1	28692.4

数据来源:《中国统计年鉴》(1983—2021年),《中国奶业年鉴2020》。单位:万吨。

三、实施藏粮于地战略的对策广

自古以来,我国就有悠久的耕地保护和利用传统。《左传》中提出"用而不匮",反映了古代人朴素的保养地力的思想。《礼记·月令》提出孟春"禁止伐木"等观点,体现了可持续发展的思想。《管子·治国篇》有"四种而五获"的换茬耕作方法。

改革开放以来,尽管我国城镇化和工业化进程较快,耕地保护压力较大,但党和政府采取多种对策,力保耕地数量,提高耕地质量。

一是党中央和国务院高度重视,将农业视为基础。1982年至1986年出台的中央一号文件强调农业发展。从2004年开始,每年的中央一号文件都以"三农"为主题,千方百计促进农业农村农民发展。

二是制定各类规划,统筹、有序推进农业发展。在我国的五年规划纲要中,农业始终占据重要地位。《全国现代农业发展规划(2011—2015年)》《全国农产品质量安全检验检测体系建设规划(2011—2015年)》《全国农业可持续发展规划(2015—2030年)》《乡村振兴战略规划(2018—2022年)》等各类农业专项规划,有效推动了农业的全面发展。

三是构建了省级耕地保护责任机制。《省级政府耕地保护责任目标考核办法》于2005年开始实施,在贯彻落实《中共中央国务院关于加强耕地保护和改进占补平衡的意见》的基础上,依据《中华人民共和国土地管理法》和《基本农田保护条例》等法律法规的规定,于2018年1月修订后继续执行。省级政府耕地保护责任目标考核方法,包括年度自查、期中检查、期末考核相结合等内容,并制定了相应的奖惩措施。省级耕地保护责任机制,责任明确,有奖有惩,有效保护了耕地。

四是持续完善粮食和农产品价格形成机制。改革开放以来,我国粮食价格和农产品价格逐渐市场化,价格在农业资源配置中的调节作用越来越明显。随着农产品市场价格形成机制完善,我国各地区农产品市场日趋活跃,农产品供需趋向平稳,耕地保护和利用的经济效益不断提高,激发了农民生产的积极性,增加了农民收入,推动了农业农村的稳步发展。

持续完善粮食和农产品价格形成机制,将耕地保护与市场经济机制有效结合起来,确保了耕地保护和利用的长期发展,也是实施藏粮于地战略的有效保障。

此外,农业生产补贴政策、保护价收购政策等政策也提高了耕地保护和利用的效果。党的二十大报告提出"全面落实粮食安全党政同责",这将进一步完善我国粮食安全保障体制机制。总之,我国实施藏粮于战略的政策选项非常丰富,拓宽了实施藏粮于战略的回旋余地。

四、弥补国内粮食缺口的途径广

在国内部分农作物品种供应存在不足时,可以通过国际粮食市场获得所需农产品。我国弥补国内粮食缺口的途径非常广泛,包括粮食进口、国际粮食合作等。

(一) 通过跨省调拨弥补不同地区需求缺口

在改革开放以前和改革开放以后,我国都通过跨省调拨解决部分地区粮食短缺问题。在计划经济时期,粮食跨区域调拨主要通过行政方式实现。改革开放以后,随着我国社会主义市场经济体制逐渐建立和完善,不同地区之间的粮食调拨逐渐演化为跨地区的粮食贸易,各地区粮食交易市场相继出现。

国内不同地区粮食交易日益活跃,理顺了国内粮食供求关系,提高了粮食资源的配置效率,顺应市场经济的发展规律。2014 年,国家粮食交易中心成立,负责组织协调国家政策性粮食(含油)交易和地区粮食交易。交易对象既包括政策粮,也包括贸易粮。省级粮食交易中心包括北京、天津、河南、湖北、广东等主要地区。郑州商品交易所、大连商品交易所等机构也为我国农产品价格机制形成作出了重要贡献。

(二) 通过粮食进口弥补国内需求缺口

我国农业生产水平和效率与国际发达国家相比,在生产成本、产品质量、农业科技水平等方面仍存在一定差距。仅仅依靠国内耕地资源开展农业生产,不利于国内、国际农业资源的优化配置。

在当前国际粮食仍然有一定的价格优势、质量优势的条件下,适度进口粮食,仍然是利大于弊。适度进口粮食,既节约了国内部分农业资源,也缓解了国内耕地减少的压力,丰富了我国居民食物消费品种,满足了居民消费结构升级的需求。至于国际粮食价格波动较大等弊端,可以根据国际市场变化调整进口的节奏和数量。

(三) 通过国际农业合作可以掌握部分进口粮源

农业合作内容广泛,涉及农业生产资料、农业生产、加工等领域。在实施藏粮于地战略过程中,可以通过国际农业合作,与东道国开展土地合作,共同开发闲置耕地资源,通过租种海外耕地的方式,实现合作共赢。通过租种海外耕地种植大豆等农作物,可以掌握部分进口粮源,改变单一的粮食进口局面。

通过国际农业合作,从农业生产环节开始就掌握进口粮源,可以从源头控制粮食生产成本,降低流通风险,确保粮食进口。通过国际农业合作,也可以引进我国需要的先进农业技术,提高我国农业科技实力和农业综合生产能力。

"一带一路"倡议为稳定我国进口粮源创造了良好条件。"一带一路"倡议提出以来,受到"一带一路"国家积极响应。我国与"一带一路"沿线农业贸易和农业国际合作呈现良好发展态势。这为我国开展国际粮食安全合作、稳定我国进口粮源创造了良好条件。

2010—2015 年,"一带一路"国家对中国出口农产品 231.3 亿美元,年均增长 6.7%;从中国进口农产品 219.7 亿美元,年均增长 8.5%。2013 年,"一带一路"国家谷物产量占世界的 38.1%,油料作物产量占世界的 48.6%,蔬菜、肉类、奶类、水产品等农产品占世界比重均在 20%以上。

我国积极开展和推进"一带一路"建设。党的十九大报告提出要以"一带一路"建设为重点,坚持引进来和走出去并重。"一带一路"倡议加深了我国与"一带一路"国家的政治、经济、文化等方面的密切联系。这也为我国同"一带一路"国家开展国际农业合作、稳定进口粮源创造了良好的条件。

总之,我国实施藏粮于地战略,在农业科技进步、粮食进口、国际农业合作等方面具有广阔的回旋余地。

第五节 实施藏粮于地战略的路径分析

本章第二、三、四节分别定性分析了实施藏粮于地战略的潜力、韧性和回旋余地,本节在前文基础上基于调查问卷数据和结构方程模型分析实施藏粮于地战略的具体路径,深入探索影响藏粮于地战略实施诸多因素之间的关系。

一、问卷设计

本问卷从我国实施藏粮于地战略的潜力、韧性和回旋余地三方面设计。根据前文的定性分析每个方面设计 6 至 9 个问卷题目,受访者信息包括了受访者的性别、学历和年龄。具体问卷题目见表 8.11。

表 8.11　我国实施藏粮于地战略的潜力、韧性、回旋余地问卷题目

编号	题目分类	题　　　目
A1	受访者信息	您的性别是(　　)A. 男　B. 女
A2	受访者信息	您的年龄段是(　　)A. 30 岁以下　B. 31—40 岁 C. 41—50 岁　D. 51—60 岁　E. 60 岁以上
A3	受访者信息	您的学历是(　　)A. 初中及以下　B. 高中　C. 大专 D. 本科　E. 硕士及以上
B5	藏粮于地成效	我国耕地总量较大

编号	题目分类	题　　　目
B6	藏粮于地成效	我国耕地足以养活中国人口
B7	藏粮于地成效	当前我国农业结构调整取得初步成效
B8	藏粮于地成效	我国粮食产量较高
C9	潜力	我国耕地质量具有较大提升潜力
C10	潜力	我国农作物产出水平仍有提升潜力
C11	潜力	我国农业政策实施效果有较大的提升潜力
D12	韧性	当前我国农业种植结构不够合理
D13	韧性	我国耕地面积呈现下降趋势
D14	韧性	粮食进口对国内粮食市场有一定负面影响
D15	韧性	国产大豆种植受进口大豆影响较大
D16	韧性	政府应该积极扶持国产大豆种植
E17	回旋余地	我国农业科技水平提升空间仍然很大
E18	回旋余地	改革开放以来我国农业防灾减灾抗灾害能力显著改善
E19	回旋余地	"一带一路"倡议为稳定我国粮食进口创造了有利条件
E20	回旋余地	"一带一路"倡议为我国开展国际农业合作创造了有利条件

本问卷多数题目为正向计分,问卷平均得分越高越有利于增强耕地保护成效。问卷 D12、D13、D14、D15 为反向计分题目,运用 SPSS 软件对这些问卷进行重新编码,将反向计分的问卷数据转化为正向计分后进入模型。具体方法是将反向计分问卷中的 1、2、3、4、5 分别转换为 5、4、3、2、1,然后问卷数据进入模型参加运算。

潜力、韧性与回旋余地,从不同维度阐释藏粮于地的主要影响因素,共同决定了藏粮于地的成效。耕地利用的潜力、韧性与回旋余地之间,存在密切的联系,各自有侧重点,同时又有内在的一致性。

基于耕地利用的潜力、韧性与回旋余地分析框架,本书提出以下理论假设:

假设 H1:耕地利用的韧性越强,则耕地利用的成效越好。

假设 H2:耕地利用的潜力越大,则耕地利用的成效越好。

假设 H3:耕地利用的回旋余地越广,则耕地利用的成效越好。

假设 H4：耕地利用的潜力越大，则回旋余地越广。

二、数据收集

问卷样本量的确定分两步进行。为检验问卷设计效果，预调查共计发放 600 份问卷，回收有效问卷共计 594 份，回收率为 99%。为得到各省份的精确估计，以各省份人口数为子总体，分别确定抽取样本数。公式为：

$$n_1 = \frac{z^2 \times \hat{P} \times (1-\hat{P})}{e^2}, n_2 = n_1 \times \frac{N}{N \times n_1}, n_3 = Deff \times n_2, n = \frac{n_3}{r}$$

置信度为 95%，$\hat{P}=0.87$，N 为各省人口总数，Deff 为设计效应因子，本书为简单随机抽样，Deff=1，r 为回答率，根据已收集样本，r=0.99。e 为误差限，本文要求误差限为 ±0.1。将 31 个省算出的样本数进行加总。根据中国 31 个地区人口规模和分层抽样结果，确定的问卷最低份数为 1336 份，具体计算公式见徐映梅、张海波、孙玉环（2018）[①]。31 个省份分层抽样样本量的确定权重由各省的粮食产量在全国产量的比重确定。共发放 1400 份问卷，回收有效问卷 1382 份，回收率为 98.7%。

三、统计描述

本问卷统计描述结果见表 8.12。表 8.12 从性别、教育程度等方面进行汇总。

表 8.12　样本对象的描述性统计

题项	内容	人数	占比（%）
总数	题项	1382	100%
性别	男	659	47.7
	女	723	52.3
年龄	30 岁以下	36	2.3
	31—40 岁	116	8.4
	41—50 岁	539	39
	51—60 岁	682	49.3
	60 岁以上	9	0.7

---

① 徐映梅，张海波，孙玉环. 市场调查理论与方法. 高等教育出版社，2018.

题项	内容	人数	占比(%)
	初中及以下	620	46.3
	高中	391	29.2
教育程度	大专	218	15.8
	本科	58	4.2
	硕士及以上	95	6.9

由表 8.12 可知,被调查对象的性别比例基本持平,不会使样本产生明显的偏误。年龄在 60 岁以上的比例为 0.7%,避免年龄过大对问卷的理解偏差;调查样本年龄在 51—60 岁共有 682 人,占总体的 49.3%;调查样本年龄在 41—50 岁共有 539 人,占总体的 39%,符合实际情况:41—60 岁的人群是种粮主体人群。抽取样本符合实际情况,这使得研究结果更具有可靠性。从教育程度分布来看,初中及以下占比 46.3%;教育程度越高,样本占比越少;符合农民为种粮主体人群的特征。由样本对象的描述性统计可知,样本的性别结构、年龄结构和教育结构都与研究问题相符合,可以进行进一步的研究。

四、模型构建

结构方程模型(structural equation model)的本质就是一般线性模型的拓展。是根据对变量协方差矩阵的分析,对各个变量之间关系进行描述的一种综合统计方法。

本书主要运用结构方程模型分析我国藏粮于地的具体路径和影响因素。影响因素可以归结为韧性、潜力和回旋余地三个方面。但是,藏粮于地的韧性、潜力与回旋余地之间的内在逻辑关系无法直接观测。结构方程模型非常适合用来探索韧性、潜力、回旋余地与藏粮于地成效之间的潜在关系。

结构方程模型包括测量模型和结构模型。测量模型描述的是潜变量和指标之间的关系,结构模型描述的是潜变量之间的关系,综合了传统的路径分析和因子分析。

按照 Bollen(1989),SEM 模型的数学表述如下:

$$\eta = B\eta + \Gamma\xi + \zeta \cdots\cdots(1)$$
$$y = \Lambda_y\eta + \varepsilon \cdots\cdots(2)$$
$$x = \Lambda_x\xi + \delta \cdots\cdots(3)$$

其中,η 表示"内生潜变量";ξ 表示"外生潜变量";ζ 表示随机项向量。

方程(1)是结构模型,表示了潜变量之间的线性关系。y 和 x 都是可观测变量,分别是内生潜变量 η 和外生潜变量 ξ 的观测变量。ε,δ 都是随机向量。方程(2)和(3)是测量方程。方程中的参数矩阵 $B,\Gamma,\Lambda_y,\Lambda_x$,以及 3 个随机项向量的协方差阵,在一定条件下可以用极大似然法估计出来。

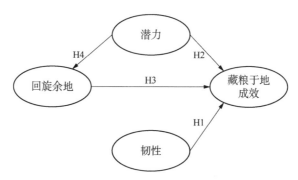

图 8.8　耕地利用影响因素的结构方程模型

本书所收集问卷数据采用 SPSS 26 软件进行统计分析。采用 AMOS 22 软件分析进行模型假设的验证和结构方程分析,潜在变量为耕地利用的韧性、潜力和回旋余地,具体见图 8.8。各潜在变量的观察变量见表 8.11,耕地利用影响因素的结构方程模型见图 8.8。

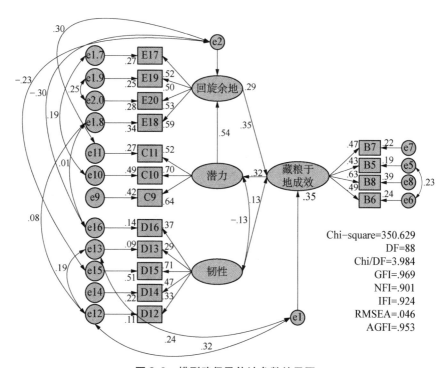

图 8.9　模型路径及估计参数结果图

五、实证结果及分析

(一)信度和效度检验

信度检验。对本书量表信度的检验可以根据 Cronbach's α 值。一般认为,Cronbach's α 系数小于等于 0.5 时,没有研究价值;系数大于 0.5、小于等于 0.7,可以采纳;系数大于 0.7、小于等于 0.9,信度高;系数大于 0.9、小于等于 1,信度很高。运用 SPSS 26 计算量表总体的 Cronbach's α 值为0.694,再分别计算各潜变量的 Cronbach's α 值,结果显示均大于 0.55,这表明量表信度符合标准。

效度检验。借助 SPSS 26.0 和 AMOS 22.0 软件,采用 AVE、CR 和因子负荷检验样本的收敛效度。因子负荷量均通过了 1% 的显著性检验。80% 的标准化因子负荷量均大于 0.4,由于问卷具有创新性,因此问卷的CR 可取范围放宽至 0.55 以上。分析表明问卷具有较好的收敛效度,具体结果见表 8.13。

表 8.13　收敛效度分析结果

变量	测量题项	标准化负荷量	非标准化负荷量	S. E.	t-value	P	SMC	α 值	CR	AVE
藏粮于地成效	B5	0.433	1				0.187	0.616	0.578	0.259
	B6	0.488	1.098	0.092	11.933	＊＊＊	0.238			
	B7	0.467	0.801	0.088	9.08	＊＊＊	0.218			
	B8	0.627	1.353	0.122	11.113	＊＊＊	0.393			
潜力	C9	0.644	1.447	0.114	12.707	＊＊＊	0.415	0.649	0.654	0.39
	C10	0.697	1.332	0.097	13.777	＊＊＊	0.486			
	C11	0.519	1				0.269			
韧性	D12	0.334	1				0.112	0.560	0.557	0.213
	D13	0.292	0.933	0.126	7.397	＊＊＊	0.085			
	D14	0.465	1.486	0.175	8.475	＊＊＊	0.216			
	D15	0.715	2.226	0.299	7.454	＊＊＊	0.511			
	D16	0.374	1.027	0.14	7.334	＊＊＊	0.14			

变量	测量题项	标准化负荷量	非标准化负荷量	S. E.	t-value	P	SMC	α值	CR	AVE
回旋余地	E17	0.522	0.831	0.066	12.49	＊＊＊	0.272	0.654	0.617	0.287
	E18	0.586	1				0.343			
	E19	0.5	0.838	0.068	12.312	＊＊＊	0.25			
	E20	0.533	0.847	0.067	12.644	＊＊＊	0.284			

注：＊、＊＊、＊＊＊分别代表10％、5％、1％的显著性水平，下同。

如表8.13所示，平均萃取变异量表示潜变量本身的聚合程度，而潜变量之间的相关系数则表示潜变量之间的相关程度，当潜变量的平方根与其他潜变量的相关系数相比是最大时，说明样本具有良好的区别效度。由表8.14可知，潜变量韧性的AVE的平方根为0.462，纵向同与其他潜变量的相关系数（−0.13、−0.07、0.059）相比为最大。同理，潜力、回旋余地和藏粮于地成效的AVE的平方根分别为：0.624、0.536、0.509，在表格纵向比较中最大。因此表明量表设计的区别效度良好。量表采用了李克特量表中的五级量表，进行了预调研并参考专家意见对量表进行了删减和修改，形成藏粮于地成效的影响因素测量量表，因此量表具有良好的内容效度。

表8.14 区别效度检验检验结果

变量	韧性	潜力	回旋余地	藏粮于地成效
韧性	0.462			
潜力	−0.13	0.624		
回旋余地	−0.07	0.541	0.536	
藏粮于地成效	0.059	0.498	0.52	0.509

（二）模型适配度检验

量表通过了信度和效度检验，可以进一步做结构方程分析。运用AMOS 22.0软件进行结构方程模型分析，对模型反复进行验证及修正，模型估计结果如表8.15所示。由表8.15可知，卡方除以自由度（CMIN/DF）为3.984，略高于3且小于5，在可接受范围内。模型的RMSEA小于0.5，适配良好。模型的绝对适配度指数大于0.9。增值适配度指数分别为0.924、0.900和0.923，大于0.9。简约适配度指数PCFI和PNFI分别为0.677和0.661，均大于0.5。这些指标均达到良好水平，表明模型拟合效果良好。

表 8.15　模型适配度检验结果

指标	拟合的标准或临界值	模拟拟合值	指标	拟合的标准或临界值	模拟拟合值
CMIN/DF	$1 <$ CMIN/DF < 5（可接受）	3.984	TLI	TLI>0.9	0.900
RMSEA	RMSEA<0.05（适配良好）	0.046	CFI	CFI>0.9	0.923
	RMSEA<0.08（适配合理）		PCFI	PCFI>0.5	0.677
IFI	IFI>0.9	0.924	PNFI	PNFI>0.5	0.661
GFI	GFI>0.9	0.923	AGFI	AGFI>0.9	0.953

（三）结构方程模型估计结果

基于问卷收集数据，使用 AMOS 22.0 软件构建结构方程模型，对藏粮于地成效影响因素进行分析。分析结果见表 8.16 和图 8.9（不显著路径已删除）。

表 8.16　模型估计结果

变量关系	标准化系数	t-value	P	S. E.
潜力→回旋余地	0.541	10.885	＊＊＊	0.057
回旋余地→藏粮于地成效	0.354	5.86	＊＊＊	0.056
潜力→藏粮于地成效	0.323	4.68	＊＊＊	0.074
韧性→藏粮于地成效	0.126	2.852	＊＊＊	0.061

由表 8.16 和图 8.9 可以得出如下结论：

（1）韧性对藏粮于地成效具有显著的正向影响。从标准化系数来看，韧性对藏粮于地成效的影响最小。韧性的观测变量对韧性都具有显著的正向影响，其中标准化系数最大的是题项 D15，说明我国大豆种植的可调节空间对于韧性影响较大。验证了理论假设 H1，即耕地利用的韧性越强，则耕地利用的成效越好。

（2）潜力对藏粮于地成效具有显著的正向影响。从标准化系数来看，潜力对藏粮于地成效影响较大。潜力的观测变量对潜力影响为正，且影响程度较大，尤其是题项 C9 和 C10，说明我国耕地质量和农作物产出水平对潜力有较大影响。验证了理论假设 H2,即耕地利用的潜力越大,则耕地利用的成效越好。

（3）回旋余地对藏粮于地成效具有显著的正向影响。从标准化系数来看,回旋余地在藏粮于地成效的影响因素中影响程度最大。并且回旋余地观测变量对回旋余地都具有中等程度的显著正向影响。藏粮于地成效的观测变量对藏粮于地成效都具有中等程度正向影响,且皆通过了 1% 的显著性检验。这验证了理论假设 H3,即耕地利用的回旋余地越广,则耕地利用的成效越好。

（4）潜力不但对藏粮于地成效具有直接影响,还通过回旋余地对藏粮于地成效具有间接影响。并且从标准化系数来看,潜力对回旋余地具有中等程度的正向影响,且通过了 1% 的显著性检验。这验证了假设 H4,即耕地利用的潜力越大,则回旋余地越广。这意味着增强潜力不但可以直接增强藏粮于地成效,也可以间接增强藏粮于地成效。

（5）潜力和韧性之间相互影响。由图 8.9 可知,潜力和韧性相互影响的标准化系数为 -0.13,这表明潜力和韧性都对彼此有着较小的负影响。

（6）从对耕地利用成效的影响看,回旋余地的路径系数最大,其次是潜力和韧性。这说明回旋余地对耕地利用成效的影响最大;潜力对耕地利用成效的影响很大;韧性对耕地利用成效的影响较大。

六、研究结论

基于问卷数据和韧性、潜力、回旋余地分析框架,运用结构方程模型分析了我国耕地利用的路径和影响因素。问卷数据覆盖中国大陆 31 个省(区、直辖市),问卷具有较强的代表性和效度。韧性、潜力、回旋余地分析框架,可以有效地分析我国耕地利用的路径和影响因素。理论和实证分析均表明,增强藏粮于地的韧性、挖掘藏粮于地的潜力、拓宽藏粮于地的回旋余地,可以提高藏粮于地的成效。实证结果说明,耕地数量和质量、种植结构、农业政策、粮食进口、国际合作等因素,对耕地利用成效有重要影响,这些因素之间存在路径依赖。

韧性、潜力、回旋余地从不同维度总结了我国藏粮于地的路径和影响因素。我国藏粮于地的韧性,主要受中国耕地面积、粮食种植结构、粮食进口等因素影响。藏粮于地的潜力,主要受耕地质量、作物产出水平、农业政策实施效果等因素影响。藏粮于地的回旋余地,主要受中国防灾减灾能力、"一带一路"倡议等因素影响。

韧性、潜力、回旋余地之间的逻辑关系部分确定,部分不确定。从结构方程模型的估计结果看,潜力与回旋余地存在正向相关关系。增强潜力,有利于扩大耕地利用的回旋于地,进而提高耕地利用成效。潜力与韧性存在较弱的负向相关关系。这可能是因为,与韧性相关的问卷题项,如粮食种植结构不合理(D13),耕地面积呈现下降趋势(D14)等,属于消极因素,降低了耕地利用潜力。模型结果显示,韧性与回旋余地之间有明确的路径系数,逻辑关系不够确定。

根据上述分析,政策启示是:

尽量降低粮食进口对国内市场的负面影响,是增强耕地利用韧性的重要途径。时间上,坚持粮食有序进口,防止冲击国内市场。数量上,坚持以需求缺口为度,避免过度进口粮食。价格上,以低价进口为上,避免高价买入。坚持粮食进口市场多元化策略,分散价格风险。在当前疫情冲击、俄乌冲突引发全球粮食市场波动背景下,更需要降低粮食进口对国内粮食市场的冲击。

积极提高耕地利用潜力。从模型实证结果可知,耕地潜力是影响中国藏粮于地成效的关键因素。继续推进高标准农田建设,持续提升耕地质量。完善耕地占补平衡制度,严格控制耕地数量,坚守 18 亿亩耕地红线。有序开发国内耕地后备资源,有利于缓解国内耕地保护和利用的压力。依靠农业科技进步,提高农业综合生产能力。完善农业支持政策,增强农业政策实施的成效。多途径增加农民收入,提高农民种植粮食的积极性。

借助"一带一路"倡议,开展国际农业合作,可以拓展我国藏粮于地的回旋余地。开展国际农业合作,要坚持平等协商、绿色发展、互利共赢的原则。一是发挥各自优势,促进粮食科技合作。世界各国在粮食科技方面的优势各不相同,通过国际技术合作发展各自技术优势,可以实现双赢。二是挖掘国际耕地资源,开展粮食种植合作。这有利于我国扩展粮食进口来源,也有利于促进东道国农业发展。

第九章　实施藏粮于地战略的国际经验借鉴

本章主要阐述实施藏粮于地的国际经验借鉴。具体借鉴国家包括美国、日本、韩国、巴西等，以此探索适合我国耕地保护和利用的模式，有利于实施藏粮于地战略。

第一节　部分国家的经验

一、美国市场主导的耕地利用模式

美国农业发展高度市场化，远远领先于其他国家。这一方面得益于地广人稀的自然条件、现代化的科学技术和管理水平，另一方来自于对耕地这种稀缺资源的集中垂直管理。美国建立了多层次的耕地保护体系，有很多值得借鉴的地方。

（一）法律法规

美国耕地保护的法律分为联邦宪法和地方法律法规，尽管美国各个州具有一定的自主权，但是在制定法律法规时，一般都会与联邦宪法相协调或者呼应，联邦亦是如此，从而形成了比较完善的法律体系。

美国政府为保护耕地资源不被用作城市开发利用，制定了比较严格的法律法规规范土地的使用，通过立法的形式限定土地规划用途，例如"划定城市拓展界限"，禁止越线，增加占用耕地的难度，防止耕地被用于非农业用途，从而起到保护耕地的作用；例如 20 世纪 80 年代颁布的《农地保护政策法》、1996 年颁布的《联邦农业发展改革法》、2002 年 5 月 13 日颁布的《2002年农业安全与农村投资法案》《联邦土地政策和管理法》《水土资源保护法》《国有草地牧场改良法》《农业食品法》等等。

《国家计划：作物生产 305》（NP305）的任务是提高美国农业作物的生产

力、效率和可持续性,确保食品、纤维、饲料、装饰和为国家提供经济作物。NP305 是致力于解决农业生产面临的挑战。由于能源、水、营养、害虫管理和劳动力等投入成本在增加,需要新的技术和方法来维持和提高美国的作物生产,这些技术必须是资源节约型、环境友好型和可持续发展型的。该项目第一期是 2013—2018 年,第二期是 2018—2023 年。[①] 综合可持续作物生产系统是其中的子项目之一,研究目标是优化生物因素(例如,植物、害虫和有益生物),物理因素(如土壤、水、阳光和营养物)及从单个工厂到整个农业的适当规模的机器景观。研究内容包括传统的高投入生产农业、低投入系统、垂直系统、有机系统和新作物。所有类型的农业企业和作物,包括田地、温室、果园和葡萄园生产平台都被考虑在内。

制定行政法规。通过制定行政法规限制各个区域的用途,例如可以规划农业区域、城市建设区、工业区等等。对具有美学价值的景色、事关社会公共利益的区域采用征用补贴等行政管理手段保护土地。提高人们的耕地保护意识,宣扬生态保护、土地节约等不可再生资源的理念。鼓励各种组织参与到耕地保护中,提高全民耕地保护意识。

(二)经济手段

虽然美国地广人稀,人均耕地资源丰富,但是美国对耕地保护的经济支持力度很大。主要包括以下两条措施:

一是设立土地银行,为农民提供长期的低息贷款。众所周知,长时间使用耕地或者环境遭到破坏都会降低土壤的肥力,从而影响粮食产量,进而影响农民的收入,为防止农民耕地积极性的下降,政府主动承担改良土地的责任,为农民提供低于市场利息的长期贷款,减轻农民的经济负担。

二是完善税收措施。主要包括:对值得保护的农地优惠征税,对保留农业用途的农地退税、减税,对土地保护地役权捐赠者减免税收,对非营利性信托机构进行税收减免,对耕地承包经营权的捐赠者和社会捐款者给予税收减免。税收的减免能够间接增加农民的收入,弥补耕地的低收益,缩小社会贫富差距,提高农民耕地的积极性,免税措施的实施能够激励非营利性信托机构、耕地承包经营权的捐赠者和社会捐款者参与到耕地保护行动中。

(三)耕地信托保护组织

美国是欧美国家中耕地信托保护发展最快也是最成功的国家,目前包含全国性、区域性和地方性土地信托组织三种类型。美国耕地信托保护作

---

① 资料来源:美国农业部。https://www. ars. usda. gov/crop-production-and-protection/crop-production/.

为一种公益性免税组织,具有完善的经营管理体系和选择保护计划,其目的是保护耕地和生态环境,维护公众利益。

耕地信托保护的经营模式是土地信托组织通过购买、接受捐赠等各种方式获得的耕地,只保留对耕地使用的监管权,将耕地的所有权、经营管理权全部转让给"公共中介或规模更大的国家保护组织",由其负责经营耕地。耕地信托保护的方式主要有:耕地所有者的捐赠耕地,需要耕地所有者的奉献精神、耕地保护才能实现;用政府资助、民间捐赠等资金购买耕地所有权,需要与地价相匹配的政府支持和民间捐赠资金;耕地所有者无偿、有偿转让耕地发展权,这需要耕地所有者具有强烈的耕地保护意识。

(四)休耕制度

虽然美国地广人稀,但是美国依然重视土地和生态环境的发展,历史表明,美国的耕地面积经历了先减少后增加的变化趋势,美国耕地面积的增加也得益于美国的休耕制度。

美国的休耕制度最早源于 1930 年,当时为了防止生态环境的破坏和耕地面积的减少,将休耕颁布为一项基本农业政策,并实施一系列法案加以保障。随后根据国际粮食价格以及国内耕地面积、生态环境的变化,做出一系列的调整措施,并将休耕具体事宜落实到美国农业部农场管理局、农业部自然资源保护局等相关部门。休耕制度一方面改善了水质,减少了水土流失,保护了生态环境的发展,另一方面减缓了土壤中营养物质的流失速度,提高了土壤质量,为粮食生产作出重要贡献。美国休耕制度的历史演变,具体如表 9.1 所示。

表 9.1 美国休耕制度

时间	休耕制度的历史演变
1930 年	将土地休耕制定为一项基本农业政策
1933 年	先后颁布了《保护调整法案》《农业保护计划》
1956 年	启动休耕期限为 3—10 年的耕地休耕项目——土地银行项目
1985 年	设立了休耕期限为 10—15 年的"土地休耕保护计划"
2018 年	美国农业法案的不断完善为休耕制度提供了法律保障

我国人多地少的国情短时间内难以改变,粮食安全还依赖于现有的土地,在全国范围内肯定是无法推广实现休耕制度,但是由于我国土地长时间的利用,土地得不到休息,土壤肥力难以恢复的情况是客观存在的。通过美国耕地面积先下降后上升的变化来看,休耕制度还是可以实施的,可以通过

在部分粮食生产区进行小范围试点,如果措施可行,再在全国范围内进行推广。

二、日本生态农业为主的耕地保护模式

日本和我国都处于亚洲东部地区,在资源禀赋结构、人均资源拥有量、劳动力资源的丰富度等方面都有相似之处。日本作为一个岛国,在耕地资源非常稀缺的情况下,通过完善的土地法律体系、灵活的土地管理手段、与时俱进的土地管理政策,实现了农业集约、高效发展。本节主要介绍日本国内生态农业模式的演变、耕地保护制度的完善和海外屯田的历史经验。

(一) 生态农业模式

日本农业进入现代化发展后,农业方面存在农业人口老龄化、耕地面积减少、耕地面积破碎化以及农业生态环境污染等突出问题亟需解决。为保护农业的可持续发展,保障国家粮食安全的稳定,日本根据当时经济发展和生产力的要求,提出生态农业发展模式,并颁布法律文件保证生态农业模式的顺利实施和推广。

表9.2反映了日本生态农业模式的发展历程。日本先后提出化肥和农药减量型农业、废弃物再生利用型农业、稻作生态农业模式、有机农业模式和有别于传统生态农业模式的新型生态农业模式——“美多丽”。日本在推广生态农业时,采用循序渐进的发展模式,让农民先接受生态农业的发展理念,再充分调动农民的积极性,在全国普及生态农业经营模式,既保护了农业生态环境,又能节约耕地资源,实现耕地资源的最大化利用。

表9.2　日本生态农业发展历程

时间	发展模式	核心	法律文件	取得成果
1955—1957	化肥和农药减量型农业	减少化肥和农药的使用量	《农药取缔法》	生态农业的理念逐渐得到发展
1968年	废弃物再生利用型农业	推广使用秸秆还田以及生物肥料	《肥料管理法》	节约资源,保护生态环境
20世纪80年代后	稻作生态农业	稻作—畜产—水产三位一体; 家禽—稻作—沼气		稻作共生的生态理念深入人心

时间	发展模式	核心	法律文件	取得成果
1991 年	有机农业	完全遵循自然规律及自然生态花园理念	《新的食物农业农村政策方向》	保持生物多样性平衡
2001—2016 年	"美多丽"生态农业	水土资源的精细管理与利用		开发多功能农业

（二）耕地保护制度的完善

日本除了生态农业的发展模式值得我们借鉴外,其耕地保护制度的变迁也值得我们学习。如表9.3所示,日本为珍惜稀少的耕地资源,依据国内的农民耕地的积极性,采取与之相匹配的措施和法律,保障耕地利用最大化地实现。

表9.3 日本耕地保护制度变迁

时间	文件	核心内容
1945 年	《自耕农创设特别措施》	保护农地耕作者土地权利
1949 年	《土地改良法》	规定了土地改良实施主体资格
1952 年	《农地法》	加强农地管制,保证农民拥有一定数量的土地
20 世纪 60 年代	《农地法》的修订	放宽土地流转条件
1980 年	《增进农用地利用法》	促进土地的流转、鼓励土地集中经营
1989 年	《增进农用地利用法》修订	明确土地流转方向和改善农业结构目标
1993 年	《农业经营基础强化促进法》	全面加强农业经营基础
1999 年	《食物・农业・农村基本法》	支持农业集约经营,确保耕地充分有效利用
2001 年	《土地征收法》修订	保证被征地农民知情权、参与权和异议权
2015 年	《食物・农业・农村地区基本大纲》	农业可持续发展,确保有效利用农田和食物供给稳定
2020 年	食物・农业・农村地区基本大纲	采取产业政策和区域政策确保食物自给率和粮食安全等

2020 年的《食物·农业·农村地区基本大纲》提出,食物自给率由 2018 年的 25％逐渐提升到 2030 年的 34％。农业可持续发展措施包括全面评估粮食安全、促进农业企业发展、确保耕地安全、推进环境政策等。[①]

(三) 海外屯田经验

由于日本农业资源的紧缺,粮食自给率不足 40％,日本在通过各种措施提高粮食产量的同时,也在探索海外进口。日本选择性地参与到农产品产业链的某一个环节中去,一方面生产出来的农产品经过自己的参与,不用担心质量安全;另一方面防止整条产业链被外资占据,也防止本国粮食安全受到控制。在不影响本国粮食安全的前提下,海外屯田是一种正确的选择。

日本海外屯田时更看重长远利益和长期目标,例如在实施国家间援助项目时,会结合本国农产品需求,从而选择既能够帮助发展中国家发展农业又能够增加本国农产品供给的项目。

日本企业有强烈的风险规避意识。在进行对外土地投资时,日本企业一般会采取和当地企业或者其他国家的跨国公司合股的方式降低海外屯田的风险。如果和当地企业合股,通常是当地企业出地,日本公司出资金和技术。如果海外投资不仅仅在农业上,企业往往会采用多元化经营方式分散风险。

日本政府积极为企业提供风险规避服务。日本政府为企业提供完善的保险服务,以应对突发事件的发生;一旦海外屯田出现纠纷,日本政府将通过外交和经贸协定为本国企业带来政治保护和避免不必要的损失。日本很多跨国公司,像日本三井物产株式会社、日本佐竹公司等大型跨国公司经营范围广泛、海外分支机构遍布、海外项目众多,在国际上具有很强的影响力,为今后的海外屯田铺平道路。

(四) 适时的农业经营体

20 世纪 60 年代后,随着日本工业化和城市化快速发展,大量年轻人远离农村,涌向大中型城市,导致农村年轻劳动力大幅度减少,农村土地出现无人耕种的问题,为改善这一情况,日本实施宽松的土地流转机制,允许扩大土地经营规模,职业农民因此出现。随着土地生产和经营方式的改革,职业农民的专业素养也在不断提升。如表 9.4 所示。

[①] 资料来源:日本农林水产省网站。https://www.maff.go.jp/e/policies/law_plan/index.html.

表 9.4　日本经营体的变化

时间	土地改革	经营体的变化
20 世纪 60 年代后	农村土地由集中到分散	职业农民出现
1980 年	农村土地由分散到集中	农协组织、作业委托和农业合作组织
1992 年	明确土地流转方向和改善农业结构	首次提出了"农业经营体"的概念
1993 年	全面加强农业经营基础	认证培育农户,促进职业农民培养
2021 年	支持农业经营实体发展	农业个体经营实体占据主流但数量下降,公司制实体数量增加

2021 年,日本针对 90 后和 00 后群体开展"食物"转换运动,通过电视节目等多种途径让更多民众关注农业和食物的联系。同时开展"一半农民,一半工作"计划,吸引不同行业的人参与农业,弥补日本农业劳动力的匮乏。[①]

三、韩国政策引导的耕地保护模式

2021 年韩国耕地面积为 1547 千公顷,韩国现有人口约 5174 万人,人均耕地面积约为 0.03 公顷(约合 0.45 亩),是世界人多地少、土地资源紧缺的国家之一。[②] 因此韩国特别重视耕地的利用和保护。作为人均土地资源拥有量相似的国家,韩国对耕地的保护措施对我国藏粮于地战略的实施具有十分重要的借鉴意义。

(一)灵活的政策选择

韩国土地制度的改革起源于 20 世纪 50 年代,其先后经历了四大改革阶段,分别是农村土地私有制改革阶段、农村土地扩张与开发阶段、农村土地合理规划阶段和农村土地政策完善和提升阶段。各个阶段的改革政策详见表 9.5。

在不同的改革发展阶段,围绕其发展目标,制定了一些与之相适应的法律法规,其中 20 世纪 70 年代以后的土地改革称之为"新村运动",也是土地制度改革比较成功的典范。

---

① 资料来源:日本农林水产省. 日本农业、食物和乡村年度报告(2021).
② 资料来源:韩国统计局网站 2021 年人口普查数据和农业调查数据. http://kostat.go.kr/portal/eng/pressReleases/2/2/index.board.

表9.5　韩国土地改革制度的变迁历程

时间	发展阶段	政策文件
1945—1966 年	农村土地私有制改革阶段	《农地改革法》《公有水面填埋法》《开垦促进法》《山林法》《城市规划法》《土地征用法》《建筑法》《国土建设综合规划法》《出口工业区域开发法》《土地区划整理事业法》等
1967—1976 年	农村土地扩张与开发阶段	《农业基本法》《农耕地形成法》《酪农振兴法》《公园法》《草地法》《地方工业开发法》《农村近代化促进法》《水产品出口振兴法》《关于农地保护与利用法》《国土利用管理法》《住宅建设促进法》《山地开发法》《产业基地开发促进法》《观光区域开发促进法》《农地扩大开发促进法》《地籍法》《城市再开发法》等
1977—1986 年	农村土地合理规划阶段	《环境保护法》《住宅建设促进法》《工业配置法》《关于特定地区综合开发促进的特别措施法》《宅地开发促进法》《山林法（61 版全面修编）》《首都圈整治规划法》《农渔村产业开发促进法》《农地租赁借贷管理法》
1987 年至今	农村土地政策完善和提升阶段	《内地开发促进法》《关于地价公示及土地等的评价法》《土地管理与地域均衡开发特别财政法》《关于工业配置及工厂设置法》《产业布局与开发法》《农渔村发展特别措施法》《农渔村振兴公社及农地管理基金法》《环境亲和型农业培育法》《农村建设计划》《国土基本法》《关于国土规划及利用的法律》

　　自 2011 年起,韩国通过养老金计划每月支付生活费,以农田为抵押,保障老年农民(65 岁及以上,5 年农业经验)的稳定退休。利用作物损害保险和农场灾害保险保护农场和农业活动免受损失。[①]

　　为缓解城乡土地矛盾,实施耕地保护相关法律,例如《农村近代化促进法》《国土利用管理法》等。为促进经济发展,实施新的土地规划,例如《关于特定地区综合开发促进的特别措施法》《宅地开发促进法》等。为实现国土全面发展,制定了新的规划体系,例如《环境亲和型农业培育法》《农村建设计划》。这些法规对于合理规划农村土地起到了积极作用。不同发展阶段,土地管理政策各有所侧重。

(二)循序渐进模式

　　从表9.5 统计中,可以知道,韩国的土地改革具有典型的阶段性和时代

[①]　资料来源:韩国农业、食品和农村部网站。https://www.mafra.go.kr/english/index.do.

性特征。从 1967 年到 1976 年,韩国耕地细碎化的问题比较突出,为解决耕地细碎化问题,出台了一系列措施,主要内容包括鼓励相邻耕地规模化经营、提供相配套的农田水利与道路等公共设施、推广现代经营理念等。从 1977 年到 1986 年,在实现土地规模化经营的基础上,开始追求农业和生态环境的协调发展。从 1987 年开始,耕地保护的重心开始向土地的整治管理转移,目标是改善经济不发达地区土地的管理情况,保障全国耕地均衡发展。

韩国在多地积极推广大规模农业计划(Mass Agricultural Development Project)。该项目的目的是通过河流区域化、土地整理、改善排水和开垦,全面改善农业生产基础,提高农业生产力。例如在韩国金刚区适合农业的地区,项目实施周期为 2021 年至 2031 年,2021 年投入 4146 亿韩元。①

四、英国法规约束的耕地保护模式

英国是人口密度较高、耕地面积较少的土地私有制国家,工业化时期的快速发展使得土地被过度开发使用,造成耕地资源减少、生态环境破坏等问题,二战后为改善农业发展情况,才开始重视耕地的保护,主要实施的方法有制定保护耕地法律政策、建立耕地的定级分类系统等等。

(一) 环保型农业政策

从 20 世纪 80 年代开始,英国制定《农业法》实行环保型农业政策,其目的是提高农村环境质量、保护耕地和发展农村经济。环保型农业政策致力于保护乡村景观,同时兼顾城市结构的发展,提供有效的城市基础设施。

从 2004 年开始实行国家层—区域层—地方层的规划体系,其目的是促进农业的可持续发展,利用政府职能和全体人民的广泛参与,保护耕地不受破坏。

北爱尔兰可持续农业土地管理战略于 2016 年开始启动,主要内容是如何以同时提高农业收入和环境绩效的方式实现"追求增长",并专门解决农业氨问题及其对北爱尔兰自然和敏感环境地点的影响。②

2020 年的英国农业法案(Agriculture Act 2020)明确对农民改善土地的行为基于资金支持,监测化肥施用,采取措施应对气候变化。③

(二) 耕地的定级分类系统

英国制定了农业用地分类系统(Agricultural Land Classification)。农

---

① 资料来源:韩国农业、食品和农村部网站.
② 资料来源:英国农业、环境和乡村事务部网站.
③ 资料来源:英国国家档案馆网站。https://www. legislation. gov. uk/ukpga/2020/21/section/33/enacted.

业用地分类(ALC)是英格兰和威尔士使用的一种系统,用于根据物理或化学特征施加长期限制的程度对农业用地质量进行分级。它用于为影响新建场地的规划决策提供信息。该系统将土地分为五个等级:

1级:质量优良的农业用地,没有或非常小的限制。

2级:质量非常好的农业用地,具有轻微的限制,影响作物产量、耕作或收获。

路基 3a:具有适度限制的优质农业用地,影响作物的选择、种植/收获的时间和类型或产量水平。这片土地可以生产中到高产的窄幅农作物或中等产量的多种农作物。

路基 3b:中等质量的农业用地,具有强烈的限制,影响作物的选择、种植/收获的时间和类型或产量水平。这片土地生产范围窄的作物的中等产量,多种作物的低产量和高产量的草。

4级:质量差的农业用地,具有严重的局限性,严重限制了作物的产量范围和水平。

5级:质量非常差的农业用地,具有非常严格的限制,限制用于永久性牧场或粗放牧,偶尔的先锋饲料作物除外。

1、2级和3a级路基在当前规划系统中被认为是"最佳和最通用"的土地类别。这片土地被认为是最灵活、最高效、最能响应投入的土地,是提供未来粮食和非粮食用途(如生物质、纤维和药物)作物的最佳选择。[①]

（三）城市农村计划法

为保障土地利用的经济效益和社会效益,城市农村计划法将城市、农村都包括在内进行管理。在城市农村计划法的管理下,所有开发都必须取得规划许可,禁止私自占用土地。这一方面可以保证合理规划城市布局,增加城市的便利化发展,减少不合理布局带来的土地滥用;另一方面也可以促进农村发展,保障农村自给自足、自我平衡,防止城市化的蔓延和耕地面积的减少。

五、巴西出口导向的耕地利用模式

巴西是南美洲最大的发展中国家。总人口约 2.08 亿,其国土面积高达851.49 万平方公里,土地肥沃、降水丰沛,非常适合农业发展,农牧业可耕地面积约 27 亿亩,享有"21 世纪的世界粮仓"的美誉。巴西农业现代化发

---

① 资料来源:英国土地研究协会网站。http://www.lra.co.uk/services/agricultural-land-classification.

展以农业专业化与规模化发展为主要特征,耕地面积呈现增长趋势。借鉴巴西农业发展对我国藏粮于地、藏粮于技战略的实施,推动我国农业现代化具有较强的现实意义。

(一)农场经营规模化

受历史和城市化发展的影响,巴西农地以私有制和大农场规模化经营为主,大部分土地集中在少数大农场主手中。大农场拥有生产自主权,既能够掌握着国内市场的定价权,也能够根据市场需求,灵活作出调整,以应对国际市场的变化。假设以 100 公顷为耕地规模化经营,巴西 15% 左右的大农场掌握着全国 80% 的耕地,剩下 20% 的耕地被 85% 的小农场占有。耕地集中化为巴西农业规模化、集约化、专业化经营提供了良好的基础。

一般来讲,巴西大农场只专业生产一种农作物,例如甘蔗庄园、大豆农场、玉米农场等等,这种规模化、专业化经营提高了劳动生产率,降低了生产成本,使得巴西农产品在国际市场上更具有竞争力。

(二)坚持农产品出口导向

目前作为世界第三大粮食出口国,巴西农产品在国际市场上占据比较优势地位。与我国国情不同的是,巴西农产品主要面向国际市场,主要出口农产品有咖啡、大豆、食糖、玉米,我国就是巴西玉米的主要进口国。

巴西政府高度重视农业出口创汇,制定了一系列优惠措施,鼓励和扶持农场进行出口贸易,例如降低关税、优化农业基础设施、与其他国家签订自由贸易协定,与此同时随着国际市场需求变化,及时调整国内农业生产结构、产品结构和技术结构。作为有竞争力的出口大国,巴西对其农业部门的支持和保护水平相对较低。2000 年至 2018 年间,生产者支持占农业总收入(PSE)的比例从 7.6% 降至 1.5%。在过去五年中,PSE 的名义价值和占农业总收益的百分比都有所下降。市场价格支持(MPS)很少,国内价格几乎与国际市场完全一致。[①]

(三)坚持科技创新

巴西农业之所以发展如此迅速,科学技术的创新发挥重要的作用。目前巴西农场拥有自动化收割、播种设备。

为推动农业可持续发展,巴西采取了良好农业规范、ABC 计划等措施。ABC 计划旨在组织和规划为采用可持续生产技术而采取的行动,其选择目标是响应国家减少农业部门温室气体排放的承诺。ABC 计划由七个计划组成,其中六个涉及缓解技术,最后一个计划采取行动适应气候变化,具体

---

① 资料来源:OECD 网站,巴西 2021 年农业政策监测和评估.

包括恢复退化的牧场、作物-牲畜-森林一体化(iLPF)和农林业系统(SAF)，免耕系统(SPD)，生物固氮(BNF)，人工林、动物粪便处理、适应气候变化。ABC计划的范围是全国性的，有效期为2010年至2020年，预计不超过两年的定期修订和更新，以适应社会需求、新技术和新行动和目标。ABC计划是整合政府(联邦、州和市)，生产部门和民间社会的行动以减少农业活动和牲畜产生的温室气体(GHG)排放的工具。[①]

农业科技创新，一方面推动了农场专业化、规模化经营，实现了巴西农业现代化的发展，另一方面提高了劳动生产率，提高了农产品产量，降低了生产成本，使得巴西农产品在国际市场上更具有竞争力。这都得益于巴西长远的战略规划、完整的农业科研与推广体系。因此要想实现我国农业现代化的发展，必须加强科学技术的投入，加大我国在土壤养护、品种培育改良、农业生物技术、生物工程和作物病虫害防治的投入，这对我国藏粮于地战略的实施具有重要的意义。

第二节　主要经验启示

根据发达国家耕地保护的历史经验，可以知道，工业化和城市化发展一般都伴随着耕地面积的减少，而后期的管理方式和制度体系的完善也会影响耕地面积的变化，或增加，或减少，关键是看政府对耕地保护的措施选择和执行力度。从上面几个国家我们可以得出以下建议：

一、不断完善法律制度

耕地保护相关法律法规的实施可以对建设用地、过度开垦形成良好的制约作用。通过对美、日、韩和英四个发达国家对耕地保护的研究，我们不难看出，他们都非常重视耕地的保护，都出台和实施了一些法律制度来严格管理土地的使用和发展。

可以借鉴发达国家制定耕地保护的法律法规，精确化制定各个区域的功能定位，严格限制耕地的区域范围和种植类型，禁止耕地被滥用，这样既能提高耕地的利用率，也能实现农作物最大化效益，这对我国提高耕地质量保护，提升粮食产能，实现资源的可持续发展，保障国家粮食安全具有重要

---

① 资料来源：巴西农业、畜牧业和供应部网站。https://www.gov.br/agricultura/pt-br/assuntos/sustentabilidade/plano-abc.

的意义。

二、实施与时俱进的政策

政策的实施要与当时的社会发展情况、社会生产力相适应，从以上发达国家我们可以看出，在不同的社会发展阶段实施了不同的政策，根据社会的反馈及时对耕地保护政策作出调整。

一是土地改革政策。例如韩国，为保护稀缺的耕地资源，提高农民的积极性，先后对耕地的保护作出相应的调整，解决农地细碎化的方式也值得我国学习借鉴。目前我国也存在耕地细碎化，农民整体耕地积极性不高，导致部分地区耕地荒废等情况；土地细碎化使得无法实现土地的规模化、集约化的经营，影响耕地的使用率，我国应该学习韩国的土地改革政策，并结合我国国情，因地制宜，建立完善的土地流转机制、合理的耕地轮作制度，建设集中连片、旱涝保收、高产稳产的高标准农田。

二是保险政策。农业是一个低经济效益、高社会效益的产业，加上我国是个容易遭受自然灾害的国家，农业受天气影响比较严重，导致我国农民的收入时常不稳定，政府应该像美国和日本一样，重视农业的发展，增强农业风险意识，为农业实施与之相应的保险政策，以应对突然自然灾害的发生，影响农民收入，进而保护农民的积极性。

三是税收政策。良好的税收政策可以提高农民的积极性，可以学习发达地区针对不同的粮食产区实行不同的税收政策经验，再结合我国的发展阶段和各个省份的经济发展水平、生产力，因地制宜制定合理的政策推动农业的发展，推动藏粮于地战略的顺利实施。

四是经济政策。2014年中央农村经济工作会议强调要让农民成为最有前景的职业。各地区根据财政情况，经济投入要向农业倾斜，增加农业投入，提高农民收入和社会地位，让农民成为受人尊敬的职业。这不仅有利于提高农民种粮的积极性，缩小社会贫富差距，也有利于我国藏粮于地、藏粮于技战略的顺利实施。

三、坚持科技创新

耕地资源是有限的，如何在有限的耕地上生产足够多的粮食也是我们需要重视的一个方面。我们都知道科学技术是第一生产力，增加农业科技方面的投入对耕地质量的改善、粮食的高产稳产、粮食产能的提升起到非常重要的作用，同时有利于我国建设资源节约型、环境友好型的现代农业发展体系。

农业方面的科学技术创新包括灌溉技术、增肥技术和整治技术等方面，具体措施有：一是因地制宜完善农业科技研发和推广体系，提高农业科技研发水平，提高农作物抗旱抗涝的能力，保障粮食的高产稳产。二是改革和创新农业科技投融资体制，鼓励企业参与到农业的科技研发中。通过科学技术的创新和投入，一方面可以有效地修复耕地，改善土地质量，扩大可利用的耕地面积，提高耕地的利用率和生产力，实现土地集约经营；另一方面可以提升农作物抗旱抗涝的能力，在面对比较恶劣的环境下，也能实现粮食的高产稳产，从而实现我国高产稳产的高标准农田目标，保障国家粮食安全。

四、制定合理的土地规划

耕地是粮食生产的命根子，详细而合理的土地规划可以增加耕地的可利用面积，规模化的经营可以是实现土地的集约化经营，提高耕地的利用率。目前我国虽然有了一定的土地规划，但是我国的土地规划仅仅是根据土地的用途来分类。

相对于发达国家，我国耕地保护起步较晚。通过学习发达国家耕地保护的经验，可以少走弯路，实现我国建设资源节约型、环境友好型的现代农业发展体系的发展目标。可以学习英国的耕地的定级分类系统这种方法，对各个省的土地质量情况做一个详细的记录，包括土地质量评价、发展潜力等内容，定期更新，把耕地保护的任务细分下去，责任到人。

五、增强社会参与意识

美国土地信托组织是一个很好宣传资源危机、增加社会公众耕地保护意识的组织，尽管我国也有信托组织，但是其实际作用仅仅是中介，不是非营利性机构。这带给我们诸多启发。一是通过多种媒介手段，例如电视、广播、网络等多种途径在全国范围内宣传耕地资源的稀缺，增强全社会集体的资源节约、保护环境的意识。二是在国家财政允许的情况下，在经济水平比较发达的地区，可以发展土地信托组织试点，这是因为大城市土地资源稀缺，人群思想觉悟高，接受新知识的能力强，如果试点成功，再在全国范围内进行推广。

六、培育新型职业农民

藏粮于地、藏粮于技战略的顺利实施和保障国家粮食安全的目标实现最终都要落到农民的身上，通过日本农业的发展历史，我们可以看出农民的专业素养、职业技能也是影响耕地保护的一个重要方面。目前我国正处于城市化和城镇化加快的进程中,年轻劳动力远离农村,使得农业发展受限、农村年轻劳动力减少、农业人才紧缺问题日益明显,培育新型职业农民是一个迫在眉睫的问题。

到 2020 年底我国共有新型职业农民逾 2000 万人。[①] 这对实现我国粮食安全、实施藏粮于地战略来说,农业人才还存在很大的缺口。培育新型职业农民要结合现代农业发展的趋势和各个省份农业发展模式,培育出一批爱农业、懂技术、善经营的新型职业农民队伍。

---

① 资料来源:"新型职业农民"递增 农民职业教育培训市场规模超千亿,中国网,2021 - 05 - 21。http://edu. china. com. cn/2021-05/21/content_77515533. htm.

第十章 实施藏粮于地战略的政策建议

本章分一般情况和特殊情况阐述实施藏粮于地战略的政策建议。从新发展理念要求、路径选择、体制机制创新、特殊情况分析等方面展开分析。

第一节 新发展理念下实施藏粮于地战略的发展思路

《中华人民共和国国民经济和社会发展第十四个五年规划和2035年远景目标纲要》提出"坚定不移贯彻创新、协调、绿色、开放、共享的新发展理念""把新发展理念完整、准确、全面贯穿发展全过程和各领域"等要求。党的二十大报告提出"必须完整、准确、全面贯彻新发展理念""贯彻新发展理念是新时代我国发展壮大的必由之路"等重要论断。本节主要阐述在"创新、协调、绿色、开放、共享"新发展理念指导下如何实施藏粮于地战略。践行新发展理念,对实施藏粮于地战略提出了具体的新要求,主要内容包括依靠创新增强藏粮于地的实施效果、凭借协调促进耕地占与补辩证发展、强化绿色提高生态水平和产出质量、借助开放统筹国内和国际市场资源、通过共享满足人民小康生活的食物需求等。

一、依靠创新增强藏粮于地的实施效果

创新在国家发展中占据核心地位。贯彻"创新"发展理念,在实施藏粮于地战略方面,主要是通过创新驱动增强藏粮于地的实施效果。

(一) 以农业科技创新增强农业投入产出效果

农业科技是农业稳定发展的重要推动要素。以现代农业发展中遇到的问题为导向,通过农业科技创新驱动,解决农业发展面临的突出技术瓶颈,可以显著推进农业发展,增强藏粮于地的实施效果。

积极研发农业塑料薄膜的再利用问题,可以有效避免塑料对土地的污染。根据各地区土壤、气候、病虫害等特点,积极培育新一代农作物种子,提

高农作物产出水平和质量水平,可以从根源上提高农产品质量。当前,与国外种子企业发展相比,中国种业的竞争力还需要大幅提高。育种能力是种子企业的核心竞争力。中国种子企业必须切实提高育种能力,才能够在市场竞争中站稳脚跟,才能够满足农民对高质量种子的需求。

通过技术创新,改良各地区土壤质量,增强耕地地力,是增强藏粮于地实施效果的重要途径。耕地地力是实现藏粮于地目标的重要观测指标之一。休耕、轮作是提高耕地地力的有效手段,但当前休耕的地域范围仍然受到一定的限制。通过技术创新增强耕地地力,是提高藏粮于地效果的根本途径。

(二) 以制度创新增加耕地后备资源

从长期看,制度创新,可以有效增加耕地后备资源。未来城镇吸收农村人口以后将会为农业发展节约大量土地。

目前,我国现有的耕地后备资源已经非常有限。随着城镇化的深入发展,城镇建设用地的需要将会缓慢下降,农村人口不断进入城镇。今后相当长的时期内,农村人口将大幅减少,部分农村会出现空心村的现象。积极整合农村土地资源,提高农村居民居住效率,可以腾挪出大量闲置土地。从长远发展看,对农村空闲居住土地的整理将是后备耕地的重要来源。农村宅基地流转,有望释放农村居住用地的活力。通过集中居住、就地城镇化等途径,可以节约大量居住用地,用作后备耕地。积极提高城镇规划和村镇规划的效果,可以节约大量土地,缓解城镇化占用耕地的需求。

城镇的显著特征是集约、高效利用土地和空间资源。目前城镇化在节约土地资源方面的效果尚未完全释放出来。随着我国城镇化治理水平的不断提高,随着小城镇建设的深入发展,农村闲置土地的数量将逐渐增加,耕地后备资源将逐渐充足,藏粮于地战略的实施效果将更加明显。

(三) 以经营组织创新提高耕地的利用效率

新时代积极推进农业经营组织创新,将极大提高耕地的利用效率。

当前,积极完善农村土地流转形式,促进农业适度规模经营,就是推进农业经营组织创新的重要探索。适当提高农业经营规模,可以显著降低农业生产成本,提高现代农业发展水平,提高农户适应市场经济的能力。

农民合作社、专业大户、家庭农场、农业产业化龙头企业等新型农业经营主体,是重要的农业组织创新形式。这些新型经营主体在组织规模、产品特性、经营特色等方面各具优势,能够以不同方式适应市场经济的发展要求,可以显著提高耕地的利用效率。

农业产业化龙头企业是连接市场和农业生产的有效组织形式。这类企业规模大,熟悉市场对农产品的需求特点,能够利用市场信息指导和调整农业生产,有效提高了农产品供给质量和效率。积极促进各地区各类农业产业化龙头企业发展,有利于提高各地区耕地利用效率,有利于加强藏粮于地战略的实施效果。

(四)以人才创新增强藏粮于地的效果

人才是实施藏粮于地战略的关键。新型职业农民、"三农"工作队伍等各类人才是农村人才创新的重要途径。

新时代积极打造新型职业农民队伍,是保障今后农业稳定发展、持续发展、高质量发展的基本保障。传统农民的概念与小农经济的发展息息相关。传统农民以自给自足和小生产为特征,受教育程度较低。新时代打造新型职业农民队伍,关键是培育农民的科学文化素质,促进传统农民向新型职业农民转变。

城镇化的过程,是农民转化为市民的过程,是农民由传统走向现代的过程。打造新型职业农民队伍,本质上是人才的创新,是推动农民的现代化。新型职业农民拥有较高的科学文化素质,懂得农业生产的规律和市场规律,能够有效提高农业产出水平,是增强藏粮于地实施效果的重要主体。

十九大报告提出培养"一支懂农业、爱农村、爱农民的'三农'工作队伍"。"三农"工作队伍在促进农业优先发展方面具有极其重要的作用。党的二十大报告在论述"乡村振兴"时提出要实现"人才振兴"。"三农"工作队伍,是加强农村基层工作的重要队伍,也是实施藏粮于地战略的重要主体。

二、凭借协调促进耕地占与补辩证发展

按照"协调"发展理念的要求,要妥善处理耕地"占"与"补"的辩证关系。在我国经济社会发展过程中,在实施藏粮于地战略过程中,要坚持耕地占用与补充的辩证发展。

(一)积极提高"补"的质量

在耕地占补平衡制度执行过程中,建设占用的耕地在地理位置、耕地质量等方面往往较好,补充的耕地在耕地质量方面容易存在欠缺。2017年1月中共中央和国务院下发的《关于加强耕地保护和改进占补平衡的意见》强调要防止"占多补少、占优补劣"等现象出现。

要加强对补充耕地数量和质量的监督管理,足额弥补建设用地带来的耕地损失。自然资源部的耕地占补平衡动态监管系统在耕地占用和补充方面可以及时收集相关数据,实现耕地占补动态监测。

占补平衡是实现城镇化与耕地保护辩证发展的重要协调机制。只占不

补,城镇化发展缺乏粮食安全的基石;只补不占,城镇化发展缺乏必要的空间。只有在占与补之间寻求平衡,深刻把握城镇化与耕地保护的辩证关系,才能够实现城镇化与耕地保护的协调发展。

在利益协调方面,在确保耕地占补平衡的同时,要确保耕地占补利益的协调与平衡。加强对耕地占用补偿费用、耕地补充成本的监督管理,确保补偿费用足以弥补耕地损失。

(二)推动耕地跨区域占补平衡

当前,城镇化发展过程中,各地区实现区域内耕地占补平衡的难度越来越大。北京、上海等经济发达地区可以利用的耕地数量越来越少,部分地区耕地资源丰富。在耕地资源和经济发展区域不均衡的背景下,推动耕地跨区域占补平衡,是在全国层面上统筹利用耕地资源,实现城镇化和耕地保护的整体协调。

耕地跨区域占补平衡,与区域内耕地占补平衡的要求基本一致。耕地占用方与耕地补充方都需要向国务院及相关管理部门提出申请,由相关部门进行统筹协调。这里的实施要点,一是在耕地占用的数量和质量上需要申请双方保持一致,要确保弥补耕地的数量和质量;二是在耕地异地占用补偿方面需要申请双方达成一致。

2018年3月国务院发布的《跨省域补充耕地国家统筹管理办法》和《城乡建设用地增减挂钩节余指标跨省域调剂管理办法》,对实施过程和责任进行了明确。跨省域补充耕地国家统筹,实质是通过经济手段调节耕地资源的供需关系,在耕地占补平衡方面迈出了更加坚实的一步。

(三)优化城镇规划减少"占"的需求

今后相当长的时期内,城镇化都需要较大的空间。优化城镇规划,提高土地和空间的利用效率,纠正城镇化等于占地扩张的错误思想,是减少耕地占用的有效途径。

《全国国土规划纲要(2016—2030年)》指出国土开发的空间布局需要优化、开发质量亟待提升。例如,东部沿海地区开放强度偏大,中西部地区开发不足,优质耕地与城镇化地区重合增加了耕地保护的压力等等。

根据国家高质量发展要求,积极提高城镇化的发展质量,控制城镇化的发展速度和规模,减少耕地占用的需求,同样可以缓解耕地减少压力,加强藏粮于地的实施效果。

(四)加强中西部地区建设用地规划

改革开放以来,东部沿海地区一直引领全国经济增长。各类人才、资源持续输向东部地区。今后,随着区域协调的深入推进,中西部地区经济和社会发展将得到快速发展。中西部地区城镇化进程加快,将释放出大量的建设用地需求。

从 2020 年各地区耕地占用税收入来看,耕地占用税收入较高的地区包括河南、河北、山东、浙江、四川等,耕地占用税收入较低的地区包括西藏、天津、北京、海南、青海、甘肃等。具体见图 10.1。

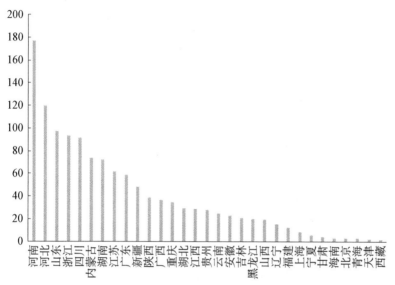

图 10.1　2020 年各地区耕地占用税收入比较

资料来源:《2021 中国统计年鉴》。单位:亿元。

图 10.1 表明,经济发达地区耕地占用空间已经非常有限,中西部地区随着城镇化和工业化进程加速建设用地需求在逐渐上升。

今后中西部地区城镇化的路径选择,要坚持城镇化质量提升和规模适度扩张并重的思路。不能简单地扩大城镇规模,不能简单地占用耕地搞建设,要提高中西部地区城镇空间的利用效率,优化人口和资源布局,加强中西部地区建设用地规划。

三、强化绿色提高生态水平和产出质量

按照"绿色"发展理念要求,要积极提高生态发展水平,提高农产品产出的质量。

(一)实现农业生产"绿色化"

实现农业生产"绿色化",要求产前、产中和产后的全程"绿色化"。

在农业投入环节,对化肥、农药、农用地膜等投入品加强管理,增强投入

品的生态功能,实现农业投入"绿色化"。农业农村部 2018 年 7 月下发《农业绿色发展技术导则(2018—2030 年)》,提出构建农业绿色发展技术体系,促进农业高质量发展。该导则提出加快绿色投入品的研发步伐。具体而言,就是积极研发绿色高效的功能性肥料、生物肥料、低风险农药等绿色防控产品。

农业产前"绿色化"对农业生产过程的"绿色化"将起到积极作用。在农作物生产管理过程中,对农药、化肥的使用量要适当,要避免污染环境,避免出现土壤板结、污染等现象。加强对土壤污染、水污染的监测和治理,积极预防和解决农业生产过程中的污染问题。

农业产后"绿色化"也至关重要。积极有效促进农膜的回收利用,防止农膜污染环境和耕地。在农产品仓储、运输、加工等环节,同样要加强管理,防止出现产品污染的情况。

(二) 实现生产、生活与生态的和谐共生

实现生产、生活与生态的和谐共生,要求工农业生产和居民生活要坚持环保至上的理念,实现可持续发展。

工业生产实现无害排放,必须通过奖惩措施加强环境保护监管。坚持将关注污染源头与污染治理并重,降低工业污染对环境的破坏。2019 年之前我国工业污染治理投资,保持递增趋势;2020 年我国工业污染治理投资为 4542586 万元,受疫情影响,与 2019 年的投资额 6151513 万元相比大幅下降。[①]

生活垃圾处理方面,2013 年,生活垃圾清运量为 17238.6 万吨,生活垃圾无害化处理率为 89.3%。2020 年生活垃圾清运量为 23511.7 万吨,生活垃圾无害化处理率为 99.7%。对比可见,近些年垃圾处理能力显著提高。[②]垃圾处理方式主要包括卫生填埋、焚烧等。与此相对应,近些年来,经过治理,我国生态环境显著改善,表现在造林面积大幅增加、主要废弃物排放量显著下降等方面。

实现生产、生活与生态的和谐共生,关系到经济和社会发展的方方面面,需要统筹推进,全社会参与监管。

(三) 实现农产品消费"绿色化"

实现农产品消费"绿色化",是农业生产的重要目标指向,也是满足当前居民消费升级的重要手段。

---

① 资料来源:2014 年和 2021 年《中国统计年鉴》.
② 资料来源:《2021 中国统计年鉴》.

一是要积极扩大绿色农产品有效供给。当前普通农产品供给过剩、高质量农产品供给不足仍然是农业发展需要解决的结构性问题。生产环节扩大供给，才能保证消费环节的市场规模。

二是提高农产品物流绿色保障能力。多数农产品对产品保鲜要求较高。运输环节过多、运输时间长、运输环境变化大不利于生鲜农产品运输。积极打造农产品物流绿色保障能力，降低农产品物流成本，降低农产品物流环节的产品数量损耗和质量损耗，对于提高农产品质量、保障农产品绿色消费具有重要意义。

三是消费环节要"绿色"。在商场、家庭储藏农产品环节，都需要注意农产品保质保鲜问题。绿色农产品保存不当，也不再是绿色产品，反而成了有害产品。倡导农产品绿色消费，妥善保存是重要条件。

农产品消费"绿色化"，连接农业生产和消费两端，是提升农业发展质量、实现农产品供需结构平衡的重要节点。

四、借助开放统筹国内和国际耕地资源

全球化带来的收益远大于其带来的风险，这是世界各国迎接全球化的重要原因。全球化带来的资源配置效益正日渐体现出来。全球农业合作，给世界各国农业发展带来机遇和挑战。

（一）正确认识粮食进口在国家粮食安全中的地位

中国立足于自己养活自己的根本立场是不可动摇的。"以我为主、立足国内、确保产能、适度进口、科技支撑"的国家粮食安全战略表明，粮食进口在国家粮食安全中占有一定地位。中国的粮食安全，绝不能依赖粮食进口，但也不能完全不进口粮食资源。粮食进口，是中国粮食安全保障的有益补充，也是实施藏粮于地战略的有益补充。

中国改革开放日益深入、全面，农业对外开放持续推进。在开放条件下，粮食等农业产品有进有出，符合市场经济发展的规律，也符合多样化消费需求的特点。在全面建成小康社会的背景下，适度进口粮食，适度进口各类农产品，可以满足不同层次、不同类别消费者的消费需求。在全面建成小康社会的背景下，积极扩大各类农产品出口，不断提升中国农业贸易的国际竞争力，符合中国经济利益的要求。

党的十九大报告指出"中国开放的大门不会关闭，只会越开越大"，党的二十大报告指出"推进高水平对外开放"。在全球化背景下，中国农业的开放程度将会越来越高。及早准备，积极提升中国农业和农业企业的国际竞争力，粮食进出口与国际农业合作并重，有效利用国际耕地资源，可以有效

贯彻新发展理念,推进藏粮于地战略的实施。

(二)实现农业"引进来"与"走出去"的有机结合

中国农业开放程度相对滞后于工业部门,但长期看将会大幅提升。当前,我国农业仍然需要积极利用外资,促进农业结构调整和发展质量提升,增强"引进来"的规模和效益。中西部地区农业在吸引外资方面具有潜在的资源优势,需要充分发挥出来。

另一方面,我国部分农业企业已经积极"走出去",在海外投资参与农业种植、农产品加工等活动。农业"走出去",是中国农业对外开放发展到一定阶段的必然结果,是对农业"引进来"成果的有机升华。这表明我国农业对外开放发展到了新阶段。

新时代,要实现农业"引进来"与"走出去"的有机结合。"引进来"的农业外资企业可以积极出口农产品,在海外设立分厂,实现更高层次的"走出去"。"走出去"的国内农业企业可以将海外农产品销售到国内市场,在国内建立销售、加工等企业,实现更高层次的"引进来"。国内外农业企业通过"引进来"与"走出去"的有机结合,提升了发展层次,盘活了国内国外市场。

(三)在全球层面上提高耕地资源配置效率

从历史发展看,英国开启的工业革命,美国开启的电力革命,以及第三次科技革命,都是在全球范围内展开、在全球范围内实现的科技革新。同样,只有在全球层面上利用耕地资源,才能够最终提高耕地资源配置效率。

在全球农业产品交易过程中,各国比较优势的差异会显著表现出来。全球农业分工,同样建立在比较优势的基础上。劳动力、资本、品牌、农业资源等因素造就了各国不同的农业比较优势。

中国人口众多,消费需求持续升级,耕地资源相对有限。在这种情况下,积极利用国际耕地资源,适当进口农产品,及时平抑国内农产品消费需求,有利于国内经济稳定发展。

当然,在全球层面上提高耕地资源配置效率,也存在一定风险,需要及时掌控。但总的来讲,统筹利用国内国际耕地资源,适当进口粮食等农业产品,积极出口有国际竞争力的农业产品,既可以满足国内消费需求,也能提高我们的农业发展质量和农业国际竞争力。

五、通过共享满足小康生活的食物需求

党的二十大报告强调"贯彻以人民为中心的发展思想"。不分区域,不分人群,让全体中国人民共享小康社会建设的成果,是"共享"发展理念的客观要求。实施藏粮于地战略,要高度关注并全面满足全国人民对安全、健

康、营养食物的需求。

（一）积极打造农产品质量安全体系

农产品质量安全体系是确保农产品质量底线、保证食品安全的基本保障。中国农产品质量安全体系，通过法律、法规等形式体现。中国《农产品质量安全法》，以法律形式规定了农产品质量安全在居民消费、经济发展等方面的重要性。农产品质量安全规范属于强制性规范。

在改革开放背景下，中国需要加强农产品质量安全规范与国际标准的接轨。国内农产品质量标准要与国际同类标准相当或大致相当，通过严格的质量规范推动农业高质量发展。要消除国内农产品质量标准低、出口产品质量高的局面。

积极打造农产品质量安全体系，也是质量兴农战略的客观要求。农业高质量发展要求与中国小康社会消费要求是完全一致的。建立完善的农产品质量安全体系，需要在农业生产环节与之配套。农业生产环节就需要严格按照农产品质量安全规范进行操作，在农药、化肥、种子等使用方面严格遵守质量规范。

（二）动态监测居民食物消费发展走势

动态监测居民食物消费发展走势，是为了及时调整农业生产结构，确保农产品供需实现动态平衡，提高藏粮于地的经济效益和社会效益。改革开放四十多年来，我国居民食物消费结构发生了深刻变化，由能够吃饱为特征的生存型食物消费，逐渐转向以吃好为特征的发展型食物消费模式。

根据《2018 年餐桌消费潮流趋势报告》，基于阿里数据的分析，进口生鲜线上消费主要集中在江苏、浙江、上海、广东等地区。生鲜消费升级的特征包括健康新概念、挑遍全世界、回归原生态等。中国居民饮食健康化的三个方面是更新鲜、更天然、更营养。各地区特色农产品中，阳澄湖大闸蟹、大连海参、广西百香果等产品深受消费者欢迎。五常大米、延边大米、恒仁大米等历代"贡米"在天猫平台销量巨大。在线消费中新鲜蔬菜、新鲜水果消费量较大。[①] 这说明，当前居民对高质量农产品需求旺盛，客观上要求农业供给结构尽快转变。

（三）大力倡导可持续消费理念

"可持续消费"的概念由联合国环境规划署在 20 世纪 90 年代提出。可持续消费的核心理念是在产品满足人类基本需求的情况下，要尽量减少自

---

① 　资料来源：CBNData 联合天猫发布《2018 中国餐桌消费潮流趋势报告》，第一财经网，
　　2018－01－19.

然资源和有害材料的使用,消费后产生的废物不危及后代发展。食物消费模式不可持续同样会恶化生态环境。只有坚持可持续消费理念,才能确保生产和消费的良性循环,才能确保藏粮于地战略的长期有效性。

可持续消费理念是"绿色"发展的客观要求和内容。家庭消费和餐厅消费是居民消费的重要场所,要大力倡导可持续消费理念。引导居民节约食物、反对铺张浪费、不过度追求食物包装、减少生活污染排放等。

从食物消费的角度看,全球粮食消费不足和粮食过度消费的现象并存。通过改变高消费(特别是动物食品、红肉等产品过度消费)的膳食结构,减少粮食浪费等现象,有助于减少耕地需求。[①] 在城镇和农村地区,营养过剩导致肥胖的情况多有出现。倡导可持续消费理念,实现居民健康膳食目标,是今后引导中国居民消费需要注意的重要领域。

总之,在"创新、协调、绿色、开放、共享"发展理念指导下,实施藏粮于地战略,要积极增强藏粮于地的实施效果,促进耕地占与补辩证发展,提高生态水平和产出质量,保护好国内和国际耕地资源,满足小康生活的食物需求。

第二节 实施藏粮于地战略的路径选择

本节主要阐述实施藏粮于地战略的四大路径选择。具体包括妥善保护和利用国内现有耕地、稳步推进国内耕地后备资源开发、适当进口国际虚拟耕地、积极开展国际粮食种植合作。针对每条路径,分析了发展现状、应当遵守的基本原则、具体路径、风险和应对措施等内容。

一、妥善保护和利用国内耕地

新中国成立以来到现在,随着生产力的发展和生产关系的变化,我国社会主要矛盾发生了四次变化。

从新中国成立到土地改革完成,即 1949 年至 1952 年,我国社会的主要矛盾是农民阶级与地主阶级的矛盾。这一时期社会性质是新民主主义社会,主要任务是通过土地改革,消灭地主阶级,解决农民阶级与地主阶级的矛盾。从土改完成到社会主义三大改造完成,即 1953 年至 1956 年,我国社

---

① 资料来源:联合国环境规划署国际专家委员会土地和土壤工作组. 全球土地利用评估报告:实现消费与可持续供给的平衡. 中国环境出版社,2015.

会的主要矛盾是无产阶级和资产阶级之间的矛盾。这一时期社会性质是新民主主义社会,党中央及时提出了过渡时期总路线,通过三大改造,社会主义制度基本确立。

从三大改造完成到中共十八大召开前,即 1957 年至 2017 年,我国社会的主要矛盾是人民日益增长的物质文化需要同落后的社会生产之间的矛盾。1981 年党的十一届六中全会通过的《关于建国以来党的若干历史问题的决议》,明确和完整表述了我国社会的主要矛盾。自十八大以来,我国社会主要矛盾是人民日益增长的美好生活需要和不平衡不充分的发展之间的矛盾。

改革开放四十多年,我国综合国力和人民生活水平有了大幅提高。我国从物资供应短缺逐渐走向商品极大丰富阶段,人民生活从温饱型向小康型迈进。进入新时代,我国藏粮于地战略的实施要紧紧围绕解决当前我国社会主要矛盾这一中心问题。新时代,国内耕地保护和利用面临各种矛盾,需要分清主次,抓住主要矛盾,坚决、彻底贯彻藏粮于地战略,提高国内耕地保护和利用的效果。

(一)国内耕地保护的基本原则

陈海燕、彭补拙(2001)研究认为,耕地保护包括三方面内容,一是耕地保持适当的数量和质量,二是科学合理利用耕地资源,三是通过各种手段对耕地进行监测和管理;耕地保护的一般原则是供给与供求平衡原则、土地可持续管理原则。[①]《中华人民共和国土地管理法》(2004 年修订)专门设立第四章"耕地保护"。土地管理法设定的耕地保护包括严格保护基本农田、耕地占补平衡、禁止闲置和荒芜耕地等。

结合新时代我国国内耕地利用的现状和发展要求,下面着重阐述以下几个耕地保护原则。

1. 量质并重原则

在一定时期内国内耕地保持基本的数量和质量,是满足国民经济增长、国家粮食安全、居民食物消费需要和社会发展的客观要求。

新中国成立以来至改革开放初期,我国居民生活处于温饱型发展阶段,这一时期比较重视耕地数量的保持。尽管城镇化和工业化发展占用耕地,但国家和社会对耕地保护依然非常重视。《中共中央一九八二年一月一日全国农村工作会议纪要》中就强调"切实注意保护耕地和合理利用耕地"。

近些年来,随着我国居民生活水平提高,居民食物消费结构升级,我国

---

① 陈海燕,彭补拙. 耕地保护的一般原则与模式研究. 南京大学学报(自然科学),2001(5).

即将全面建成小康社会。小康型消费结构对食物质量提出了更高要求。这就意味着我国在耕地保护过程中，既要根据发展需要保持足够的耕地数量，也要维持一定比例的高质量耕地。

当前，我国优等地比例不高，地区分布不均匀。充分发挥农业科技的作用，积极改造中低产田，是提升耕地质量的重要途径。

随着城镇化和工业化的深入推进，土壤污染、生态退化等问题需要及时解决。定期检测土壤质量，防止土壤污染，提高土地地力，是保障农产品质量的基本条件。

2. 绿色发展原则

在耕地保护和利用过程中坚持绿色发展原则，是我国"创新、协调、绿色、开放、共享"五大发展理念的客观要求。绿色发展理念要贯穿在耕地保护和利用的全过程。

一是要积极保护农田生态环境。防止工业废水废气、居民生活废水等因素导致的水资源、土壤和大气污染。严格执行环保督查制度，从源头上杜绝水土污染。

二是要积极提高农产品质量。通过农作物育种、土壤改良等方式，提高农产品质量，增强绿色、有机、无公害等农产品的供给能力，满足消费者对优质农产品的需求。

三是适当减少化肥、农药等生产资料投入。我国是全球农药、化肥消费大国。过度依赖化肥、农药等农业生产资料，有损土壤质量和生态环境，影响农作物质量，不利于农业的可持续发展。积极推广有机肥料、绿色农药，转变传统施肥方式，将绿色发展落实在田间地头。

3. 需求导向原则

近些年来，国内农产品供需失衡的趋势日益突出。以大豆为例，加入世贸组织前，我国大豆基本能够自给。加入世贸组织后，进口大豆迅速增加，导致国内大豆种植萎缩。改革开放的四十多年，是我国居民生活水平持续提高、食用植物油消费快速增长的四十多年。新时代，我国居民食用植物油消费仍将快速增长，但国内大豆供给能力不足。在国内保持一定规模的大豆种植面积，仍然是必要的。

当前，我国谷物、肉类、奶类等产品有一定规模的进口。这一方面丰富了我国居民的消费品种，另一方面也说明我国农业种植结构与居民消费结构存在一定错位。

通过农业种植结构调整，坚持农产品供给的需求导向，是我国农业发展、耕地保护和利用必须坚持的基本原则。坚持需求导向原则，也是市场经济发展的基本准则之一。2017 年中央一号文件《关于深入推进农业供给侧结构性改革 加快培育农业农村发展新动能的若干意见》提出"加快构建粮经饲协调发展的三元种植结构"。优化粮食、经济作物、饲料作物种植比例，是适应新时代居民小康生活需要的客观要求。

4. 高效利用原则

高效利用原则是要在耕地资源有限、投入有限的条件下，通过各种手段提高耕地产出水平，降低生产和流通成本。高效利用是解决国际国内农作物价格倒挂之间的矛盾、提高农民种植效益的重要途径。

贯彻高效利用原则，具体要求表现在：

一是通过科技进步、耕作方式改进等途径提高农作物单产水平。提高单产水平是减少耕地面积损失的有效途径，也是提高耕地利用效益的有效途径。单产提高也有利于农户提高农作物收益，提高种植的积极性。

二是大力降低农产品生产成本。当前，农作物生产成本高是我国农产品竞争力低的重要原因。通过适度规模经营、套种等方式降低生产成本，既有利于农业生产，也有利于农产品消费增长。

三是积极降低农产品流通成本。和国外相比，物流运输成本高是我国经济发展的制约因素。农产品数量庞大、容易腐烂，单位价格相对较低，对物流运输带来挑战。统筹规划农产品产地和销地关系，通过农产品运输补贴、绿色通道等途径降低运输成本，有利于促进农产品产销顺利衔接，防止农产品滞销、脱销，促进农产品高效利用。

（二）强化国内耕地保护和利用的具体路径

国内耕地保护和利用是一个长期的过程，受农业政策、城镇化进程、经济增长、技术进步、消费需求等多种因素的影响。强化国内耕地保护和利用的具体路径，这里从耕地数量、质量、种植结构等方面展开分析。

1. 保证存量，严守全国耕地红线

18 亿亩耕地红线不可突破。根据《全国国土规划纲要（2016—2030年）》，到 2030 年，我国耕地保有量要在 18.25 亿亩以上。这充分显示了党和国家严守 18 亿亩耕地红线的决心和信心。国内耕地在一定时期内保持一定的存量，是确保国家粮食安全、满足居民今后小康消费需求的基本保障。拥有足够的耕地数量，是国家安全、社会安定、居民安心的物质基础。

因此，保证存量，严守全国耕地红线，不仅是一个重要的经济问题，也是一个重要的政治问题。保证存量，严守全国耕地红线，关系农业发展和农业现代化的全局，关系政治和经济发展的全局，更关系全面建成小康社会的全局。保证存量，严守全国耕地红线，是强化国内耕地保护和利用的基本路径。

2. 提高质量,积极维护和提高耕地地力

数量是基础,质量是关键。在有充分的耕地数量的基础上,提高耕地质量是实现藏粮于地战略的关键。积极维护和提高耕地地力,是提高耕地质量的核心。我国耕地整体质量不高,中低产田比重较大。国土资源管理部门运用卫星遥感、GIS等技术,构建了全国、省级和县域耕地资源管理信息系统。这既提高了耕地数量保护的效率,也摸清了全国耕地质量分布特点,有助于对症下药进一步提高耕地质量。

从耕地内部因素看,耕地地力与土地类型、耕层厚度、耕层质地等因素有关。耕地地力是农业生产过程中长期累积形成的,有一定的稳定性。

从耕地外部因素看,灌溉条件、农药和化肥使用情况、气候条件、农业水源质量、农业生产技术等农业生产条件,也是维护和提高耕地地力的重要因素。

从耕地的数量与质量替代关系看,在耕地持续下降的背景下,更需要依靠农业科技进步提高耕地地力,最终通过增加产出抵消耕地减少带来的粮食损失。农业科技进步成为我国克服耕地减少的重要手段。

提高质量,积极维护和提高耕地地力,是提高农业综合效益的关键。提高耕地质量,是提高农产品质量、实现绿色发展的基础。因此,提高质量,积极维护和提高耕地地力,是强化国内耕地保护和利用的关键路径。

3. 优化结构,促进粮食供需全面对接

优化农业种植结构,促进粮食供需全面对接,是今后农业生产发展的重要原则和任务。优化和调整农业种植结构的困难在于,特定地段农业生产的惯性、种植品种调整带来的收入不确定性等因素使得农户调整种植结构的积极性不高。农户是农业经营的主体。优化农业种植结构,需要运用市场手段,通过农产品价格变化引导农民调整种植结构。

优化结构,促进粮食供需全面对接,政府方面需要通过政策变化引导农民调整农业种植结构。例如,通过调整农作物补贴政策,降低质量不高、生产过剩的农产品补贴,提高质量高、市场需求旺盛的农产品补贴,引导农业生产高质量发展。

优化结构,促进粮食供需全面对接,市场方面需要大力发展农业经济,提高价格在农产品市场中的调节作用。建立优质优价的市场形成机制,让绿色、有机、无公害等高质量农产品真正获得高价,避免出现同类农产品优质不优价的局面。

优化结构,促进粮食供需全面对接,消费方面需要积极倡导绿色消费理

念。有绿色生产,没有绿色消费,供需结构仍然无法全面对接。从温饱型消费到小康型消费,绿色消费将成为今后食物消费的主流。农业种植结构必须及时适应这种需求变化,积极满足市场消费需求。

总的来看,优化农业种植结构,促进粮食供需全面对接,是强化国内耕地保护和利用的市场路径。

4. 统筹调剂,提高全国耕地占补综合效益

统筹调剂,提高全国耕地占补综合效益。早期的耕地占补平衡主要局限在各省(区、市)内部,耕地占补平衡执行存在一定困难。跨省耕地调剂是从全国角度探索耕地占补平衡、促进经济发展的新途径。

2017年1月,中共中央和国务院下发《关于加强耕地保护和改进占补平衡的意见》,提出探索补充耕地国家统筹。2018年3月,国务院下发《跨省域补充耕地国家统筹管理办法》和《城乡建设用地增减挂钩节余指标跨省域调剂管理办法》。《跨省域补充耕地国家统筹管理办法》的适用对象是耕地后备资源严重匮乏的直辖市,或者资源环境条件严重约束、补充耕地能力严重不足的省份。

根据该办法规定,符合要求的直辖市由于城市发展和基础设施建设等占用耕地、新开垦耕地不足以补充所占耕地的,可申请国家统筹补充。符合要求的省份由于实施重大建设项目造成补充耕地缺口的,可申请国家统筹补充。重大建设项目原则上限于交通、能源、水利、军事国防等领域。但申请补充耕地国家统筹,需要向国务院报批,并缴纳跨省域补充耕地资金。

跨省域补充耕地资金由基准价和产能价之和乘以省份调节系数决定。表10.1给出了各地区的调节系数。可以看出,东部经济发达地区耕地后备资源紧张,申请补充耕地国家统筹时,缴纳的费用较高;西部地区耕地后备资源相对充裕,申请补充耕地国家统筹时,缴纳的费用较低。

表 10.1　跨省域补充耕地地区分类和调节系数

类别	地　　　区	调节系数
一档地区	北京、上海	2
二档地区	天津、江苏、浙江、广东	1.5
三档地区	辽宁、福建、山东	1
四档地区	河北、山西、吉林、黑龙江、安徽、江西、河南、湖北、湖南、海南	0.8
五档地区	重庆、四川、贵州、云南、陕西、甘肃、青海	0.5

资料来源:国务院《跨省域补充耕地国家统筹管理办法》(2018年3月发布)。

　　申请补充耕地国家统筹获批并缴费后,需要在耕地后备资源丰富的省份,按照耕地数量、水田规模相等和粮食产能相当的原则落实补充耕地,从而实现全国范围内的耕地占补平衡。补充耕地省份根据耕地数量和质量,可以获得相应的经费支持。

　　《城乡建设用地增减挂钩节余指标跨省域调剂管理办法》适用范围是"三区三州"及其他深度贫困县。这些地区城乡建设用地增减挂钩节余指标,由国家统筹跨省域调剂使用。《跨省域补充耕地国家统筹管理办法》和《城乡建设用地增减挂钩节余指标跨省域调剂管理办法》集中反映了国家统筹使用全国耕地资源、保持耕地占补平衡的思想。

　　总之,统筹调剂,提高全国耕地占补综合效益,是强化国内耕地保护和利用的补充路径。

　　5. 立足长远,坚持耕地利用的可持续发展

　　国家粮食安全的重要性、耕地保护和利用的长期性等诸多因素,决定了必须坚持立足长远,坚持耕地利用的可持续发展。

　　立足长远,坚持耕地利用的可持续发展,要维护好生态环境。生态环境好,有利于农业高质量发展,有利于提高农产品质量。农业发展过程中,若过度使用地下水、过度使用化肥和农药,会破坏生态环境。工业和生活废弃物处置不当,也会破坏生态环境。维护好生态环境,也是耕地利用可持续发展的内容和要求。

　　立足长远,坚持耕地利用的可持续发展,要积极实施休耕轮作制度。在粮食产量连续增长、粮食供给充裕的背景下,积极实施休耕轮作制度,是恢复地力、保护耕地的重要举措。我国耕地常年生产,负荷重,得不到休整,不仅有损地力,也有损生态环境。积极实施休耕轮作制度,也有利于调整农业种植结构,提高农业经济效益。

　　立足长远,坚持耕地利用的可持续发展,要珍惜和节约耕地资源。在城镇化背景下,耕地持续减少,耕地更加显得珍贵。耕地一旦转化为建设用地,复耕的可能性很小。珍惜和节约耕地资源,是坚持耕地利用可持续发展的基本要求。这也意味着要求城镇建设必须合理规划,科学利用土地资源。

　　总之,立足长远,坚持耕地利用的可持续发展是强化国内耕地保护和利用的长期路径。

二、有序开发国内耕地后备资源

　　耕地后备资源是我国补充耕地的重要来源。有序开发国内耕地后备资

源,有利于缓解国内耕地保护和利用的压力,保障国家粮食安全。

（一）我国国内耕地后备资源现状

根据自然资源部对耕地后备资源调查评价数据的统计分析,我国耕地后备资源呈现以下几个特点:

一是耕地后备资源区域分布不均衡。我国将近50%的耕地后备资源分布在新疆、黑龙江、河南、云南、甘肃等5个省份,东部11个省份耕地后备资源之和仅占全国的15%左右。这说明,我国耕地后备资源日趋集中,多数地区后备资源不足。

二是耕地后备资源零散破碎,开发成本高。我国零散耕地后备资源面积有限,地域分布较为广泛。这些耕地比较零碎,无法大规模开发,只能以综合治理作为主要的开发模式。

三是耕地后备资源受生态环境制约明显。我国耕地后备资源仍以荒草地、盐碱地、内陆滩涂和裸地为主。荒草地在我国耕地后备资源比重最高。我国耕地后备资源集中连片地区主要分布在中西部,生态环境脆弱,开发不当容易破坏生态环境。

三是耕地后备资源可开发数量有限。2016年底耕地后备资源调查评价数据的统计结果显示,我国近期可供开发利用的耕地后备资源面积为3307.18万亩,占耕地后备资源总量的41.1%(2022年相近年份数据暂未公布)。

由表10.2可知,集中连片耕地后备资源中,新疆和黑龙江两省区合计占我国集中连片耕地后备资源总量的49.5%,分布比较集中。零散分布耕地后备资源中,湖南、黑龙江、贵州和河南后备资源较为丰富。

表10.2　我国近期可利用耕地后备资源类型及主要分布

后备耕地类型	各类型后备耕地面积	主要分布地区	主要分布地区面积
集中连片	940.26	新疆	268.21
		黑龙江	197.01
零散分布	2366.92	湖南	311.77
		黑龙江	304.20
		贵州	223.81
		河南	202.36
合计	3307.18		1507.36

资料来源:国土资源部.全国耕地后备资源特点分析.国土资源部门户网站,2016-12-28。单位:万亩。

（二）我国国内耕地后备资源开发的原则

我国当前耕地后备资源数量有限，生态和水土资源条件差异较大，开发成本相对较高。我国国内耕地后备资源开发应当坚持的原则包括：

一是保护优先原则。实施严格的耕地保护制度，依法保护耕地后备资源，防止无序开发、过度开发。

二是适度、有序开发原则。在坚持耕地保护和节约利用耕地资源的前提下，根据耕地保护制度与完善耕地占补平衡的要求，适度、有序开发耕地后备资源，弥补国内现有耕地资源，坚持占补平衡原则，守住耕地红线。

三是分类实施原则。我国耕地后备资源类型包括荒草地、盐碱地、内陆滩涂、裸地等。各种类型的耕地后备资源条件差异大，需要分类保护和开发。如南方雨水充足，土质和地形条件欠佳，后备耕地开发主要解决土质等问题；北方雨水较少，土质较好，后备耕地开发主要解决缺水等问题。

（三）我国国内耕地后备资源开发的路径选择

针对我国耕地后备资源的特点，我国国内耕地后备资源开发的路径主要包括：

一是严格划定各地区耕地后备资源的范围。依据《耕地后备资源调查与评价技术规程》已经认定为耕地后备资源的地块，要严格保护，为后续开发做好耕地资源储备。

二是通过开垦、复垦、整理等途径努力增加耕地后备资源。依靠现代科学技术，通过开垦、复垦、整理等途径增加耕地后备资源，增加耕地后备资源存量，积极提高耕地占补平衡的空间。这既是保护耕地，也是实现城镇化发展与耕地保护之间协调发展的实现途径。

三是根据经济社会发展需求有序开发耕地后备资源。耕地后备资源要优先保护起来，根据本地区经济社会发展的需求渐次开发耕地后备资源。能通过城镇空间优化解决建设用地问题的，坚决不占用现有耕地，更不能占用耕地后备资源。

总之，我国耕地后备资源总量有限、分布不均，耕地后备资源开发的路径选择要坚持保护优先、因地制宜有序开发。

三、适当进口国际虚拟耕地

适当进口国际虚拟耕地，本质上是适当进口我国需要的粮食等农作物产品。这符合我国"适度进口"的战略要求。

（一）当前我国虚拟耕地进口的现状

国际虚拟耕地进口的测算主要是借鉴了虚拟土、虚拟水的计算研究方法。通常采用这样的计算方法:通过统计全国购买世界其他国家的粮食总进口量,除以我国粮食平均单位土地的产量,就可以把进口粮食产量转化为国内耕地数量,进而可以计算出虚拟耕地数量占我国耕地数量的百分比。

随着我国贸易自由化和我国综合能力的提高,我国在国际粮食贸易中的参与度越来越高。一方面,国际粮食市场离不开我国粮食市场,因为我国作为一个粮食需求大国,在国际粮食贸易中发挥着越来越重要的作用;另一方面,国内粮食市场也离不开国际粮食市场,随着我国人口的快速增加,再加上耕地资源数量的减少、质量的下降,导致可利用的耕地资源数量是不断减少的,这也使得我国粮食安全受到威胁,我国粮食安全更加离不开虚拟耕地贸易,这已然成为一个不可逆转的趋势。为方便计算我国虚拟耕地的数量,粮食是指水稻、小麦、玉米、大豆四种粮食作物。表 10.3 是 1978 年至2020 年中国四种主要粮食品种虚拟土地资源进口量。

表 10.3　1978—2020 年中国四种主要粮食品种虚拟土地资源进口量

年份	水稻	小麦	玉米	大豆	合计	合计与耕地面积比例(%)
1978	0.00	415.72	0.00	0.00	415.72	4.18
1979	0.00	407.58	0.00	0.00	407.58	4.10
1980	0.00	580.73	0.00	0.00	580.73	5.85
1981	0.00	620.31	22.31	0.00	642.62	6.49
1982	0.00	552.47	48.04	33.74	634.25	6.43
1983	0.00	393.29	58.22	0.00	451.51	4.59
1984	0.00	336.81	1.52	0.00	338.33	3.46
1985	0.00	184.20	2.50	0.07	186.77	1.93
1986	0.00	200.99	15.87	20.79	237.64	2.47
1987	0.00	442.51	39.34	18.48	500.33	5.22
1988	5.86	490.23	2.77	10.59	509.46	5.32
1989	0.00	488.99	1.75	0.08	490.82	5.13
1990	1.03	392.30	8.16	0.07	401.55	4.20
1991	2.54	399.03	0.02	0.07	401.66	4.20
1992	0.17	317.62	0.00	8.49	326.28	3.42
1993	1.66	183.29	0.02	6.11	191.08	2.01

年份	水稻	小麦	玉米	大豆	合计	合计与耕地面积比例（%）
1994	8.81	213.66	0.04	3.00	225.51	2.38
1995	27.30	328.06	107.06	17.94	480.36	5.06
1996	12.46	222.01	8.59	62.94	306.00	2.35
1997	5.68	46.81	0.07	163.51	216.07	1.66
1998	4.08	42.01	4.78	179.53	230.40	1.78
1999	3.01	12.79	1.60	241.48	258.88	2.00
2000	3.97	24.59	0.07	629.17	657.79	5.13
2001	4.75	19.42	0.83	857.85	882.85	6.92
2002	3.85	16.73	0.16	597.73	618.47	4.91
2003	4.27	11.37	0.02	1254.75	1270.41	10.30
2004	12.14	170.70	0.04	1114.60	1297.47	10.60
2005	8.34	82.76	0.08	1559.59	1650.77	13.52
2006	11.17	13.47	1.21	1642.65	1669.04	13.70
2007	7.62	2.17	0	2120.18	2129.97	5.71
2008	5.02	0.91	0	2198.74	2204.67	5.52
2009	5.47	18.99	0	2610.06	2634.52	5.13
2010	5.92	25.92	0	3258.10	3289.94	4.12
2011	8.94	26.01	0	2937.98	2972.93	4.55
2012	34.95	74.22	0	3217.66	3326.83	4.06
2013	33.81	109.48	0	3601.34	3744.63	3.61
2014	37.85	57.18	44.76	3994.96	4134.75	2.50
2015	49.00	55.71	80.27	4509.78	4694.76	2.81
2016	51.85	63.15	53.12	4689.73	4857.85	2.91
2017	58.26	80.60	46.32	5153.78	5292.64	3.21
2018	43.83	57.23	57.66	4638.66	4739.72	2.89
2019	36.06	61.94	75.83	4565.48	4663.48	2.86
2020	41.77	145.88	178.88	4551.17	4738.82	3.24

数据来源：根据《2021中国统计年鉴》数据计算。单位为万公顷。

表 10.3 中,可以看出,从 1978 年到 2020 年,虚拟耕地进口量占比总体稳定。其中 2006 年虚拟土地资源进口量占比最高,达到 13.7%。大豆虚拟耕地进口量最大。随着二胎政策的开放,我国人口还会有进一步地增加,对粮食的需求也会进一步地增加,虚拟耕地进口对补充我国粮食供给有着非常重要的作用。

(二) 国际虚拟耕地进口的风险规避

时间上有序进口,防止冲击国内市场。相对于其他国家而言,我国粮食生产成本比较高,使得国内粮食价格高,进口粮食价格低,一旦开放国际粮食进口市场,必将冲击国内市场。因此在进口国际虚拟耕地时,一定要依据国内情况,有序进口,防止冲击国内粮食市场,引起农民的躁动,引发社会的不安定。

数量上以需求缺口为度,避免过度进口。商品的价格与供给和需求有关,一旦市场上某种产品的供给远远大于需求时,产品的价格就会下跌。一定要以国内粮食需求缺口为标准适当进口,但是不能过度进口。坚持按需进口,否则会影响国内粮食生产。

我国是人口大国,对粮食需求比较大,如果我国粮食进口大量增加,一方面会导致国际粮食价格迅速上升,在购买相同数量的粮食产量时,会占用过多的外汇,影响我国外汇储备;另一方面如果我国从国际上大量进口粮食,会影响国内粮食生产,导致国内粮食价格下跌,打击农民种地的积极性,容易引起社会的不安定。

价格上以低价进口为上,避免高价买入。虚拟耕地进口可以弥补国内耕地不足,但是如果在粮价高位持续进口,不仅耗费我国大量的外汇,影响我国外汇储备,而且可能会影响国内经济稳定。

(三) 国际虚拟耕地进口的效益分析

国际虚拟耕地进口的效益,主要表现在:

一是弥补国内需求缺口。随着我国人口不断增加和城市化进程的加快,对耕地和对粮食的需求也在不断增加,耕地问题未来将是我国面临的最严峻的问题。依靠优化耕地资源的配置,采用集约化经营模式,提高单位面积的粮食产量,在短时间内是可以满足我国对粮食的需求,保障我国粮食安全。但是随着我国二孩政策的放开,未来我国的人口还会快速增加,加上其他方面对耕地的需求,可以使用的耕地面积将进一步减少。

国际虚拟耕地进口的方式对弥补国内需求的缺口是一种有效的调节方式,具有很强的可操作性和优越性。我国通过从其他国家购买粮食,实现我国粮食供给的平衡,保障国内粮食安全,也可以在海外租赁土地或者共同经营。一方面缓解国内耕地资源紧缺问题,使得耕地资源短缺的地区可以通过购买耕地资源丰富的地区来平衡国内耕地资源的赤字,有效解决国内耕地资源短缺问题;另一方面既能提高耕地丰富地区的经济效益,也能减少对国内耕地的占用,保障了耕地资源短缺地区的粮食安全和耕地安全。

二是加速国内农业生产结构调整。随着经济全球化发展,虚拟耕地贸易进口可以加速国内农业生产结构的调整。(1)是通过购买虚拟耕地含量较低的优质品种,有利于加强国内市场粮食产品的竞争,淘汰国内的虚拟耕地含量较高的劣质产品,可以增加农产品品种的供应种类。(2)是通过虚拟耕地贸易往来,可以及时了解国际市场需求,调整国内农产品种植结构和种植比例,节省出更多的上地发展优质高效农业。(3)是通过虚拟耕地贸易,可以减少对国内耕地的压力,也方便国内根据农作物的比较优势,调整种植结构,提高单位耕地资源的单位产量,最大化效益实现耕地资源的利用率。

根据耕地资源自然分布状况的不同进行分区,做好区域功能定位,可以促进农业产业结构调整和优化。耕地资源紧缺地区可以发展优质高效农业,充分发挥农作物的比较优势,提高单位耕地资源的利用效率,提高粮食总产量,实现耕地资源效益最大化,例如北京、上海、广州等发达地区。耕地资源丰富的地区,例如河南、黑龙江等地区,在进行产业结构调整时,要比较虚拟耕地机会成本,积极推进农业适度规模经营。

三是降低国内耕地供给压力。目前我国耕地按照质量的等级分为高等地、中等地和低等地。因为我国耕地资源有限,人口众多,加上建设占用耕地、生态退耕占用耕地以及农业结构调整耕地等情况的发生,我国耕地资源处于高强度、超负荷利用的状态,导致我国耕地质量整体偏低。虚拟耕地理论为耕地资源可移动提供参考依据,从国家与区域之外的全新角度提出解决耕地资源短缺与区域不平衡问题的方法,相当于缓解了我国耕地资源短缺,解决了耕地资源紧张的部分压力。

虚拟耕地贸易带来的最直观的效益就是可以间接地增加国内耕地供给。通过粮食虚拟耕地贸易,可以节约国内耕地资源,降低对国内耕地资源的伤害,有利于我国耕地资源的可持续利用。一方面,可以利用有限的耕地资源生产我国具有比价优势的粮食作物或是其他农产品,而对于比较优势不明显甚至是具有比较劣势的粮食作物,则可以通过虚拟耕地贸易进口或者直接在海外种植,既提高了耕地资源的利用效率,也保障了国内粮食供给量不受影响。

发展虚拟耕地贸易,包括直接进口粮食、在海外租地等方式。无论是哪一种方式,都会达到降低生产粮食的耕地成本,节约我国农业生产投入的目的,同时可以减少农药、化肥等的大量甚至是过量使用,防止土地沙化、盐碱化,水土流失,土质污染等严重的生态问题的出现。一旦我们采用虚拟耕地进口的战略,必然大大降低我国农业投入。

(四) 国际虚拟耕地进口的政策安排

国际虚拟耕地进口的政策安排,主要包括:

一是坚持适度进口的原则。相对于其他国家而言,我国属于劳动力较为丰富而土地资源较为稀缺的发展中国家,人多地少是我国的基本国情。不管是赫克歇尔-俄林要素禀赋理论,还是从粮食贸易发展趋势来看,我国都应该从土地丰裕的国家进口粮食产品。我国在主要粮食生产品种上不具有竞争力。为了保障我国粮食安全,增加虚拟耕地进口是必然的、经济的、有效的选择。通过进口虚拟耕地,一方面可以缓解国内耕地资源紧缺的矛盾,保护国内耕地资源,促进经济生产可持续发展;另一方面可以填补国内短缺粮食品种的供应缺口,保障国内粮食供给,维护国家粮食安全。

但是如果过度进口其他国家粮食,一方面必将影响国内的粮食生产,威胁国家粮食安全。另一方面会引起国际粮食价格上升,导致我国粮食进口成本过高,耗费大量国家外汇储备,进而影响国家经济可持续发展。因此,不管是从国家粮食安全还是从我国经济可持续发展的角度来看,坚持适度进口的原则,都是一种正确的选择。

二是坚持统筹利用国内国际两个市场的原则。党的二十大报告指出要"增强国内大循环内生动力和可靠性,提升国际循环质量和水平"。我国人均耕地不到 1.5 亩,仅仅依靠国内有限的耕地资源还不能全面解决粮食供给问题,而部分国家耕地资源丰富,粮食产量高。因此,国际虚拟耕地进口是缓解我国耕地压力的有效手段。

国际虚拟耕地进口,是一把双刃剑,一方面可以缓解我国耕地的压力,保障国家粮食安全,另一方面影响国内粮食价格,进而影响国内农作物种植。国际粮食虚拟耕地贸易只是一种手段,能短暂解决我国耕地资源紧缺的问题,不能从根本上解决我国粮食安全的问题。要坚持统筹利用国内国际两个市场的原则,立足国内粮食生产,适当进口国际虚拟耕地,推动我国经济可持续发展。

要立足国内农产品建设,提高粮食自给率。第一,通过各种政策制度,保证 18 亿亩的耕地"红线"不被突破,例如责任追究制度、耕地占用审批制度等等;第二,推动农业机械化发展,提高耕地资源的利用率,优化土地种植结构,提高单位粮食产量,进而全面增加粮食总产量;第三,提高国内耕地质量,通过科技创新和科技投入,提高国内农产品的质量。此外,要充分利用国际市场,根据比较优势理论对不同粮食品种采取不同的贸易策略,既能保障国内粮食安全,也能避免国内粮食市场受到国际市场冲击。

三是坚持国家整体粮食安全原则。党的二十大报告指出"全方位夯实粮食安全根基"。民以食为天,粮食安全关系到国家安全,作为世界第一人口大国和粮食消费大国,我国用世界 7% 的土地养育了世界上 20% 的人口。我国粮食生产中面临着结构性供求矛盾、区域间生产能力供给不平衡等问题。当前必须统筹利用有限的土地资源,依靠自己的力量实现粮食基本自给。

在进行虚拟耕地进口时,我国不能仅仅依赖于粮食进口,还可以通过海外租赁、购买、承包或共同开发土地等形式来增加虚拟耕地进口,减轻国内耕地资源紧缺带来的巨大压力,缓解耕地保护与建设占用耕地之间的矛盾,进而保障我国粮食安全,具有比较优势和可行性。

四、积极开展国际粮食合作

在"一带一路"倡议带动下,我国开展国际粮食合作迎来新的发展机遇和发展阶段。在统筹利用国内国际两个市场的背景下,实施藏粮于地战略,也要充分利用国际耕地资源和国际粮食资源。依托国内国际两个市场保障国家粮食安全。

(一) 我国开展国际粮食合作的主要成就

改革开放以来,我国国际粮食合作取得了巨大成就。截至 2016 年年底,我国企业在全球 107 个国家(地区)进行海外农业投资,国别投资覆盖率达到 47.8%。我国农业对外投资主要集中在亚洲和大洋洲。截至 2016 年年底,中国企业境外投资共生产粮食作物 166.1 万吨,经济作物 361.8 万吨,畜产品 58.9 万吨,水产品 32.7 万吨。[①]

2001 年,"走出去"战略被写入《国民经济和社会发展第十个五年计划纲要》,党的十六大把"走出去"战略上升为国家战略,随后农业"走出去"得到快速发展。2016 年,我国制定了《农业对外合作规划(2016—2020 年)》,提升农业国际合作水平。2017 年,农业部、外交部等部门发布《共同推进"一带一路"建设农业合作的愿景与行动》。2018 年 11 月,《中俄在俄罗斯远东地区合作发展规划(2018—2024 年)》发布,中俄农业合作获得进一步发展。2022 年 1 月《"十四五"农业农村国际合作规划》发布,推进境外农业

---

① 资料来源:农业农村部国际合作司,农业农村部对外经济合作中心.中国对外农业投资合作分析报告(2017 年度).中国农业出版社,2018.

合作示范区和农业对外开放合作试验区发展布局,推动农业科技国际合作平台建设。

今后,在"一带一路"倡议下,我国国际粮食合作将得到全面发展。

(二) 我国开展国际粮食合作应当遵守的基本原则

国际政治、经济、军事等形势错综复杂,我国开展国际粮食合作也面临一定风险。在开展国际粮食合作过程中,要遵守的基本原则包括:

一是平等协商原则。在平等协商的基础上同世界各国和各地区开展国际粮食合作,不搞霸权主义。

二是市场主导与政府引导相结合原则。全球化过程中,市场经济发挥了资源配置的主导作用。开展国际粮食合作,要发挥国内各类农业企业的优势,遵守国际准则,与国外企业实现优势互补、协同发展。政府引导,主要是为企业开展国际粮食合作,提供完善的政策支持,创造良好的国际合作环境。

三是绿色共享原则。绿色共享原则符合《2030 年可持续发展议程》的要求。《2030 年可持续发展议程》提出了 17 项发展目标。与粮食安全、农业发展、耕地保护等内容相关的目标包括"消除饥饿,实现粮食安全,改善营养状况和促进可持续农业""采用可持续的消费和生产模式""保护、恢复和促进可持续利用陆地生态系统"等等。"创新、协调、绿色、开放、共享"的五大发展理念,不仅是指导国内经济社会发展的理念,也是我国开展国际粮食合作的行动指南。通过开展国际粮食合作,双方共同实现绿色发展,共享合作成果。

四是互利共赢原则。在开展国际粮食合作,要考虑双方的利益诉求,充分发挥各自在人才、技术、农业资源等方面的优势,实现互利共赢。只有坚持互利共赢原则,国际粮食合作才能实现持续运营,得到双方的大力支持。

(三) 我国开展国际粮食合作的路径选择

我国开展国际粮食合作,具体路径包括国际农业贸易合作、粮食科技合作、粮食种植合作等等。

一是提高农产品质量,加强国际农业贸易合作。按照国际农产品质量标准提高国内农产品质量,是提升我国农产品出口竞争力的关键。严格按照农产品质量标准进口农产品,也是保障我国居民消费安全的重要举措。实施质量兴农战略,在国际农业贸易领域的表现就是积极提高农产品质量,达到相关国家农产品质量标准要求。

二是发挥各自优势,促进粮食科技合作。世界各国在粮食科技方面的优势各不相同,通过国际技术合作发展各自技术优势,可以实现双赢。多年来,我国粮食科技帮助部分非洲国家提高了农业发展水平。我国从农业发达国家学习到先进的农业管理技术,也推动了我国农业的发展。今后国际粮食科技合作需要继续加强。

三是挖掘国际耕地资源,开展粮食种植合作。全球耕地闲置资源丰富。积极挖掘国际耕地资源,开展粮食种植合作,有利于我国扩展粮食进口来源,也有利于促进东道国农业发展。据报道,2018 年 10 月,我国企业在俄罗斯远东地区种植的千吨大豆由俄罗斯哈巴罗夫斯克港运抵中国市场。这是我国企业首次将在俄罗斯种植的优质大豆大批量回运国内。2018 年底,俄罗斯农业集团公司首批 5000 吨玉米已经运到中国青岛港。① 中俄粮食种植合作成效初显。

四是规范国际农业投资,积极预防和化解各类投资风险。对外农业投资周期较长,容易受到政治、经济等各类风险因素影响,必须建立农业投资风险防范机制。优先选择在政治稳定、经济发展潜力大、农业发展基础好的地区和国家开展农业投资,做好投资风险监测和评估。

五是抓住"一带一路"机遇,鼓励农业企业"走出去"。"一带一路"倡议得到国际社会的广泛认同和响应。我国是农业大国,但还不是农业强国。国内农业企业要紧紧抓住"一带一路"机遇,结合自身条件,充分挖掘"一带一路"国家农业优势,找到适合企业发展的合作点,实现互利共赢共享。

第三节 实施藏粮于地战略的体制机制创新

本节主要阐述中国实施藏粮于地战略的体制机制创新。具体内容包括坚守耕地红线与严守生态红线相结合、坚守耕地红线与控制城镇边界相结合、稳定农业综合产出与增强效益相结合等等。

一、坚守耕地红线与严守生态红线相结合

绿色发展是"创新、协调、绿色、开放、共享"发展理念的重要内容,是农业可持续发展的客观要求。实施藏粮于地战略,坚守耕地红线,要坚持绿色发展理念,与保护生态环境相结合,与严守生态保护红线相结合。《全国国土规划纲要(2016—2030 年)》指出要"切实发挥耕地特别是基本农田在优化城镇、产业用地结构中的生态支撑作用"。

---

① 资料来源:俄罗斯农业集团首批 5000 吨玉米已运往中国.华南粮网,2019 - 01 - 12.

（一）实现耕地红线与生态红线协调发展

生态保护红线是在生态空间范围内具有特殊重要生态功能、必须强制性严格保护的区域。这些区域在重要水源涵养、生物多样性维护、水土保持、防风固沙等具有重要功能。2017 年 2 月中共中央办公厅、国务院办公厅印发了《关于划定并严守生态保护红线的若干意见》指出，要落实生态保护红线边界，确立生态保护红线优先地位。例如，2018 年 6 月，河北省发布了《河北省生态保护红线》，并制定了相应的管理办法。根据该规定，河北省生态保护红线总面积 4.05 万平方公里；其中，陆地保护红线面积 3.86 万平方公里，占全省陆域国土面积的 20.49％。[①] 这些红线区域包括山地生态屏障、防风防沙林带、各地区生态保护地等。

生态保护红线失守，耕地保护就失去了基础和屏障。因此，耕地红线与生态红线必须相互依存，实现协调发展。

多年来，我国实施的退耕还林工程，在生态恢复和保护方面发挥了重要作用。我国的《退耕还林条例》在 2002 年发布，2016 年进行了修订。纳入退耕还林规划的耕地，主要处于水土流失严重、沙化碱化严重、生态地位重要等地区。到 2020 年，累计退耕还林 2969.97 万公顷。[②]

实现耕地红线与生态红线协调发展，既要做到耕地不越过生态红线，也要做到生态红线为耕地资源提高坚实生态保障。

（二）保护永久基本农田要与生态保护相结合

根据自然资源部的统计数据，到 2018 年我国已经划定 15.5 亿亩永久基本农田。[③] 划定 15.5 亿亩永久基本农田，只是第一步。更为重要的是，今后要采取各种措施严格保护这些永久基本农田。

部分永久基本农田分布在城镇周边。在今后相当长的时期内，保护这些农田任务艰巨。城镇周边的永久农田，不仅承担"米袋子""菜篮子"的功能，同时更具有绿化环境、涵养水土、保持生态等功能。守住这些农田，也是在保护生态环境。

在保护永久基本农田的过程中，同样存在保护生态环境问题。在农业生产过程中，要适当减少化肥、农药的使用量，倡导使用有机肥和绿色农药，实现农业生产过程绿色化，维护土壤质量。在农业生产过程中合理使用地下水资源，逐渐改变漫灌等农业用水方式，发展节水农业，避免地下水资源

---

① 资料来源：河北省人民政府关于发布《河北省生态保护红线》的通知（冀政字〔2018〕23 号）.河北省生态保护厅网站，2018 - 07 - 20.

② 资料来源：根据《中国农村统计年鉴》（2021）.

③ 资料来源：全国划定 15.50 亿亩永久基本农田.央视网，2018 - 06 - 25.

超采。

（三）提高耕地质量要与生态保护相结合

提高耕地质量是藏粮于地战略的重要内容和要求，要与生态保护有效结合。

在提高耕地质量过程中，要坚持科学施肥，保护生态环境。积极推广测土配方施肥技术，积极推动畜禽粪便养分还田和农作物秸秆还田。逐渐降低化肥使用量，提高土壤有机质含量，提高土壤肥力，维护农业生态。

开展土壤污染治理，要注重生态保护要求。在治理南方土壤酸化、北方土壤盐渍化等问题时，要防止二次污染。

此外，开发耕地后备资源，补充耕地数量，要注意保护生态环境。

二、坚守耕地红线与控制城镇边界相结合

十九大报告指出："完成生态保护红线、永久基本农田、城镇开发边界三条控制线划定工作。"在城镇化、农业现代化发展过程中，坚守耕地红线，要注意与控制城镇边界相结合。控制城镇边界，关键是控制城镇开发边界。

（一）耕地红线与城镇开发边界要泾渭分明

坚守18亿亩耕地红线是需要长期坚持的耕地底线。18亿亩耕地红线目标经过分解，从省（区、市）到市、县、村镇逐级落实。通过划定永久基本农田的方式，明确了各地区耕地红线，奠定了保护耕地的基础。到2017年6月，《全国土地利用总体规划纲要（2006—2020年）调整方案》规定的15.46亿亩耕地保护目标，已经全部划定边界、补齐标志界桩，成为永久基本农田。根据统计数据，全国城市周边共划定9740万亩永久基本农田，保护比例由45%增加到60%。[①] 对永久基本农田采取措施进行特殊保护，是坚守18亿亩耕地红线的坚实保障。

严格确定城镇开发边界是控制城市发展规模和空间的重要手段。《城市规划编制办法》（2006）提出了"三区四线"约束城市边界增长的措施。[②]《国家新型城镇化规划（2014—2020年）》提出"城市规划要由扩张性规划逐步转向限定城市边界""合理确定城市规模、开发边界、开发强度和保护性空间"。在实践中，需要加强法规和政策方面的硬约束，严格控制城镇开发边界随意变更和过度扩张。

结合耕地红线、生态红线，城镇开发边界在落实过程中存在对开发边界

---

① 资料来源：全国永久基本农田划定工作总体完成.国土资源部网站,2017-09-21.

② "三区"，即禁建区、限建区和适建区；"四线"，即蓝线、绿线、紫线和黄线。

的内涵认知多样化、模式设计差别化、应用途径模糊化等问题。[①] 城镇开发边界是否需要一次划定、不再变更,还是定期变更,实践中需要具体问题具体分析。但是,在各地区城镇化过程中,城镇开发边界必须清晰、确定。调整、变更城镇开发边界,应该强化审核程序,加强立法和执法管理。

坚持耕地红线与城镇开发边界要泾渭分明,是有效保护耕地,也是有效控制城镇土地扩张的重要前提条件。积极推进各地区划定城镇开发边界,有效管理城镇开发边界,是实现城镇化、农业现代化协调发展的重要途径。

(二)节约用地,避免城镇开发边界挤占耕地红线

城镇化是一个动态发展过程。因此,城镇开发边界处在持续变动、扩张的状态中。科学规划城镇建设用地,加强内部结构优化,提高开发效率,积极节约用地,是避免城镇开发边界挤占耕地红线的根本途径。

通过立法和规章确保城镇开发边界在一定时期内的明确性和稳定性。这是对城镇化的有效约束和对耕地红线的有力支持。例如,在划定城镇开发边界的基础上,可以限定城镇开发边界 5 至 10 年不变动,到期后可以重新评估调整和划定。

到 2015 年 5 月,北京、上海、苏州、郑州等 14 个城市开发边界划定试点工作已取得初步成果。各试点城市结合本地区具体发展定位和实际情况,在城镇开发边界的划定对象、划定内容、管理方案等方面不尽相同,都充分考虑了"三线合一"和"多规合一"的要求。2017 年 4 月,河南省公布《河南省省级空间规划试点实施方案》。[②] 该方案充分考虑了河南资源承载力、城镇发展、承担国家粮食安全保障、生态发展等方面的要求。

(三)构建耕地红线与城镇开发边界协同发展机制

构建耕地红线与城镇开发边界协同发展机制,是实现城镇化与农业现代化协调发展、实现城镇化与生态保护协调发展的客观要求,也是全面落实藏粮于地战略的客观要求。

构建耕地红线与城镇开发边界协同发展机制,一是要充分挖掘城镇功能布局和空间结构优化的潜力。利用旧城区改造、新城区建设等机会,积极优化城区结构布局,减少建设用地扩张,提高城镇开发的利用效率。

构建耕地红线与城镇开发边界协同发展机制,二是要充分发挥城镇周边耕地资源的绿化功能。城镇周边耕地资源为城镇发展提供了绿色环境和

---

① 资料来源:林坚,乔治洋,叶子君. 城市开发边界的"划"与"用"——我国 14 个大城市开发边界划定试点进展分析与思考. 城市规划学刊,2017(02).

② 资料来源:河南省委办公厅　省政府办公厅印发《河南省省级空间规划试点实施方案》. 河南省自然资源厅网站,2017 - 05 - 09.

生态保护,有利于提高城镇居民生活质量。城镇周边耕地资源不仅要着眼于农业生产,而且要服务于城镇生态保障和居民对绿色生活的需求,发展休闲农业、观光农业等多种农业形态。

三、稳定农业综合产出与增强效益相结合

稳定农业综合产出,要与增强经济效益和生态效益相结合,关键在于提高发展质量。

(一)持续提高农产品质量

持续提高农产品质量既是农业绿色生产要实现的目标,也是对接农产品消费需求、增强农业经济效益的重要途径。持续提高农产品质量,可以从以下几方面考虑:

一是强化绿色投入和绿色产出。在维护生态环境、改善土壤质量的条件下,逐渐减少化肥和农药使用量,降低农产品的农药残留量。通过宣传和政策引导,让农民、农业龙头企业等农业主体树立绿色生产理念。

二是推进农业标准化生产,构建农业生产质量控制体系。逐步完善种子、农药、化肥等农业投入物的质量规范和投入准则。扩大绿色产品认证、有机农产品认证等质量认证体系在农业领域的实施范围,健全农产品质量等级评价体系。

三是积极促进特色和优质农产品生产。依托各地区特色农产品和特色农产品优势区发展基础,支持本地区特色和优质农产品生产,构建产品支持和开发体系。提高特色农产品附加值,延伸产品价值链。

(二)加强农业品牌保护和培育

农业品牌包括区域性共有品牌和企业专有品牌。加强农业品牌保护,是提高农产品价值、增加农民收入的重要手段。

在农业生产环节,特色农产品和特色农产品优势区创建是培育农业品牌的重要途径。自 2003 年以来,农业部陆续推进优势农产品和特色农产品规划建设,大大提高了各地区农产品的质量和知名度,培育了一批知名农产品品牌。2017 年,农业部等部门联合下发《特色农产品优势区建设规划纲要》,进一步增强农业比较优势和竞争力。

在农产品加工环节,通过农产品深加工,延伸产品价值链,赋予产品新的品牌价值和品牌内涵,可以显著提高农产品附加值,推动农村一二三产业融合,增加农民收入,增强农村活力,提高农业竞争力。在农产品销售和消费环节,积极宣传特色产品的价值理念,引导居民消费观念,可以扩大产品市场规模。

（三）构建农产品优质优价形成机制

在提高农产品质量、培育和保护农业品牌的基础上，必须构建农产品优质优价形成机制。提高农产品质量，培育和保护农业品牌，构建农产品优质优价形成机制，分属于生产、流通领域，也是一个有机整体。仅有质量和品牌，无法实现农产品优质优价，则农产品的高质量和知名品牌无法得到有力支持，与普通农产品没有价格差异，会出现"劣币驱逐良币"的现象，最终生产者丧失追求高质量的动力，区域公共品牌也将丧失优势。

构建农产品优质优价形成机制，一是加强质量认证，要完善农产品产地检验制度。通过定期和不定期质量检测，保障特色和优势农产品质量。二是通过农产品绿色标签管理，实现优质高价。通过农业绿色标签管理，提高优质农产品的识别率。三是打击假冒伪劣农产品，防止绿色认证标签乱用、滥用。积极构建农产品质量可追溯体系，确保农产品质量安全。

四、农业适度规模经营与家庭经营相结合

我国各地区耕地资源差异较大，需要因地制宜，结合各地区情况开展农业适度规模经营和家庭经营。不能一刀切，盲目推进农业规模经营。

（一）分地区积极推进农业适度规模经营

党的二十大报告再次强调"发展农业适度规模经营"。农业适度规模经营，"适度"的标准是什么？2014年中共中央办公厅和国务院办公厅印发的《关于引导农村土地经营权有序流转发展农业适度规模经营的意见》提出的现阶段农业适度规模经营标准是，"土地经营规模相当于当地户均承包地面积10至15倍、务农收入相当于当地二三产业务工收入"。[①] 由于各地区户均承包地面积、非农收入存在较大差异，不同地区农业适度规模经营的标准也有较大差异，无法完全统一。

从我国农业现代化的发展趋势和要求看，推进农业适度规模经营是我国现代农业发展的必然选择。但是，从各地区实践看，适合推进农业适度规模经营的地区，可以发展规模化经营。适合推进农业适度规模经营的地区，至少要具备以下特征：耕地资源相对丰富，本地区农业劳动力转移速度较快、数量较大，地块相对平整、集中，农业机械化和社会服务水平较高，农业生产者具有一定的农业经营管理水平，农业规模经营收入基本上不低于本地区二三产业收入等等。显然，不是全国所有地区都具备这样的条件，农业

---

① 资料来源：关于引导农村土地经营权有序流转发展农业适度规模经营的意见. 人民日报，2014-11-21(03版).

适度规模经营是农业生产力逐渐提高的结果。

从长期看,随着农业人口逐渐转移到城镇,以及农业生产效率的逐渐提高,农业适度规模经营自然而然成为一种发展要求。因此,在实践中,各地区要结合自身情况,分区域积极推进农业适度规模经营。

(二) 积极扶持农业家庭经营

根据联合国的预测,到 2035 年,我国城镇化率达到 73.9%,总人口达到 14.3 亿人。[①] 据此推算,我国农业人口也有 3.7 亿人左右。按照 2035 年我国耕地保有量为 18.25 亿亩计算,到 2035 年我国农户人均耕地面积仅为 4.93 亩左右。这充分说明,未来农业家庭经营仍然是我国农业经营的重要基础。

积极扶持农业家庭经营,要完善农业生产补贴政策,持续提高农民种地积极性。考虑到农业收入在农民收入中比重逐渐下降,提高农民种地积极性,一方面需要增加农业补贴数量,另一方面需要千方百计提高农民的非农业收入。

积极扶持农业家庭经营,逐步培育新型职业农民,在"互联网+"背景下提高农民的综合素质和经营能力。新时代,随着我国农业现代化的快速发展,对农民的要求越来越高。新型职业农民需要具备农业生产能力,也需要具备农业经营技能,能够利用信息化手段开展农业活动。

(三) 构建小农户与现代农业的衔接机制

在我国乡村振兴和农业现代化发展过程中,需要积极扶持小农户发展,切实维护小农户利益。小农户在农业生产和经营方面存在一定的脆弱性。构建小农户与现代农业的衔接机制,可以带动小农户的发展。

构建小农户与现代农业的衔接机制,一是通过股权、契约等方式带动小农户发展。农业合作社、农业产业龙头化企业在信息、生产组织、市场经营等方面具有一定优势。二是通过参股、签订农业生产合同等途径,小农户在农业合作社、农业产业龙头化企业等新型农业经营主体的带动下,可以有效降低生产经营风险。

构建小农户与现代农业的衔接机制,二是积极构建农业全程生产社会化服务体系。农业全程生产社会化服务体系,覆盖农业产前、产中和产后,可以有效提高农业产业化服务水平。小农户可以依靠农业全程生产社会化服务体系提高生产能力,改善生产条件和经营条件。

---

① 资料来源:UN. World Urbanization Prospects: The 2018 Revision. New York United Nations, 2018.

五、三产融合与农业农村优先发展相结合

2019 年中央一号文件提出了"农业农村优先发展"的总方针,要求将"藏粮于地、藏粮于技"落到实处。党的二十大报告继续强调"农业农村优先发展""坚持城乡融合发展"。处理好工业与农业的关系,积极促进农村一二三产业融合,是推动农业农村优先发展的重要路径,也是实施藏粮于地战略的重要保障条件。工农互动,积极促进农村产业融合,实现农业农村优先发展,可以从以下几个方面着手。

(一)政府调控,为农业农村发展注入动力

正确处理工农关系,政府引导是关键。新时代加强工业对农业的支持和帮助,需要政府正确引导。

一是提高农村基础设施建设水平。政府通过投资倾斜,加强农村的基础设施建设。逐步完善乡村道路网络,增加乡村道路的宽度,提高乡村道路质量。逐步完善乡村互联网布局和电信基础设施,提高网络使用覆盖率,为农村电商发展提供基础条件。

二是加强对农业生产的补贴力度。通过农业生产补贴,有效保护耕地资源,改善耕地质量,提高农民种粮积极性,全面落实藏粮于地战略。逐步将农业产出的数量和质量结合起来,提高农业生产补贴的效果,实现"精准补贴"。

三是完善粮食最低收购价制度。在粮食收购环节保护农民利益的同时,要协调最低收购价与粮食加工企业之间的影响关系。统筹考虑粮食生产价格对粮食加工价格的影响,避免"稻强米弱""麦强面弱"等现象出现,实现工农业的良性互动。

(二)市场主导,激发农业农村发展活力

要充分发挥市场在农业农村资源配置中的主导作用。农业农村发展,要坚持以城乡消费需求为导向,通过市场调节充分调动农业生产的积极性和适应市场的主动性。

积极将工业化的最新成果应用于农业农村发展。在完善农村电信设施的基础上,大力推动"智慧农业",提高农业信息化水平。积极促进"互联网＋农业""互联网＋粮食"在农业农村实践中落地生根。大力发展农村电子商务,盘活农业产品资源,实现城乡之间农产品资源供需有效对接。

积极将工业产业链、价值链、供应链延伸到农业农村。2019 年 3 月 8 日,习近平在参加十三届全国人大二次会议河南代表团审议时指出:"发挥自身优势,抓住粮食这个核心竞争力,延伸粮食产业链、提升价值链、打造供

应链,不断提高农业质量效益和竞争力,实现粮食安全和现代高效农业相统一"。① 充分发挥农产品加工、食品制造、医药制造等工业行业对农业发展的带动作用。鼓励城镇工业企业将粮食产业链、价值链、供应链延伸到农业农村,实现工农互动,激发农业农村发展活力。通过提高农业综合效益,增强农民种粮的信心和决心,确保藏粮于地战略有效实施。

(三)产业融合,促进农业农村高质量发展

实现农村一二三产业融合,推动传统农业向现代农业转变,提高农业农村的发展质量。

充分发挥农村农产品资源优势,实现城乡食品产业链融合。将城镇的食品加工优势、消费优势与农村的产品资源优势结合起来,完善供应链条,实现供给和需求的良性循环。通过电子商务、农业龙头企业带动等途径,实现农产品生产、加工和消费的有机融合。

充分发挥农村生态资源优势,实现城乡服务产业融合。农村耕地资源丰富,生态资源优势明显。各地区可以根据实际情况发展多功能农业。积极推动农业与旅游休闲、教育、养老等产业的融合,满足居民的生态消费需求。挖掘农耕文化资源,在体验农耕文明的过程中提高人民爱惜耕地、保护耕地的意识。

充分利用产业集聚优势,实现产业融合与城镇化协同发展。农村发展规划要与城镇规划有机衔接。通过农村土地整治等方式,为农村建设和耕地保护创造空间。引导农村一二三产业向本地区产业园区集聚发展,通过集中建设物流、仓储、购销等区域性中心,提高发展效率,节约建设用地。

六、缩小城乡差距与缓解相对贫困相结合

缩小城乡差距,最终实现城乡一体化,是我国社会发展的重要目标。当前,我国城乡差距仍然较大。新时代,通过城镇发展带动乡村发展的方式,可以有效缩小城乡差距。城乡差距过大,不符合农业农村优先发展的要求,不利于耕地保护和利用,不利于藏粮于地战略的实施。

(一)积极发展乡村教育和培训

人力资本差异是造成城乡差距的重要原因。积极发展乡村教育和培训,增加乡村人力资本投入,可以提高农村居民发展质量,缩小城乡居民发展差异。

要积极提高义务教育发展质量。义务教育是基础教育,对人的后期发

---

① 资料来源:张敏彦.河南团.习近平对这个战略再作部署.新华网,2019-03-09.

展影响深远。在普及义务教育的基础上,当前义务教育的重点是提高义务教育的质量,让更多的学生有机会读高中、上大学。人力资本投入最终将有效提高农村学子的发展质量,实现农民到市民的身份转换。

要积极培育新型职业农民。农民是农业生产的重要主体。新型职业农民是现在和未来我国农业生产的重要力量。通过教育和培训,推动传统农民向新型职业农民转变,也是农业现代化的重要体现。鼓励电商企业在农村举办培训,提高农民运用电子商务开展农业经营的能力。鼓励涉农高校到农村开展农业生产培训,开展农业技术推广和普及活动,提高农民科学素养。

要加强对乡村基层干部的教育和培训。定期对乡村基层干部开展培训,及时将新知识、新理念、新精神传播到基层,才能保障各项"三农"政策和任务不折不扣落到实处。

(二)积极缓解农村相对贫困群体

在今后消除绝对贫困的基础上,扶贫工作的重点是缓解相对贫困,巩固扶贫成果。缓解农村的相对贫困,尤其重要,是继续缩小城乡差距的关键。在脱贫基础上继续提升农民收入水平,进一步缩小城乡收入差距,有利于广大农民坚定农业生产的信心,增强安全感、幸福感和获得感,更加自觉从事农业生产,保护合理利用耕地资源。

农村相对贫困群体的特点,在收入上主要表现为其收入水平虽然高于国家贫困线,但显著低于农村居民可支配收入的平均水平,甚至处于贫困线附近。农村相对贫困群体虽然温饱不愁,但生活质量整体不高。缓解农村相对贫困,重点是提高农村相对贫困的致富能力,通过培训、政府和社会扶持等途径改变落后观念,获得致富技能。

(三)积极推动农民的市民化进程

到 2035 年,我国基本实现农业现代化,仍然需要有上亿农村劳动力转移到城镇。农村人口向城镇转移,减少了农村剩余人口的规模,提高了农业劳动生产率,农民人均经营耕地面积偏低的状况将有所改善。

积极完善农村劳动力在城乡之间合理流动的机制。支持和鼓励农村劳动力向城市流动,是农民实现市民化的第一步。部分农民通过自身发展,可以成功融入到城市中。但也有部分农民在城市发展一段时间之后,返回乡村。耕地和宅基地是农民返乡后的基本保障。要积极完善农村劳动力在城乡之间合理流动的机制,让农民能够在城市发展,也可以回到乡村发展。

积极推进新型城镇化进程,为农民转变为市民创造条件。各地区结合自身条件,合理、有序推进农民在城镇落户。积极发展中小城市,完善落户政策和配套服务,使落户农民真正享受到城市的医疗、教育、社保等公共服务,充分实现全民共享改革开放的发展成果。

七、人类命运共同体与保粮食安全相结合

2013年,习近平总书记首次提出构建人类命运共同体,此后不断得到深入阐释和发展。2017年十九大报告强调构建"人类命运共同体",建设"持久和平、普遍安全、共同繁荣、开放包容、清洁美丽的世界",2022年党的二十大报告再次强调构建人民命运共同体。粮食安全是全球治理面临的共同命题。全球粮食供需不均衡,区域粮食安全状况差异较大。共同参与全球粮食安全治理,符合构建人类命运共同体的宗旨和要求,是建设人类命运共同体的重要内容。

新时代我国实施藏粮于地战略,要统筹国内和国际粮食市场,协调国内耕地保护和国际耕地合作的关系。在全球粮食安全治理背景下,确保我国粮食安全,为世界粮食安全作出贡献。

(一)坚持以我为主,自力更生和适度进口相结合

自力更生是我国实现粮食安全的基本立足点。依靠我国自身耕地资源和农业综合生产能力养活全体中国人民,这是我国对世界粮食安全做出的重要贡献。

要坚持"以我为主、立足国内、确保产能、适度进口、科技支撑"的粮食安全战略。"适度进口"是我国统筹利用国际粮食市场和资源的表现。"适度进口"既节约了国内耕地资源,满足了国内多元化消费需求,又给国际粮食出口国带来外汇收入,实现了粮食资源共享和双赢。"适度进口",既不威胁国内粮食安全,又不给世界粮食生产带来负担,实现了国际粮食资源的高效配置。

统筹利用国际粮食资源,要通过粮食宏观调控避免国际粮食市场对国内市场产生严重冲击。国内外粮食市场联系日益密切,粮食价格互动更加频繁,需要把握粮食进口的节奏和规模。

(二)积极提高我国农业国际竞争力

积极提高我国农业国际竞争力,是统筹利用国内和国际市场的表现。当前,我国农业在生产规模、农产品质量、生产成本等方面还存在诸多不足。但近些年我国农产品进出口贸易持续增长,显示出巨大的发展潜力。

积极扩大农产品进口,可以满足国内多元消费需求,提高居民生活质量,符合全面建成小康社会的要求和发展方向。积极提高农产品出口竞争力,可以带动农村就业,推动农村一二三产业的发展,提高农业综合效益,增加农民收入,提高藏粮于地战略的产出效益。

提高我国农业国际竞争力,一是要积极培育农业龙头企业。通过农业

龙头企业带动，推动农业规模经营，降低农业生产成本，提高农业经营效益。二是根据国际市场需求变化调整国内农业生产结构，以需定产，提高农产品出口效益。三是要坚持绿色发展。严格按照国际标准认证要求，降低农药残留，生产并出口绿色、健康农产品，满足国际市场消费需求。

（三）共同保护全球耕地资源和生态环境

可持续发展是构建人类命运共同体的重要内容。共同保护全球耕地资源和生态环境，是世界各国的共同责任。

发达国家和发展中国家大都经历了城镇化、工业化的发展历程，耕地保护和生态环境保护任务艰巨。世界各国加强国际合作，共同保护有限的耕地资源和生态环境，才能够实现全球农业的可持续发展。

美国航天局（NASA）2019年2月在其网站公布了一项研究成果。通过近20年的对比表明，全球比20年前更绿了，来自中国和印度的贡献占全球的三分之一。中国绿色面积增加主要是由于森林面积（占42％）和农作物（占32％），印度绿色面积增加主要是因为农作物面积增加（占82％）和森林面积增加（占4.4％）。[1] 中国绿色面积增加，反映了多年来中国在治理水土流失、植树造林、治理污染等方面取得的巨大成就。美丽中国建设，不仅造福中国人民，同样造福世界人民，为世界可持续发展作出了应有贡献。2019年3月，第四届联合国环境大会提出，为应对日益退化的资源和环境，需要依靠有复原力的农业实践来推动可持续食物系统。[2]

中国保护全球耕地资源和生态环境的实践经验表明，全球共同致力于保护耕地和生态环境，才能够确保全球可持续发展。全球耕地和生态环境恶化，世界各国也会处于不利境地。

（四）加强粮食安全治理，共同构建人类命运共同体

中国用占世界不到10％的耕地资源，解决了占世界近20％人口的吃饭问题，这是对全球粮食安全治理的巨大贡献，也为全球粮食安全治理提供了中国智慧、中国经验和中国方案。中国参与全球粮食安全治理，既可以巩固自身粮食安全，也可以协助其他国家和地区解决粮食安全问题。

世界饥饿问题尚未完全解决。2018年世界粮食日主题是"努力实现零饥饿"。联合国2030可持续发展目标之一就是消除零饥饿，实现粮食安全。根据联合国官方网站可持续发展目标相关统计数据，当前世界总人口的九

---

[1]　资料来源：China and India Lead the Way in Greening. NASA Earth Observatory, 2019 - 2 - 12.

[2]　资料来源：World pledges to protect polluted, degraded planet as it adopts blueprint for more sustainable future. UN Environment, 2019 - 3 - 15.

分之一仍然营养不良(8.15亿),约占发展中国家人口的12.9%。

积极构建人类命运共同体,加强粮食安全治理,中国既有责任也有义务。2016年中国政府发布了《中国落实2030年可持续发展议程国别方案》,提出中国落实2030年可持续发展议程的主要路径和实施方案。从全球粮食安全治理和共同构建人类命运共同体的视角,全面审视中国粮食安全问题,中国实施藏粮于地战略,巩固粮食安全,责任重大。中国实施藏粮于地战略,必须坚持农业可持续发展,夯实粮食安全基础。

总之,中国实施藏粮于地战略的体制机制创新,需要考虑耕地红线与生态红线相结合、耕地红线与城镇开发边界相结合、稳定农业产出与增强效益相结合、农业适度规模经营与家庭经营相结合、工农互动、以城带乡、统筹国内国外市场等问题。通过体制机制创新,确保藏粮于地战略落到实处。

第四节　特殊情况下实施藏粮于地战略的政策建议

本节主要阐述特殊情况下实施藏粮于地战略的政策建议。特殊情况主要包括新冠疫情、全球粮食危机、地震等情形。

一、新冠疫情背景下实施藏粮于地战略的政策建议

党的二十大报告指出过去几年"统筹疫情防控和经济社会发展取得重大积极成果"。2019年底开始的新冠疫情对农业生产造成的影响有限,但需要认真对待。新冠疫情在生产资料流通、农业生产人员流动等方面影响较大。

一是在做好新冠疫情防控的条件下要确保农业生产资料供应通畅、农业生产人员合规流动。部分地区疫情加剧,出现了劝退物流运输车辆的情况,导致农业生产资料供应受阻。新冠疫情背景下,在符合当地防控政策的条件下,做好扫码、测温、出示行程码等措施,要确保农业生产人员合规流动,保障农业生产的正常进行。

要协同好疫情防控与农业生产的关系,做好疫情防控的同时,保障农业生产资料供应通畅。在没有发生疫情的地区,按照常态化疫情防控要求做好疫情防控工作,顺应农时积极开展农业生产活动。在疫情防范区,强化社会面的疫情管控,严格限制人员集聚,从事农业生产活动时佩戴口罩,人员之间保持1至2米的安全距离。做好测温、扫码等疫情防控措施的同时,要保障农业物资生产企业和供应部门正常运转。在农村管控区,要遵守"人不

出区、严禁聚集"的总要求,实施闭环管理,核酸检测符合要求的情况下允许开展农业生产活动。农村封控区解除封控后,逐步开展农业生产活动。

二是充分利用现代信息技术指导农业生产活动,避免人员集聚和交叉感染。农村地域广阔,要利用现代信息技术为农民提高农业生产指导,避免盲目外出。运用互联网工具加强疫情防控宣传,增强农民疫情防控观念,提高新冠疫苗接种率,为农民从事生产创造有利条件。作者在调研中发现,多数村组要求每户出一人,加入村组微信群。村长或组长通过微信群发布疫情防控通知和农业生产信息,提高了沟通效率,避免了人员集聚。通过网络宣传,普及农业合理施肥、合理用水的知识,普及农业病虫害知识,帮助农民提高农业专业化素养。

三是处理好农时与疫情防控的关系。农业生产和疫情防控对时间均有较高的要求。在春耕、夏收、秋收等关键农时,在严格做好疫情防控的条件下,要积极开展农业活动,确保不误农时、抢收抢种。各地区要做好疫情防控协调工作,防疫结果互认,防控措施无缝衔接。

按照防疫要求适度防控,反对层层加码,做好农机跨区作业引导工作,为农机人员和车辆跨区流动创造便利条件。健康码、核酸证明、体温测量符合要求的农机工作人员,允许开展作业。对农机工作人员做好持续管理,若有异常情况,能够做到人员和行程可追溯。

二、全球粮食危机背景下实施藏粮于地战略的政策建议

全球粮食危机表现在粮食价格持续高涨、粮食供给局部或整体短缺等方面。2022 年 2 月爆发的俄乌冲突,给全球粮食供给带来诸多负面影响,表现在俄罗斯和乌克兰粮食出口存在障碍、全球粮食价格上涨、化肥等农业生产资料供给下降等方面。全球粮食危机背景下,统筹国内国际市场和资源,实施藏粮于地战略,提出的政策建议如下:

一是排除干扰,立足国内,稳步推进藏粮于地战略实施。党的二十大报告指出,面对急剧变化的国际形势要"保持战略定力"。藏粮于地战略实施侧重稳定和提升农业综合生产能力,不能受短期极端因素的干扰。围绕我国食物消费需求,逐渐优化农业种植结构,降低进口依赖。通过扩大国内农业生产资料供应、提升种业竞争力等措施,确保国内农业生产正常进行。

二是藏粮于地战略实施与粮食储备优化有机结合。藏粮于地战略实施着眼于国家中长期粮食安全,侧重生产环节,是粮食储备的源头。粮食储备侧重产后储藏,存在轮换周期,更加重视短期的市场调控。发生粮食危机时,中央和地方粮食储备能够及时发挥作用。将藏粮于地战略实施与粮食

储备优化有机结合起来,协调好中长期发展与短期调节的关系,有利于我国更加从容应对全球粮食危机,保障国家粮食安全。

三是瞄准我国居民膳食需求,高度重视大豆种植,重视藏粮于地战略实施的成效。大豆是我国粮食进口的主要品种,进口依赖程度高。实施藏粮于地战略过程中,需要持续调整作物种植结构,逐年提高国内大豆生产能力,保证一定的自给率。通过技术创新提高大豆单产水平,通过轮作、套种等模式扩大大豆种植面积,积极推动大豆产业振兴。

四是做好国内外粮食价格调控,增强藏粮于地战略实施成效。藏粮于地战略实施具有全局性、系统性的特点,在关注农业产能的同时,要注重通过粮食价格调控增强藏粮于地战略实施成效。全球粮食价格持续高涨时,要及时调控国内粮食价格,避免粮食市场大起大落,避免农业生产资料价格上涨过快;全球粮食价格低位运行时,要采取措施保护农民生产积极性,稳定农业生产能力。

三、战争、自然灾害等突发情况下实施藏粮于地战略的政策建议

党的二十大报告提出要完善国家应急管理体系。战争、自然灾害属于突发情况。从粮食供需关系看,战争、自然灾害等突发情况下,做好粮食、战略物资的储备和配送,基本可以有效应对突发情况下的粮食应急需求。突发情况下,粮食储备或备粮以需就可以发挥积极作用。从粮食生产角度看,实施藏粮于地战略,确保农业综合生产能力,是做好粮食和物资储备工作的前提。

即使发生了战争、自然灾害等突发情况,只要农业生产能够继续进行,就必须坚定地实施藏粮于地战略,稳定和提高农业综合生产能力,为克服突发困难和保障正常粮食需求提供粮源。

粮食应急物资高效配送,最终能够将藏粮于地的成效发挥出来。粮食应急储备物资管理与藏粮于地战略有机衔接,是应对突发状况的有效策略。正常情况下通过藏粮于地确保粮食供给能力、构建粮食储备应急机制,突发情况下有粮可调、及时运达、保持粮食供需基本平衡。

总之,立足国内,切实推进藏粮于地战略实施,是我国应对各种特殊情况的基础。国内农业大循环是根本,核心在于稳定国内农业生产,弥补粮食供给短板。

藏粮于地战略的实施是一个系统工程,必须统筹协同,共同推进。在当前全球新冠疫情反复、俄乌冲突导致全球粮食市场前景不明等背景下,需要进一步提升战略定力,积极有效推进藏粮于地战略的实施。

参考文献

［1］ 曾衍德. 促进农业全产业链融合 助力质量兴农［N］. 农民日报,2019‐03‐23
  (002).

［2］ 郑风田,阮荣平,高杰."四轮驱动"提升新型农业经营主体服务力［N］. 经济日报,
  2019‐01‐14(012).

［3］ 王帅,赵秀梅. 中国粮食流通与粮食安全:关键节点的风险识别［J］. 西北农林科技
  大学学报(社会科学版),2019,19(02):124‐132.

［4］ 朱隽. 坚持农业农村优先发展总方针［N］. 人民日报,2019‐03‐02(004).

［5］ 罗海平,余兆鹏,朱勤勤. 基于粮食调出的我国粮食主产区粮食安全贡献度研究:
  1985—2015［J］. 农业经济,2019(02):3‐5.

［6］ 李铜山,李璐洋. 坚持农业农村优先发展面临的难题与对策［J］. 中州学刊,2019
  (02):39‐44.

［7］ 代贵金,王彦荣,宫殿凯. 日本农业现代化及其对中国的启示［J］. 中国农学通报,
  2019,35(03):158‐164.

［8］ 马晓河. 大国小农条件下的农业现代化［J］. 中国发展观察,2019(02):31‐34.

［9］ 颜廷武. 深入实施藏粮于地、藏粮于技战略［N］. 湖北日报,2019‐02‐07(003).

［10］ 刘丹,巩前文,杨文杰. 改革开放40年来中国耕地保护政策演变及优化路径［J］. 中
  国农村经济,2018(12):37‐51.

［11］ 赖应辉. 关于进一步完善粮食安全省长责任制考核的提案［J］. 中国粮食经济,2019
  (01):47‐49.

［12］ 刘国斌,车宇彤. 农业信息化与农业现代化融合发展研究［J］. 情报科学,2019,37
  (01):148‐155.

［13］ 唐忠,魏素豪. 我国耕地保护补偿:研究进展、主要争论与理论解释［J］. 农村经济,
  2018(05):1‐7.

［14］ 黄祖辉. 准确把握中国乡村振兴战略［J］. 中国农村经济,2018(04):2‐12.

［15］ 洪银兴. 新时代社会主义现代化的新视角——新型工业化、信息化、城镇化、农业
  现代化的同步发展［J］. 南京大学学报(哲学·人文科学·社会科学),2018,55
  (02):5‐11＋157.

［16］ 杜宇能,潘驰宇,宋淑芳. 中国分地区农业现代化发展程度评价——基于各省份农

业统计数据[J].农业技术经济,2018(03):79-89.

[17] 刘彦随.中国新时代城乡融合与乡村振兴[J].地理学报,2018,73(04):637-650.

[18] 刘琦,赵明正.农业现代化进程中农业要素使用强度变化规律研究——基于全球29个主要农业国家的国际经验[J].农业经济问题,2018(03):23-32.

[19] 张占耕.新时代中国特色农业现代化道路[J].区域经济评论,2018(02):102-111.

[20] 郭晓鸣.乡村振兴战略的若干维度观察[J].改革,2018(03):54-61.

[21] 韩长赋.大力推进质量兴农绿色兴农　加快实现农业高质量发展[N].农民日报,2018-02-27(001).

[22] 沈仁芳,王超,孙波."藏粮于地、藏粮于技"战略实施中的土壤科学与技术问题[J].中国科学院院刊,2018,33(02):135-144.

[23] 王永华,马明.中国农业现代化发展水平的空间分布格局及其演变[J].江汉论坛,2018(02):30-35.

[24] 陈新忠,王地.瑞典高等农业教育促进农业现代化的经验与启示[J].高等农业教育,2018(01):6-11.

[25] 陈锡文.实施乡村振兴战略,推进农业农村现代化[J].中国农业大学学报(社会科学版),2018,35(01):5-12.

[26] 唐任伍.新时代乡村振兴战略的实施路径及策略[J].人民论坛·学术前沿,2018(03):26-33.

[27] 樊鹏飞,梁流涛,许明军,张思远.基于虚拟耕地流动视角的省际耕地生态补偿研究[J].中国人口·资源与环境,2018,28(01):91-101.

[28] 叶兴庆.新时代中国乡村振兴战略论纲[J].改革,2018(01):65-73.

[29] 刘合光.乡村振兴战略的关键点、发展路径与风险规避[J].新疆师范大学学报(哲学社会科学版),2018,39(03):25-33.

[30] 廖彩荣,陈美球.乡村振兴战略的理论逻辑、科学内涵与实现路径[J].农林经济管理学报,2017,16(06):795-802.

[31] 王亚华,苏毅清.乡村振兴——中国农村发展新战略[J].中央社会主义学院学报,2017(06):49-55.

[32] 罗必良.明确发展思路,实施乡村振兴战略[J].南方经济,2017(10):8-11.

[33] 郭翔宇.实施乡村振兴战略　加快推进农业农村现代化[J].农业经济与管理,2017(05):22-24.

[34] 王凌云."藏粮于地、藏粮于技、藏粮于民"确保粮食安全[J].农业科技通讯,2017(08):53-55.

[35] 郝晋珉."藏粮于地",关键是提高耕地质量[N].中国国土资源报,2017-03-09(005).

[36] 贺汉魂.农地公有:"藏粮于地"、"藏粮于技"的制度保障——重读马克思土地所有制思想[J].当代经济研究,2017(02):29-36.

[37] 胡承霖.试论"藏粮于地、藏粮于技"的战略意义[J].农村工作通讯,2017(03):38-40.

[38] 陈印军,易小燕,陈金强等.藏粮于地战略与路径选择[J].中国农业资源与区划,

2016,37(12):8-14.

[39] 贾培琪,吴绍华,李啸天等.中国省际粮食贸易及其虚拟耕地流动模拟[J].地理研究,2016,35(08):1447-1456.

[40] 冯华.藏粮于地,让农田休养生息[N].人民日报,2016-07-05(005).

[41] 杨秋意,高阳.从科尔沁"粮改饲"看藏粮于地[J].农村.农业.农民(B版),2016(04):17-18.

[42] 杭大鹏.强化耕地质量建设 实施藏粮于地战略[J].中国农技推广,2016,32(02):3-5.

[43] 程传兴.藏粮于地与藏粮于技:新常态下的河南粮食生产安全战略[N].河南日报,2015-12-11(011).

[44] 卞瑞鹤.藏粮于地 藏粮于技——习近平与"十三五"国家粮食安全战略[J].农村.农业.农民(A版),2015(12):24-27.

[45] 高云才.从"吃干榨尽"到"藏粮于地"[J].农村.农业.农民(A版),2015(12):28-30.

[46] 曾衍德.加强耕地质量建设 实现"藏粮于地"[J].中国农技推广,2015,31(09):3-5+11.

[47] 张红宇,张海阳,李伟毅,李冠佑.中国特色农业现代化:目标定位与改革创新[J].中国农村经济,2015(01):4-13.

[48] 刘彦随,乔陆印.中国新型城镇化背景下耕地保护制度与政策创新[J].经济地理,2014,34(04):1-6.

[49] 赵新新,金晓斌,周寅康.基于虚拟土理念的中国耕地资源价值核算初探[J].地理与地理信息科学,2013,29(03):82-85.

[50] 毛飞,孔祥智.中国农业现代化总体态势和未来取向[J].改革,2012(10):9-21.

[51] 北京天则经济研究所《中国土地问题》课题组,张曙光.土地流转与农业现代化[J].管理世界,2010(07):66-85+97.

[52] 马博虎,张宝文.中国粮食对外贸易中虚拟耕地贸易量的估算与贡献分析——基于1978—2008年中国粮食对外贸易数据的实证分析[J].西北农林科技大学学报(自然科学版),2010,38(06):115-119+126.

[53] 夏春萍.工业化、城镇化与农业现代化的互动关系研究[J].统计与决策,2010(10):125-127.

[54] 赵姚阳,杨炬烽.我国农产品贸易中的虚拟耕地交易分析[J].长江流域资源与环境,2010,19(02):192-195.

[55] 钟钰,秦富.变"藏粮于民"为"藏粮于地"——湖南省探索加强耕地质量保护的经验及存在的问题[J].黑龙江粮食,2009(01):31-32.

[56] 孙才志,张蕾.中国农产品虚拟水—耕地资源区域时空差异演变[J].资源科学,2009,31(01):84-93.

[57] 成丽,方天堃,潘春玲.中国粮食贸易中虚拟耕地贸易的估算[J].中国农村经济,2008(06):25-31.

[58] 周小萍,陈百明,张添丁.中国"藏粮于地"粮食生产能力评估[J].经济地理,2008 (03):475-478.

[59] 李贺军,刘笑然,唐庆会."藏粮于库、藏粮于地、藏粮于科技"有机结合的研究[J]. 中国粮食经济,2007(03):23-25.

[60] 颜波.实现藏粮于地藏粮于库藏粮于科技的有机结合是确保国家粮食安全的关键——聂振邦局长与袁隆平院士长沙话稻[J].中国粮食经济,2006(06):21-22.

[61] 闫丽珍,成升魁,闵庆文.玉米南运的虚拟耕地资源流动及其影响分析[J].中国科学院研究生院学报,2006(03):342-348.

[62] 蒋和平,黄德林.中国农业现代化发展水平的定量综合评价[J].农业现代化研究, 2006(02):87-91.

[63] 吕向东,王济民,吕新业.我国农业综合生产能力的指标体系及其评价[J].农业经济问题,2005(S1):27-33.

[64] 卢向虎,张正河.农业综合生产能力内涵初探[J].调研世界,2005(08):32-33.

[65] 唐华俊.积极实施"藏粮于地"战略[J].农村工作通讯,2005(05):43.

[66] 翟浩辉.水利建设:提高农业综合生产能力的基本保障[J].求是,2005(08): 41-43.

[67] 陈茵茵,黄伟.美国的农地保护及其对我国耕地保护的借鉴意义[J].南京农业大学学报(社会科学版),2002(02):17-22.

[68] 钱忠好.耕地保护的行动逻辑及经济分析[J].扬州大学学报(人文社会科学版), 2002(01):32-37.

[69] 蔡运龙.中国农村转型与耕地保护机制[J].地理科学,2001(01):1-6.

[70] 《中国农业综合生产能力研究》课题组.中国农业综合生产能力研究[J].管理世界, 1994(04):166-175+220.

[71] 尚延超.中国耕地等别数量和空间分布特征研究[J].世界农业,2018(10):230- 235+242.

[72] 王兵,臧玲,张香玲.耕地占补平衡政策实施成效、问题与对策——以河南省为例 [J].开发研究,2018(04):94-99.

[73] 赵小宁.我国农业资源可持续利用的途径[J].江西农业,2018(10):73+83.

[74] 鲁春阳,文枫,司锦.河南省耕地变化与经济发展的时空特征研究[J].江苏农业科学,2018,46(14):285-289.

[75] 河南省统计局.河南统计年鉴2017[Z].北京:中国统计出版社,2018.

[76] 张鸣鸣.河南省耕地面积空间集聚格局及影响因素分析[J].江西农业学报,2018, 30(08):110-114.

[77] 田兴平.我国耕地保护的效果及改进对策分析[J].科技风,2018(18):199.

[78] 杨勇.我国耕地面积变化的影响因素分析及预测研究[D].陕西师范大学,2018.

[79] Ghosh Biswajit, Chakma Namita. Composite indicator of land, water and energy for measuring agricultural sustainability at micro level, Barddhaman District, West

Bengal, India. Ecological Indicators, Volume 102, July 2019, Pages 21 – 32.

[80] Evgenios Agathokleous, Edward J. Calabresec. Hormesis can enhance agricultural sustainability in a changing world. Global Food Security, Volume 20, March 2019, Pages 150 – 155.

[81] David C. Rose, William J. Sutherland, Andrew P. Barnes, etc.. Integrated farm management for sustainable agriculture: Lessons for knowledge exchange and policy. Land Use Policy, Volume 81, February 2019, Pages 834 – 842.

[82] Ludmila Skaf, Elvira Buonocore, Stefano Dumontet, etc.. Food security and sustainable agriculture in Lebanon: An environmental accounting framework. Journal of Cleaner Production, Volume 209, 1 February 2019, Pages 1025 – 1032.

[83] Anna Liza Bais-Moleman, Catharina J. E. Schulp, Peter H. Verburg. Assessing the environmental impacts of production- and consumption-side measures in sustainable agriculture intensification in the European Union. Geoderma, Volume 338, 15 March 2019, Pages 555 – 567.

[84] HuanLi, XiaolingZhang, XinZhang, etc.. Utilization benefit of cultivated land and land institution reforms: Economy, society and ecology. Habitat International, Volume 77, July 2018, Pages 64 – 70.

[85] S. Bajocco, D. Smiraglia, M. Scaglione, etc.. Exploring the role of land degradation on agricultural land use change dynamics. Science of The Total Environment, Volume 636, 15 September 2018, Pages 1373 – 1381.

[86] Susanne Pedersen, Jessica Aschemann-Witzel, John Thøgersen. Consumers' evaluation of imported organic food products: The role of geographical distance. Appetite, Volume 130, 1 November 2018, Pages 134 – 145.

[87] Puja Dudeja Rajul Gupta Amarjeet Singh Minhas. Food Safety in the 21st Century: Public Health Perspective. London, Elsevier Science & Technology Books, 2016.

[88] Dorodnykh E. (2017) Trade Liberalization and Food Import Dependency in Economic and Social Impacts of Food Self-Reliance in the Caribbean. Palgrave Macmillan, Cham.

[89] Christina L. Davis. Food Fights over Free Trade: How International Institutions Promote Agricultural Trade Liberalization. Princeton University Press, 2011.

[90] Stephens, Emma C. , A. D. Jones , and D. Parsons . Agricultural systems research and global food security in the 21st century: An overview and roadmap for future opportunities. Agricultural Systems, Volume 163, June 2018, Pages 1 – 6.

[91] Victoria Bas Niñerola, Jose Navarro-Pedreño, Ignacio Gómez Lucas, Ignacio Meléndez Pastor, Manuel M. Jordán Vidal. Geostatistical assessment of soil salinity and cropping systems used as soil phytoremediation strategy. Journal of Geochemical Exploration, Volume 174, March 2017, Pages 53 – 58.

[92] Pernechele, V., Balié, J. & Ghins, L.. Agricultural policy incentives in sub-Saharan Africa in the last decade (2005－2016)—— Monitoring and Analysing Food and Agricultural Policies (MAFAP) synthesis study, FAO Agricultural Development Economics Technical Study 3. Rome, FAO, 2018, Pages 77－78.

[93] 习近平:《习近平谈治国理政》[M].北京:外文出版社,2014。

[94] 谢邦昌,朱建平,李毅:《文本挖掘技术及其应用》[M].厦门:厦门大学出版社,2016。

[95] 宋洪远:《中国"三农"重要政策执行情况及实施机制研究》[M].北京:科学出版社,2016。

[96] 习近平:《习近平谈治国理政》(第二卷)[M].北京:外文出版社,2017。

[97] 习近平:《决胜全面建成小康社会夺取新时代中国特色社会主义伟大胜利——在中国共产党第十九次全国代表大会上的报告》[M].北京:人民出版社,2017。

[98] 杜志雄:《开放条件下的全球农业政策》[M].北京:中国社会科学出版社,2017。

[99] 刘旭,王济民,王秀东:《第一卷·粮食作物产业可持续发展战略研究》[M].北京:科学出版社,2017。

[100] 盖钧镒:《食物保障可持续发展的科技支撑战略研究》[M].北京:科学出版社,2017。

[101] 何慧:《Web 文本挖掘技术理论与应用》[M].北京:电子工业出版社,2017。

[102] 郭洁:《国家智库报告:中国与拉丁美洲的农业合作》[M].北京:中国社会科学出版社,2017。

[103] 陈锡文,韩俊:《中国农业供给侧改革研究》[M].北京:清华大学出版社,2017。

[104] 孔祥斌:《中国西部耕地质量等别评价、分布与监测》[M].北京:中国农业出版社,2017。

[105] 经济合作与发展组织,联合国粮食及农业组织:《经合组织—粮农组织 2017—2026 年农业展望》[M].北京:中国农业科学技术出版社,2018。

[106] 唐忠等:《中国农业发展 40 年》[M].北京:经济科学出版社,2018。

[107] 孔祥智等:《中国农村发展 40 年:回顾与展望》[M].北京:经济科学出版社,2018。

[108] 曹宝明:《江苏粮食产业发展报告:现状·目标·战略》[M].北京:经济管理出版社,2018。

[109] 中共中央文献研究室:《习近平关于总体国家安全观论述摘编》[M].北京:中央文献出版社,2018。

[110] 顾行发,李闽榕,徐东华:《中国可持续发展遥感监测报告(2017)》[M].北京:社会科学文献出版社,2018。

[111] 韩俊:《实施乡村振兴战略五十题》[M].北京:人民出版社,2018。

[112] 习近平:《论坚持推动构建人类命运共同体》[M].北京:中央文献出版社,2018。

[113] 中国农业科学院:《中国农业产业发展报告(2018)》[M].北京:经济科学出版社,2018。

[114] 习近平:《习近平谈"一带一路"》[M].北京:中央文献出版社,2018。

[115] 聂凤英,毕洁颖,黄佳琦等:《中国贫困县农户粮食安全及脆弱性研究》[M].北京:中国农业科学技术出版社,2018。

[116] 联合国粮农组织编写,梁晶晶等译:《粮食安全与国际贸易:争议观点解析》[M].北京:中国农业出版社,2018。

[117] 中共中央宣传部:《习近平新时代中国特色社会主义思想三十讲》[M].北京:学习出版社,2018。

[118] 农业农村部耕地质量监测保护中心:《国家耕地质量长期定位监测评价报告(2017年度)》[M].北京:中国农业出版社,2018。

[119] 江泽林:《农业现代化、城镇化与城乡融合发展》[M].北京:中国社会科学出版社,2018。

[120] 钟水映,李春香,李强谊:《迈向农业现代化的中国土地制度改革研究》[M].北京:科学出版社,2018。

[121] 刘黎明,周德,常笑:《耕地质量评价方法与应用》[M].北京:中国农业大学出版社,2019。

[122] 曹银贵,周伟,宋蕾等:《中国耕地利用变化驱动与管理对策研究》[M].北京:中国农业大学出版社,2019。

[123] 牛海鹏,肖东洋,王坤鹏:《粮食主产区耕地保护外部性量化及其补偿效应》[M].北京:科学出版社,2019。

[124] 张红旗:《中国耕地质量提升战略研究(耕地卷)》[M].北京:中国农业出版社,2019。

[125] 赵其国等:《中国耕地轮作休耕制度研究》[M].北京:中国农业出版社,2019。

[126] 国家发展改革委宏观经济研究院社会发展研究所:《民生:中国全面建设小康社会40年》[M].北京:科学出版社,2019。

[127] 国家发展改革委宏观经济研究院国土开发与地区经济研究所:《新型城镇化:中国经济增长和社会变革的动力》[M].北京:人民出版社,2019。

[128] 中共中央党校(国家行政学院)课题组:《改革开放40周年地区发展报告》[M].北京:人民出版社,2019。

[129] 国家粮食与物资储备局:《建设粮食产业强国政策与举措》[M].北京:中国财富出版社,2019。

[130] 习近平:《习近平谈治国理政》(第三卷)[M].北京:外文出版社,2020。

[131] 国家统计局农村社会经济调查司:《中国农村统计年鉴2021》[M].北京:中国统计出版社,2021。

[132] 牟锦毅:《四川"藏粮于地 藏粮于技"战略研究报告》[M].北京:中国农业科学技术出版社,2021。

[133] 国家粮食和物资储备局:《2021中国粮食和物资储备年鉴》[M].北京:人民出版社,2021。

［134］农业农村部科技教育司,财政部科教司,农业农村部科技发展中心:《中国农业产业技术发展报告(2020)》[M].北京:中国农业科学技术出版社,2021。

［135］农业农村部种业管理司等:《2021年中国种业发展报告》[M].北京:中国农业科学技术出版社,2021。

［136］习近平:《习近平谈治国理政》(第四卷)[M].北京:外文出版社,2022。

［137］习近平:《论三农工作》[M].北京:中央文献出版社,2022。

［138］农业农村部耕地质量监测保护中心:《国家耕地质量长期定位监测评价报告(2021年)》[M].北京:中国农业出版社,2022。

［139］宋青:《耕地利用转型的理论与实践》[M].北京:科学出版社,2022。

［140］中共中央党史和文献研究院:《习近平关于国家粮食安全论述摘编》[M].北京:中央文献出版社,2023。

图书在版编目(CIP)数据

中国藏粮于地战略实施研究/马松林著.—上海：
上海三联书店,2024.7
ISBN 978-7-5426-8315-1

Ⅰ.①中… Ⅱ.①马… Ⅲ.①粮食问题-研究-中国
Ⅳ.①F326.11

中国国家版本馆 CIP 数据核字(2023)第 236293 号

中国藏粮于地战略实施研究

著　　者 / 马松林

责任编辑 / 郑秀艳
装帧设计 / 一本好书
监　　制 / 姚　军
责任校对 / 王凌霄

出版发行 / 上海三联书店
　　　　　　(200041)中国上海市静安区威海路 755 号 30 楼
邮　　箱 / sdxsanlian@sina.com
联系电话 / 编辑部：021-22895517
　　　　　　发行部：021-22895559
印　　刷 / 上海惠敦印务科技有限公司

版　　次 / 2024 年 7 月第 1 版
印　　次 / 2024 年 7 月第 1 次印刷
开　　本 / 710 mm×1000 mm　1/16
字　　数 / 240 千字
印　　张 / 17.25
书　　号 / ISBN 978-7-5426-8315-1/F·908
定　　价 / 80.00 元

敬启读者,如发现本书有印装质量问题,请与印刷厂联系 021-63779028